连城客家文化丛书

15

林百坤●主编

连城客家

古村文化

连城县客家研究联谊会●编

厦门大学出版社

XIAMEN UNIVERSITY PRESS

国家一级出版社
全国百佳图书出版单位

图书在版编目(CIP)数据

连城客家古村文化 / 连城县客家研究联谊会编. --
厦门：厦门大学出版社，2023.11
（连城客家文化丛书 / 林百坤主编）
ISBN 978-7-5615-9170-3

Ⅰ. ①连… Ⅱ. ①连… Ⅲ. ①客家人-村落文化-连
城县 Ⅳ. ①K281.1

中国版本图书馆CIP数据核字(2023)第210369号

出 版 人　郑文礼
责任编辑　章木良
美术编辑　张雨秋
技术编辑　朱　楷

出版发行　厦门大学出版社
社　　址　厦门市软件园二期望海路 39 号
邮政编码　361008
总　　机　0592-2181111　0592-2181406(传真)
营销中心　0592-2184458　0592-2181365
网　　址　http://www.xmupress.com
邮　　箱　xmup@xmupress.com
印　　刷　厦门市明亮彩印有限公司

开本　720 mm×1 020 mm　1/16
印张　20
插页　2
字数　277 千字
版次　2023 年 11 月第 1 版
印次　2023 年 11 月第 1 次印刷
定价　108.00 元

本书如有印装质量问题请直接寄承印厂调换

厦门大学出版社
微信二维码

厦门大学出版社
微博二维码

序　言

◎　福建省客家研究联谊会会长　范美先

　　《连城客家古村文化》一书即将出版，这是连城县客家研究联谊会在挖掘、保护和传承连城客家文化方面的又一成果。捧读本书，犹如走入那些古老而美丽的村落，领略到传统文化的魅力，感受着乡村生活的宁静与温暖。

　　连城历史悠久，建县千年来，得天独厚的自然生态环境孕育了熠熠生辉的农耕文明史，传统村落就是农耕文明留下的最大遗产。连城现有16个中国传统村落和18个福建省传统村落，2022年又被评为全国"传统村落集中连片保护利用示范县"，挖掘整理这些传统村落的素材，向人们展现传统村落承载的中华优秀传统文化，对于保护人类文明、传承优秀文化、促进社会进步和提高人民生活质量具有重要意义。

　　本书对连城县现有的16个中国传统村落和18个福建省传统村落进行了全面的介绍，从中彰显出传统村落的韵味和丰富多元的价值。这些村落所处的自然地理位置多样，有山居村野、临水码头、交通要道等，它们在历史文化、建筑风格、民俗非遗、民间信仰等方面都具地域特色。书中呈现出的这些村落的美丽和魅力，从建筑风格到文化传承，从自然环境到邻里互助，处处展示出传统村落的价值所在。同时，书中也涉及传统村落所面临的挑战，并有一些关于保护和传承的思考。

　　传统村落是宝贵的文化遗产，它们是祖先留下的珍贵财富，也是未来的希望和依托。然而，在现代化的浪潮中，传统村落面临着许多挑战和威胁，包括城市化的冲击、环境的破坏等。因此，保护和传承传统村落显得愈发迫切。

　　正如习近平总书记所指出的，乡村文明是中华民族文明史的主体，村庄是这种文明的载体，耕读文明是我们的软实力；并且强调，农村是我国传统文明的发源地，乡土文化的根不能断，农村不能成为荒芜的农村、留守的农村、记忆中的故园。可见，传统村落是我们共同的财富，它们承载着丰富的历史和智慧，值得我们去珍惜和传承。

我们一定要保护和利用好传统村落资源，薪火相传、代代守护，通过创造性转化和创新性发展激活其生命力。同时，也希望借助本书的力量，唤起更多人对传统村落的关注和重视，让更多人加入保护和传承的行动中来。

目 录

中国传统村落

福建省传统村落

中国传统村落

千烟之家　文化长廊

—— 中国传统村落庙前镇芷溪村

◎　黄瑞铭　杨天佑

芷溪是第一批中国传统村落、第五批中国历史文化名村，面积10.8平方千米，有2994户12194人。芷溪历史悠久，文化源远流长，形成了完整的人文生态环境，享有"江南客家第一村"的美誉。

这里遗存丰富，目前有国家级文物保护单位3处，省级文物保护单位19处，县级文物保护单位1处；这里文化底蕴深厚，有芷溪花灯、十番音乐等国家级非物质文化遗产，犁春牛、红龙缠柱、划旱船、游菩萨、打醮等客家民俗活动；这里人才辈出，有"进士门第""海军世家"的美称。本文将带你走进芷溪古村，先近观古建筑这一最重要的历史文化遗存，领略建筑艺术的精彩；再到芷红、芷星、芷民3个行政村，细品"非遗文化""民俗文化""进士文化""海军世家"等。

一、村史简述

芷溪位于连城南部，为东南丘陵丹霞地貌，呈葫芦形盆地，分别与庙前、新泉、丰图相邻。芷溪因古时村边溪流两岸长满芷草而得名。其悠久历史可追溯到新石器时期，1987年福建省考古队先后发现各种新石器时代石制工具、陶器和墓葬群，据专家推测遗址距今3000~5000年。

芷溪包括芷溪、芷红、芷星、芷民、坪头、芷联6个行政村，下辖黄屋、杨背、阁康、店背、华屋、邱坑、草坪、寨上、背园、坪头、长坑、李坑、禾塘、崩山下、大路背、水井背等自然村。芷溪主要聚居黄、杨、邱、华四姓族群，还有少数卓、邓、刘、罗等姓，均为客家人。阁康邱姓开基祖元末自上杭崇头村迁来，其他邱姓自莒溪高地迁来。元末明初，杨姓自乐江（杨家坊）迁来；同时，黄姓自文亨南坂村褚岭迁入。黄、杨两姓人口居多，成旺族。祖籍芷溪的外迁后裔数以万计，其中黄姓邓斌公外迁台湾地区，居台南一带。草坪一支杨姓有略公家族迁居福州。背园一支迁长汀以及广东、四川一带，全国政协原副主席杨汝岱和杨成武，都属于这一支宗亲的后裔。

芷溪南宋以前隶属新罗县、长汀县；明清至民国时期，归属连城县，芷溪设保，后为崇新乡政府所在地；中华人民共和国成立后，设芷溪乡，历经变革，1984年后成今日建制。

二、丰富的文化遗产

在全国文物普查中，专家感叹芷溪的文化遗产和非物质文化遗产十分丰富，古建筑是其中最重要的历史文化遗存。现保留有古宗祠74座，古民居139座，面积22.5万平方米，其中九厅十八井式大院落有8座。同时，还有6条千米长的深巷古街（正街、十字街、拱桥街、凉棚街等）、7条纵横交错全村的排洪灌溉水圳。

芷溪古宗祠、民居主要是各姓各房祭祀祖先、弘扬祖德、教育子孙、议事、婚丧等公共活动的场所，强烈体现敦宗睦族的主体思想，有"聚族收众之功效"，体现客家人"信神不如敬祖"的理念。如黄氏家庙（国家级文物保护单位），坐落于芷溪茶山口，占地面积为3021.5平方米，建筑面积为415平方米，始建于清顺治十三年（1656），嘉庆三年（1798）再行修建，迄今仍保存完好。从外大门起沿地坡用青砖筑2米高的围墙，把厅堂、草地、雨坪、池塘、住房环抱其中。

上厅有两个大屋间，厅前走廊上有圆弧天穹，走廊两边开门通向草坪。

黄氏家庙（黄广焱提供）

下厅比上厅低五寸，两回廊夹天井，上下厅近天井边各有两根大柱，立在石墩上顶住大梁，叫"四点金"。厅门外有回廊，围以栏杆，天盖上有彩绘"双狮戏球""丹凤朝阳"。廊上架木牌楼，为祠堂的标志性建筑。原为双宝盖，用草尾卷筒鸡爪造型，中缀以刻着吉祥故事图案的板块，如蟠桃献瑞、龙凤呈祥等，周边饰以花纹。一层层堆嵌而上，牌楼有五层，顶上飞檐翘角，至为美观。下层中间挂着"黄氏家庙"大牌匾，字为"罗丹体"（罗丹，连城籍著名书法家），为现代书法家罗钟先生（罗丹侄子）所书。廊上三阶为雨坪，有石鼓一对，石狮雌雄相对，考中举人以上学位的，还可在坪两边竖石桅杆。坪前有半月形池塘，种植莲花，夏日莲花盛开，清香四溢，沁人心脾。轮到花灯出案值年时，池中还可搭戏台，坪上可容数千人看戏。祠中每根梁与柱的接头都有三角形的雕空花纹托架，牌楼下方有倒吊骑筒，雕刻莲花形，饰在牌匾两旁。厅堂瓦顶上有瓷烧葫芦，两边尖角上有鳌鱼，头向葫芦，尾翘天空，给整座祠堂以和谐配套的装饰。此祠自建成以来，至今没有蛛丝蚊蚋，冬暖夏凉，实为芷溪一奇。

芷溪更多的是祠居合一的民居建筑，建筑物按中轴线定位和展开，祠建在房屋中轴线上，两侧是横屋花厅等，供起居用，形成聚族而居的屋宅形制。芷溪民居为了实现聚族而居，需要巨大住宅才能满足"百室合户"的居住条件。从现存的明清民居建筑来看，它们的住房都是可以容纳十几户至几十户人居住的大屋。其地基面积力求宽敞，房间要多、厅庭要大，墙壁坚固，形制整齐。每幢以正栋（或称正厅）为主体，正厅形制如宫殿，横屋制如宫殿的庑，学界称其是具有"中原大家风范"的大宅第。

三、芷溪民居建筑艺术

（一）宫廷式建筑艺术

芷溪民居有着浓重的宫廷味，被学者称为"宫廷式遗风""客家大宅门"。封建帝制时期，老百姓的房子是不能模仿皇宫建筑的，芷溪客家居民能享用"皇室的专利"（具有宫廷式建筑风格）是有原因的。传说，清乾隆年间宁化有位帝师叫雷洪，在风雨交加的夜晚，想到母亲住在低矮破旧的房子，经历风雨侵袭的痛苦，十分不忍，皇帝得知后便恩准其建造像马厩一样的房子。因此，汀州八县的民房也便有了"飞檐""翘角"等。尤其是芷溪客家民居较好地秉承了皇宫的建筑风格。芷溪客家民居的建筑模式可分为三种：五间图、八间图、九厅十八井。经济比较殷实的家族建筑房屋的材料多数是大理石或砖木，甚至是汉白玉。屋顶两端有叉角（又称鳄头），雨檐左右有飞檐。芷溪客家民居的式样和结构与其他客家民居不同，也是当地少数民族所没有的，加上室内外极尽华丽的装饰，与当时的宫廷建筑极其相似。

芷溪民居凡有外大门、内大门者，其间均有屏风、照墙、月池、雨坪等。大门外开敞、通风，设屏墙、照壁，可免一览无余，隔而非隔，界而不界；雨坪对面常有花窗镶嵌的花厅。这样的结构与苏杭一带建筑、徽派建筑相似。层次多了，更有山穷水复、移步换景的美感。

（二）结构艺术

芷溪民居的结构取中轴对称院落式布局，主要特点是左右对称。最普遍的是八间图，即上厅左右各两间，上厅前是天井，天井左右是回廊，下厅左右各两间。中厅比上厅低一个阶，下厅又比中厅低一个阶，左右两排横屋，第一排横屋比上厅略低，第二排横屋又比第一排横屋略低。每排横屋都有厢厅（俗称私厅或别室），每一厢厅左右有两个或三个房间，中间有一个天井。设计构思秉承"先后有序，主次有别"的中原传统观念，如集鳢堂（渔溪公祠）、永裕堂、万斯堂、怡庆堂、黄海故居等芷溪著名的九厅十八井式建筑。这是客家人结合北方庭院的建筑风格，适应南方多雨潮湿气候及自然地理特征，采用中轴线对称布局，厅与庭院结合构建的大型民居建筑，并且门外荷塘曲径，门前石狮威镇，且有一对"门当户对"。它与北京四合院门前设置相差无几，体现了对中原文化的传承。"门当户对"蕴含阴阳组成乾坤，男女谱写人文，女性喻吉祥，男丁表兴旺；男女和合，家兴业旺，万代兴隆。其寓意着客居异地的中原移民在聚族而居中对宗族自治的展望和追求。

（三）门楼艺术

俗话说"千斤门楼四两屋"，芷溪宗祠、民居除讲究门楼坐向正大门朝南，求"南离辉映"，也讲究通风、采光等。更注重门楼的设计艺术性，大门采用石牌楼、木牌楼式石条框架重叠，飞檐翘角，显得雄伟壮丽，很有气魄，具有宫殿式的风格。

1. 石雕牌坊式门楼

石牌楼集中了中国古建筑一些最有特征的构件，如屋顶、梁枋、斗拱、柱子、柱础、雀替、垂花等，都有深浅雕饰，圆雕、高浮雕、浅浮雕、镂空雕、平雕、线雕并用，层次分明，如澄川公祠、华岳公祠的石牌楼。牌楼装饰内容非常丰富，有人物故事、历史传说、花卉鸟兽、山水自然、房屋建筑、

翠畴公祠木雕门楼（黄广焱提供）

器具什物等，几乎应有尽有，而且刻画十分精美，整体宏伟壮观，集中展现了当地石雕艺术的最高水平。

2. 木雕牌坊式门楼

此类建筑代表有翠畴公祠、耀南公祠等，它们的木雕门楼更是别具一格，以斗拱为主的显著特征堪称一绝。斗拱，又称斗科、欂护，是中国木构架建筑结构的关键性部件，是在横梁和立柱之间挑出以承托建筑物檐宇部分的构件，主要由方形的斗和弓形的拱经多重交叉组合而成，将屋檐的荷载经斗拱传递到立柱，每一组合称一攒。按安装部位分科，位于柱头上的称柱头科，位于屋角柱上的称角科，分布于柱间部位的称平身科。斗拱既能对屋檐有支撑和减震作用，又有一定的艺术装饰作用，因此多用于较高等级建筑上。

3. 门楼的种类

按门面造型分有一字门楼与八字门楼。门楼顶部结构，有三层顶叠落或屋顶叠落之分。门楼顶部材质有纯木结构、砖雕灰塑结构（一般加彩画修饰）、纯石材结构（即"石门楼"）。门楼顶部都饰以飞檐翘角，给人以雄浑大气的观感。顶部为砖雕灰塑结构的门楼，其门槛、门柱、门楣斗格，都是用条石建造的。门楼的左右门柱大都刻上行书或楷书对联，门楣斗格间刻上与门柱对联相配的横批，增添了门楼的文化内涵。如丽章公祠、澄川公祠、培兰堂、仁美堂、肇衍公祠、鸿兰堂等，都是芷溪门楼文化的杰出代表。

（四）雕刻艺术

芷溪民居建筑上广泛运用木雕、石雕、砖雕等雕刻技术，手法上有圆雕、高浮雕、浅浮雕、透雕、平雕、线雕，装饰在客家宗祠民居各个角落和部位，既繁复美丽又有艺术价值。

1. 木雕

芷溪民居木雕艺术常见于门楼、月梁端部、卷棚、托座、廊下梁架、垂花、雀替、支摘窗、槛窗、隔扇以及各式家具中，图案立体生动，栩栩如生。如规模宏伟的两堂相连的凝禧堂、务本堂为父子共建，梁架细部考究，月梁两端部、雀替等部位深镂雕反映"凤舞牡丹""鳌鱼吐瑞""花开富贵""苏武牧羊"等题材的木雕，立体感强，极为传神；卷棚以拱形竹节相支撑，造型别致，花篮托座透雕精美。卷棚下的托座也是木雕的精华部位。永庆堂托座以拱形竹节缘支撑，造型别致，一种以两条鳌鱼透雕成"寿"字，两旁辅以卷草，另一种透雕成装满四季花卉的花篮，十分精美；乔荫堂、慎修堂托座由四条龙组成"寿"字，还有以卷草托捧着组成"寿"或"福"字；培兰堂托座更是烦琐有加、构思巧妙含蓄，两条鳌鱼透雕辅以两旁，中间托着两童娃手捧一外圆内方的铜钱，铜钱上还有四个字"万宝朝宗"，寓意家业兴旺，让人叹为观止。

门窗隔扇雕刻用万字回纹、工字纹等合成不同的图案，或浮雕花瓶、四季花卉、石榴、鹿、鹤等题材；还将垂花柱木雕成花篮等，玲珑剔透，十分精美。

2.石雕

芷溪民居石雕艺术还用在门额和柱础上。柱础造型有的比较简洁，以镜鼓形、南瓜形为主，镜鼓形的柱础上或不施雕刻，或施以浅浮雕，或施凸雕、高浮雕十二生肖、琴棋书画、暗八仙雕。门额上的石雕多以"五福临门"或"凤舞牡丹"题材的浅浮雕，而宝善堂门楼门额匾题刻"文明气象"，下面还圆雕四狮戏球，中央的石球中有个滚动的球胆，立体、生动、逼真，体现了丰富的艺术表现力和精湛高超的技艺。

3.砖雕

芷溪民居砖雕艺术用于门头、门脸、屋脊等处，风火围墙及庭院，刻字漏窗中也常用砖雕通花漏窗。技艺从最初的剔地、隐刻、浮雕发展到后面的凸雕、多层雕、堆雕等，精巧细腻，构图巧妙。有雕成柳条纹、铜钱纹或万字回纹装饰门头部位，也有用青砖雕刻出蝙蝠、仙鹤、花瓶、四季花卉等图案，

宗祠大门两边的砖雕（黄广焱提供）

如仁美堂和景福堂的砖雕、鸿兰堂和培兰堂的彩砖，虚实对比鲜明，流光溢彩，充满变化；漏窗用红砖透雕的双龙、四龙或龙凤腾挪转折，组合出"福、禄、寿、喜"等字体，同样的字还可以有各种不同的组合方式，其设计构思之巧妙充满了艺术表现力。

在雕刻装饰方面，其体现潮汕一派风格，有的为罗马、伊斯兰建筑风格。这种宗祠民居建筑风格，建筑专家称赞说在国内实属罕见。

（五）书法艺术

芷溪宗祠、民居建筑中保存着大量的书法、联、牌匾等，尤数黄氏家庙以牌匾居多，隐轩公祠以楹联居多。朱熹的"忠""孝""廉""节"一般刻在正厅墙上，"大夫第"等屋名、堂号、书法门联、"寿"字瓦当，字迹清晰可辨，各有楷、草、篆等字体，笔墨劲健、粗犷奔放，或娟秀文雅、端庄妍丽。渔溪公祠屋内保存有伊秉绶书寿序、林则徐题字，门额上镌刻清书法家何绍基书写的"南离辉映"，每字少一画，艺术价值很高，和整个建筑相得益彰。此外万顺堂中嵌匾额上则有黄肇河题字"挹爽西山"，门脸抹灰，上书大篇幅的诗文，书法洗练，充满人文气息。这些都彰显了中华民族传统的书法艺术和芷溪历史文化名村的文化底蕴。

（六）灰塑艺术

灰塑也是芷溪民居最常用的一种装饰手法，主要用在门楼、屋脊的翼角以及照壁、挡隔墙等部位，做法考究，极富地方特色。灰塑以浅浮雕见长，少数圆雕等，多数使用彩绘。其题材主要是狮子、鳌鱼、凤凰、卷草等。如门楼的屋脊中间有约30厘米的正方形牌子，绘有麒麟、宝瓶葫芦等，屋脊的两端为叉角，塑成鳌鱼形状，头伏在屋脊上，尾巴微微向外翘起。少数反映山水人物与历史典故的灰塑，构图巧妙，栩栩如生，技艺精湛。

（七）彩绘和壁画

翠畴公祠、丽章公祠里的额杭、天花板就大量使用彩绘。额杭彩绘的题材比较复杂，多以历史典故为题材，如二十四孝、郭子仪拜寿、苏武牧羊等传说故事；而天花板上则彩绘双凤朝阳、锦上添花、双狮戏球等题材，色彩鲜艳，造型逼真、传神。

壁画要属敦安堂、蹑云山房、文清公祠最具代表性，在敦安堂后厅两廊的墙壁上就有大型的山水人物壁画，这些壁画笔触细腻，古朴淡雅。除此之外，客家民居的门楼、墙壁、屋檐下甚至神桌、神龛上也有装饰水墨画的，画面精细传神，古色古香，耐人寻味。

（八）楹联文化

芷溪古祠、民居内部装饰也比较讲究，如堂号、楹联、雕刻、壁画、横匾、条幅、神龛等，其内容深含儒家文化、宗祠文化。如绍南堂、恒德堂、绍福堂、三鲍堂、吉庆堂、宗训堂等，有的表明源流，有的宣扬优良家风，有的抒发愿景。民居内都有楹联，有嵌柱联，有雕版联，有鎏金联等，内容涉及本宗源流，宣扬耕读为本、孝友家风、清白家风和儒家宗族伦理。如黄氏家庙，上厅两个大屋间，四个壁孔上描朱熹写的"忠孝廉节"四个大字。神龛原有雕空的山水花鸟人物装饰，金光闪耀，两边配以"左昭""右穆"，神龛顶上挂着金底黑字的"木本水源"大牌匾，字体遒劲，非常壮观。其他20多块牌匾，因"文革"破坏仅存"文魁""州司马""明经""亚魁""父子乡宾""选魁"等数块。上厅正柱上有宋朝黄山谷（黄庭坚）撰，明朝进士、礼部尚书黄锦（1589—1671，广东饶平人）写的长联："世泽浚源长，孝友无双，千秋俎豆昭前烈；家声遗韵远，文章第一，百代衣冠推后贤。"中柱联为："秀倚茶山，爽迎金辙，远把梅洞，近接桃源，扩几许高人眼界；颍川第一，江夏无双，烟顷千陇，骏儿三七，记莫忘先世声名。"前柱联为："种树辟茶山，桂馥兰馨绵似续；荐毛凭芷水，萍鲜藻洁答蒸尝。"

此外，芷溪民居的建筑艺术魅力，还体现在大门上的那对门环、门前立的那对石狮子上，或是一对石鼓、一口古井、一棵参天古树，那上面留下了古老的岁月痕迹，使芷溪客家民居愈发散发无穷的艺术魅力。

芷溪民居较多的是祠居合一，如省级文物保护单位集鳝堂。渔溪公祠也称渔溪公屋，名"集鳣堂"。清康熙六十一年（1722）新建，坐落于竹坑桥头，为芷溪杨姓开基祖第十七代裔孙杨渔溪开创，后由其子蓁云、润田、腾风续建，历时10余年始成。这座九厅十八井式建筑的特点是"一大二巧三好"。"一大"是指建筑面积大，总占地面积10000平方米，建筑面积5356平方米，拥有九厅十八井、门楼、雨坪、月池，水井2口，大小房间101间。"二巧"是房屋整体设计巧妙，所有厅堂、房间都光线充足，空气流通，地板干燥；靠近天井的木壁门板可灵活拆下，正好铺盖天井，把上下厅和左右厅铺连成一个宽敞的场所，供设宴看戏之用，可摆宴席120桌。"三好"是指小孩求学不必出家门，可请塾师来家教学；用水方便，两边横屋各有一口井，水质上乘；屋内有花园、假山、池塘，种有花草树木，自然和谐。

渔溪本人一向为商，走南闯北，其子蓁云系武秀才并捐千总，结交友谊甚广。当时名人如号称"半仙"的邱振芳（福州人），翰林院编修孟超然（1731—1799，福州人），进士、刑部主事伊秉绶（1754—1815，宁化人），儋州知府廖怀清（1740—1799，永定人），爱国名臣林则徐（1785—1850，福州人）等都赠有墨宝于此。相传清代大书法家何绍基（1799—1873，湖南道县人）为外大门石牌楼题写的"南离辉映"，每字都省去一笔画，这主要是由于避讳。渔溪公祠外大门是坐北向南，本已与皇宫门向地势相忌，况且"南方曰炎帝，居离而司夏，故夏曰赤帝"（《幼学琼林》），夏可指汉族，清朝统治者为满族，有反清之嫌。何绍基是清朝高官，想到康雍时的"文字狱"还心有余悸，故如此写大门楼牌匾，以免罹祸。

步入大门，在宽敞的石砌门坪里，两座立于大坪中的高耸花岗岩石桅杆，底座镌刻清乾隆父进士×××、子进士×××字样。

　　除设计构思上的独特，集鳣堂在用料和工艺上也十分讲究。外墙采用10厘米×10厘米×24厘米的四方青砖，质地坚硬美观大方，墙体的防火防盗防匪功能极佳。内部所用木料，均取自周围原始森林中的粗大优质杉木。大厅和卧室防震性能优越，至今未发现因地震而倒塌的。地板由优质石灰、糯米、红糖等合成三合土夯成，其强度优于混凝土，数百年如故。

耕读传家　名扬中外

—— 中国传统村落宣和镇培田村

◎ 吴有春

自20世纪90年代始，对于承载着中华优秀文化传统的古村落，国家提出了保护、开发、利用的考察研究，借以增强文化自信。

1993年，说得一口流畅普通话的法国汉学家劳格文（JohnLagerwey），由福建省社科院研究员杨彦杰带领，来到培田调研"河源十三坊游珨瑚公太"民俗活动，考证公太是何人物。结果发现首撰于明万历年间，乾隆、同治、光绪三朝续编的三版《培田吴氏族谱》，承接完善，记述翔实，蕴藏中华传统历史文化，而且文采不凡，条理清晰，可信度很强。同时也发现村内民居建筑古色古香，布局规整，气势宏伟，精雕细刻，是耕读文化的实体呈现。劳格文在培田住了20天，走村串户，摄影村内的古民居、学校、宗祠、寺庙，以及祖堂所挂的五代祖像（身着明朝服饰）。重点抄录并到县城复印族谱中的相关文化记载，如家训族规、物产与风俗、八景八胜诗文、祠屋记、寺庙记、书院记、乡贤行略或寿序等。不久，劳格文又回培田拍摄视频，在法国放映，受到同行关注，引发兴趣。

2000年，香港凤凰卫视来培田做《好大一片屋》的录像，显示了培田的历史文化风采与建筑艺术价值，引起各地学者纷至沓来，省东南卫视、央视二台和四台分别做了专题报道。培田的"九厅十八井"建筑艺术形式与土楼、围龙屋、徽派民居、江浙的水上人家齐名，被誉为"客家庄园""民间故宫"。

培田村口牌坊（吴有春摄）

2001年10月，连城县为加快旅游兴县步伐，组织举办了客家之旅与中国冠豸山培田古民居考察及学术交流研讨会。来自法国、韩国、日本、马来西亚等国，以及我国香港、台湾、广州、深圳等地的60多位专家学者，以及旅游开发工作人员齐聚一堂，对培田古民居的历史传承、文化内涵、建筑特色、旅游前景等方面进行深入探索，对培田古村落的保护和开发利用提出许多切实可行的建议。让培田古村落农耕文明旅游与冠豸山自然风光旅游相互辉映，配合完善。

时任福建省副省长汪毅夫参观培田后，认为培田古民居之多，建筑之精，保护之好，文化底蕴之深，令人振奋，嘱咐要"保护、保护、再保护"。承担培田古民居保护开发规划工作的同济大学教授阮仪三认为，其规模与价值国内罕见，其品质与潜力不可限量。昆明理工大学教授朱良文认为，培田是"客家文化博物村"，其典型的多样性、品质的高雅性、风貌的独特性，是其他传统村落难以比拟的。劳格文五进培田，深入研究，对培田深厚的人文精神赞赏不绝，他说："了解培田的历史文化，就可了解大中国的历史文化概况。"法国建筑学博士兰克利三进培田，盛赞这里的古民居群是"建筑科学技术与建筑艺术的完美结合"。深圳大学教授张卫东撰写长篇论文——《以"兴养立教"为己任的村落自治——培田文化特色之一》，剖析培田"兴养立教"之思想与行实，对照现代著名学者梁漱溟倡导的乡治运动之困顿，认为若梁漱溟先生有生之年能到培田来看看，他一定会大受鼓舞与启发，纠正认识上的偏误，改变其策略，充实提高其由普及乡治而达成国家大治的理想。

此后，陆续有研究培田的学者为此著书，如《培田：辉煌的客家庄园》（陈日源主编）、《八百年的古村落——培田纪行》（南京作家吴国平著）、《培田——乡土中国》（厦门大学历史与文化遗产学院教授郑振满、张侃合著）、《闽西客家古村落——培田村》（清华大学建筑学院教授李秋香著）、《培田：中国古村落》（龙岩党校俞如先博士著）。他们从不同角度诠释分析了培田的历史文化与建筑艺术，图文并茂，论述翔实，情切意真。

2005年，培田由建设部和国家文物局公布为中国历史文化名村；2006年荣获"中国最美的历史文化村镇"称号（由中国旅游与新农村建设发展论坛组委会颁发），培田村古建筑群也被公布为全国重点文物保护单位；2012年12月通过"国家AAAA级旅游景区"验收；2015年元旦央视四台以"培田村：敬畏之心不可无"为主题，播出《记住乡愁》第一集；2017年3月21日，中纪委监察部网站《中国传统中的家规》栏目推出《福建连城培田吴氏——兴养立教，善行可风》家训故事文章。

2021年3月，习近平总书记在考察福建的总结会上言及福建历来有崇文重教的优良传统，耕读传家的培田古村落就在福建，指明了中华农耕文明的精神亮点。

由此可见，培田古村落在国内有不凡的知名度，以下试介绍培田相关史迹。

一、建制沿革，村名由来

上古，培田地域位于河源峒，系汀江东支朋口河发源地之一。宋代属河源里，辖于长汀县。南宋绍兴三年（1133），河源里分为河源上里和河源下里，河源上里即今之宣和镇地域，培田辖于该里，仍属长汀县。河源下里即今之朋口镇及莒溪镇汀江流域部分，从长汀县划出，与同属长汀的莲峰堡、姑田团、北团、席湖团、南顺里、表正里合而设置莲城县。元至正六年（1346），邑人罗天麟、陈积万起兵反元，失败后改县名为连城。在动乱期间，吴八四郎隐贩长汀、连城，中途常寄居曹溪头柿树坑林家，后来与魏屋女成亲，遂定居上篢（后改名上里村，今名升星村），时为至正八年（1348）。八四郎传至孙辈，时为明初，有文贵、藩福、石文、文清四兄弟，各有家室同住一屋，人口日众，力不能合食。长兄文贵思念祖父坟在背田虎形山腰，隔一山冈距家半里，乃于祖坟下之山麓构屋数楹，将上篢祖屋逊让诸弟居住，自己家室迁居新屋（因地处水流上游，俗称上头屋）。几年后，又在上头屋左傍筑楼三间，日登楼可望祖父坟及远眺祖母坟而致思，故匾曰"望思楼"。此后文贵裔孙在虎形山麓逐渐建了"至德衍庆居"大屋，以及"竹雪园"等多所房屋，形成小村庄，至清康熙年间才形成含有街巷、水圳的规模村落。

小村庄地处背田，用"背田"做村名意义不佳，幸好吴文贵曾请明进士、兵部主事张郜撰写《文贵公上屋记》，文内将"背田"改称"培田"，使得音谐而意涵升华。培，意含培育后代知书达理，又含培植禾苗茁壮成长，获得丰收之意，与田字结合十分恰当，后人一直沿用至今，未闻异议。

明洪武十五年（1382），河源上里与长汀南山、钟屋村等地合为"宣河里"，下辖六图，培田属于第六图（含当今培田、升星、紫林、前进、五寨、上寨等地域）。

清沿明制。至1929年土地革命时期，宣河里属中央苏区长汀县苏维埃政府统管，培田与上里成立吴坊乡苏维埃政府，到1934年秋红军长征后结束。此后，民国政府复建长汀县，划为10个区，培田属第九区；1936年长汀县改设5个区，培田属第二区南宣联保；1940年改为南宣乡公所至1944年分为3个乡公所，培田辖于曹坊乡公所；1945年因吴坊与曹坊争办中心小学，吴坊以办学悠久力争，曹坊以乡公所驻地为由，互不相让，最后在县政府相关部门调解协商下，以"和为贵"为宗旨，将吴坊南宣公立高等小学改名为"宣和第一中心小学"，曹坊宣源小学改名为"宣和第二中心小学"。同时由于曹坊乡公所分出不久，于是改名"宣和乡公所"。自此始有宣和乡之名，此名也为乡内吴、黄、巫、傅、邱等姓接受，正合抗日战争胜利在即，民心思和平安居乐业之时。

1949年后，宣和建立长汀县第十五区政府，下辖培田乡、上里乡、曹坊乡、黄文乡，区政府驻于培田村世德堂。1954年，社会安定，经济好转，区政府迁往曹坊。1956年3月，因地理山川、经济交流、人文习俗等原因，撤销长汀县第十五区，并入连城县朋口区，原来十五区改设吴坊乡与曹坊乡，培田属吴坊乡。

1958年公社体制下，设立宣和人民公社。培田以大队名义辖于宣和公社。1960年，宣和、朋口、莒溪合为朋口公社，培田辖于朋口公社。1961年三地又分为三个公社，培田属宣和公社。

1984年改公社为乡镇建制，培田属宣和乡。2021年5月，宣和撤乡建镇。

二、地理区位，村落发展

培田古村落位于连城县西南，与县城的水平距离15千米左右，坐落于武夷山脉南段的松毛岭东向山区。古代是通往汀州府城官道上的一处歇息地。南宋末有文天祥部属经过，驻于离村5千米左右的洋贝村烂寨（年久破烂，故名）。元代培田村域内散布有林、曹、马、谢、聂、赖、翁、吴、熊、魏等姓聚族而居的小山庄。明清时期曾设义和圩而繁荣一方。

培田古村落有南北走向的地物，自西向东为序是：（1）后龙山（又称卧虎山）及其山麓的山下路；（2）约千米长的古街及相伴徐流的内圳；（3）约千米长的石板新街及相伴徐流的外圳；（4）环村流过的河源溪及其上游的龙潭溪（西北部）、蛟潭溪（北部）、碓坑溪（东北部）；（5）河源溪东岸新开的旅游专线公路；（6）对门山（含石背山、大坪岬、云霄寨、担杆山以及远眺的笔架山）。

古村落内明代建筑分布在山下路两侧，有间隔均为300米的四口古井，叫龙眼井或虎眼井。有原明代寺庙及住房，后来转化为宗祠。如五谷仙庙转化为八四郎公祠；望思楼转化为文贵公祠；至德衍庆居转化为郭隆公祠；在敬、在中、在宏的住房转化为各自的宗祠；白学堂转化为天一公祠；石头坵草堂拓建成南山书院；赞为八景之一的"崇墉秋眺"土楼场转建为文昌阁，"文革"期间用作锯木场，1995年复建为上祀文圣孔子、下祀武圣关羽的文武庙，期望裔众文武双全。

清代民居建筑主要分布在古街两侧。西侧多为祠居合一的建筑，如容庵公祠、世德堂（又称五亭公祠或都阃府）、衡三公老屋、锄经别墅、乾生公祠、愈扬公祠、衡公祠、久公祠、镗公老屋、一舟公祠居、三让堂、畏岩公祠、务本堂、双善堂、一纯公祠居（又称学堂下）、敬彰公祠等。东侧多为店屋结合的民居，更有占地面积10余亩、靠近新街，号称"九厅十八井"的宏大建筑——官厅［建于康熙五十年（1711）左右］和继述堂［建于光绪十年至二十年（1884—1894），因屋主人诰封奉直大夫，晋封昭武大夫，故又称大夫第］。还有占地面积2～5亩的精美宜居的屋宇——敦朴堂、双灼堂、如松堂、承志堂、济美堂、致祥堂、厥后堂、闰志堂等。

所谓新街，清末至1975年前只是宽约2米的田边小路，1975年拓展为通往罗坊的宣罗公路。2008年旅游开发进展后，改为平坦亮丽的石板道路，便于游客行走观景，后宣罗公路改线移至河源溪东岸的对门山麓，于是石板道路渐变成新街。不少村民意识到旅游商机，逐渐在新街两旁设摊摆点出售小商品或开饮食店，这里从而热闹起来。

为了俯览古村落的整体建筑，不少游客建议在对门山建造观景台，旅游局领导接纳建议，于是在大坪岈建造了高低两座观景台。登台石阶曲径通幽，鸟语花香，台宇建筑舒适怡心，可拍摄古村全景，也是一处游人必至的地方。至此，古村落自西到东的地域已近极限，有待开发的建议是河源溪两岸植树种花，建亭轩筑游路，置竹筏小舟于河源溪荡水欢心。

为了让村民生活生产不妨碍旅游区域的开发，2009年始在古村北面相距约500米的樟源山麓，规划建设了160多栋联排新居，其环境与层楼建筑显新时代特色，与古村落互相辉映。古时这里是称为"苦竹烟霞"的八景之一，如今旧貌换新颜，有人作《新村展望》诗：

> 新村选址几循回，坐北朝南方位谐。
> 后岭绵延武夷脉，前溪贯注汀水涟。
> 层楼耸立身姿健，数幢联排气度雄。
> 遥观古屋游客炽，现代农家乐开颜。

新村东南水口，又筑水坝廊桥，新开旅游专线公交车在此上下，附近又有古建的"乐善好施"圣旨石牌坊，是古村与新村的衔接点。有人作《古今交融》诗：

> 新村水口景色鲜，堤坝廊桥锁溪渊。
> 四岭①腾龙扬紫气，三川②活水润田园。
> 乐善牌坊壮门户，文明旅客追古风。
> 专线公交此上落，从容步履各投缘。

注：①四岭指五寨岭、长岈岭、蛇龙岭、斋庵岭。

②三川指龙潭溪、蛟潭溪、碓坑溪。

三、家训族规，民风淳朴

有人常问：自元至清，培田地域内有10余姓人家，为什么至清光绪年间只有吴姓承传，他姓迁徙而息？细思，家族的发达承传，与其治家理念的正确以及切实坚持的践行密不可分。其可从培田吴氏家训族规略知一二。

培田吴氏家训十六则为：敬祖宗，孝父母，和兄弟，序长幼，别男女，睦宗亲，谨婚姻，慎丧葬，勉读书，勤生业，崇节俭，戒淫行，戒匪僻，戒刻薄，戒贪饕，戒争讼。显然这是家族绵延不断，家业富足兴旺，道德志洁行芳的社会文明理念。其中勉读书、勤生业就是耕读传家思想的直译，可谓家训十六则的根本。

勉读书的释文：士为民首，读书最高；希贤希圣，作国俊髦；扬名显亲，宠受恩褒；各宜努力，毋惮勤劳。意思是读书人明道理、知礼义，视点高，看得远，是社会民众的带头人。他们崇尚圣贤，修身齐家，立志治国平天下，是国家难得的宝贵人才。所有族裔应努力，不怕辛劳去实现人生美好的理想。

勤生业的释文：民生在勤，勤则不匮；里布征夫，游民是出；农工商贾，勉励乃事；酒食游戏，终亦自累。此中里布是指地税钱粮；征夫是指征调夫役。游民是出，是指游手好闲不务正业的人，如果危害社会民生，则要出族处罚。其余意思是百姓生产生活在于勤，要勉励从事农工商多种经营，则收获不匮乏，可富足身心。如果沉迷于酒食游乐、赌博吸毒、淫乱偷盗、欺骗霸凌等恶行，轻则自累烦恼，重则牢狱灾祸缠身。

由此可见，耕泛指农林工商各业并举，须勤劳才能丰收。读即修读圣贤经典哲理，树立高远志向，养成明德、亲民、行善的品性，才可起带头作用，为国家富强、社会文明贡献才能智慧。这即培田村贤的耕读传家理想。

培田农家厅堂常见这样的楹联："积德润身如积玉，贻书教子胜贻金"，"承先祖一脉真传，克勤克俭；教子孙两行正道，惟读惟耕"，"耕可养身，读可养心，身心无恙，定多安泰；饥能壮志，寒能壮气，志气不凡，自获康宁"。这些联文表达了农家人对于耕读的朴实平凡认知，不求金玉富贵，但求读书养德，修身行善，滋润心灵。勤与俭、耕与读是人生正路，耕读兼修则身心皆养，若遇饥寒则能壮志立气，克服贫困，以获得人生安泰康宁为满足。这种知足常乐的心态即淳朴风气。

四、办学不辍，人才辈出

培田学校以开办时间为序记述如下：

（一）石头圻草堂

由七世裔邑武庠吴祖宽创办于明正德元年（1506），聘浙江钱塘人谢省（后来中进士）教习子孙。学士同乡李旻作记称：此处若陶潜之松菊三径。吴君少读书，有远志，十四好剑术，三十成文章，考入邑庠后乡试两次不利，遂拂衣南还，且曰："仁人之心与物无间，吾身居草野，纵不能以及于远，何不能施之于乡党宗族乎？因以余赀在石头圻建书塾作为讲学之所。"谢公题曰"草堂别墅"。越明年，嗣君方茂补郡员（即郡庠，较邑庠级别高一些）。

方茂，字屏山，正德二年丁卯（1507）十四岁入郡庠。著有《至德堂文集》，明进士、户部主事长汀人赵钺作序称：癸卯（1543）屏山与予同赴乡试，今季嗣干乔（讳迁），亦补弟子员，三代同饩于庠。东南交游人士礼其庐而投辖者无虚日，故义塾有名师，宾榻有上客，水轩竹院有鸿儒，往往随意命题，友为诗文，盖亦本仁义以立言，可传诸远也。

方茂长子东溪（讳玺），次子石泉（讳廷），虽未取入庠生，但改习法令兵操，各试有成。玺录用为府吏员，效绩闽藩；廷录用为广东肇庆府新兴县尉，几年后升任贵州仓大使，进京觐见领命，相识明吏部尚书裴应章。当裴了解廷的祖父办学斐然，被请题赞时，欣然作联句："距汀城郭虽百里，入孔门墙第一家。"联中"第一家"是指当时培田境内有十姓人家而言，也有人依此赞誉吴祖宽为开河源十三坊书香之先。至今仍可见一世祖祠外大门刻存此联，彰显家族传承久远的优势在于读书明德致善。

（二）十倍山学堂

由十世裔吴在宏开办于明万历二十四年（1596）左右。依地名石背山的谐音取名，后人又称"宏公书院"。掌教者是宏公与其兄在中公。在中公是邑庠，曾遵父石泉与叔干乔的嘱咐，创撰《培田吴氏族谱》，首作七律诗"培田八景"（"云霄风月""苦竹烟霞""松冈琴韵""新福钟声""崇墟秋眺""总道宵评""曹溪耕牧""魏野渔樵"）。在宏公虽未入庠，但家学深厚，博览群书，诗文咸通。奈父欲留从耕守业者，故宏公涉猎世务仍手不释卷，悦古之心与读举子业者不二。

宏公儿哲卿与润卿取入邑庠。孙辈有国楠、国菜、国棠亦考取邑庠。国菜存留《家箴四首》《读书五戒》载入族谱，可见这代人的道德志向与行为操守。

《家箴四首》（有韵脚美感）：

> 勿游戏，游戏真无益。光阴不再来，白驹度空隙。耕者勤，禾并蒂；读者勤，掇科第。男耕女织勤勤，会见衣食有余备。
>
> 勿奢侈，奢侈无底止。每见创家人，皆从俭朴始。少年放荡丧家筵，老大反为人羞耻。不如樽节莫繁华，一世有终又有始。
>
> 勿争斗，争斗是非构。小则费赀财，大则身家破。君子自怀刑，小人方痴妒。可让让他些，谁不称忠厚。

《读书五戒》（正反两面论述道理，深入浅出）：

> 古人圆木警枕，凿壁囊萤，盖言勤也。今人以睡为事，或倚胡床（交椅），或心驰鸿鹄，或书横而瞑然，或出户而寻幽览胜，

或越席而谈笑闲情，未潜心考研。是戒在懒。

义理如天高海深，幽远难穷。上智者不多得，中才以下必日积月累、虚怀若谷，卑以自牧。今人于孔孟朱程之理，尚未洞悉而经史勿论矣。辄自以为名儒饱学，金玉其外而败絮其中，何异醯鸡（小虫）测天也。是戒在骄狂自足。

理以专攻而获，学因纷务而荒，焦头钻石，达摩面壁，道由专而得也。今人托迹诗书，有移情字画，沉于琴棋，或随行逐队，外比淫朋，内荒酒色。是戒在杂而荡。

礼义所以持身，嗜欲是以伐性。宁静致远，轻忽偾事（败事），作止语默，从容和顺，斯为大受（重任）之器。今人处则箕踞（两脚伸直岔开之态），饮则号呶（呼叫失态），居位并行豆筋衽席之间，毫无谦让，老成侧目。是戒在轻躁。

士敦名节重道义，不言钱谷，不耻缊袍（粗麻衣裳），古训也。今人矢口势利，道殷盈，不诼人则扬己，重锱铢轻介节，翻云覆雨，竞鲜道味。是戒在俗。

（三）白学堂

由十二世裔吴国杭于顺治初年开办在村南后龙山麓。白学堂意思是传授儒家经典之所，如全国著名的"白鹿洞书院"。国杭虽未入庠，但家传书香，祖父在中公是邑庠，父亲大卿（字天一）是县吏员，能言以孚众，善行可风。其兄国桢以及兄弟国木、国榘都是邑庠。国杭继承祖业，经营农林，设肆租办学，乡里咸仪型焉。

有长子光大于顺治十四年（1657）取入邑庠，堂侄光宸、光宇分别于康熙十六年（1677）与二十六年（1687）取入邑庠，后来分别例捐州司马和贡生。还有光亨录用为藩司典史；光宠（字天锡）录用为江南池州府经历，署石棣、贵池两县事。任内藩宪张公记典题曰"敬慎厥职"。知府李公记典题曰"才堪治剧"。阖郡士民作廉明德政之颂：

清勤协赞著芳声，筹画咸宜品物亨。

受育殷殷诚意切，无边惠露遍周行。

惠露遍行草木荣，义泽仁膏是处盈。

立起凋疲抚字得，廷清政简运权衡。

善运权衡化理宏，德咸互用振蜚英。

是非即剖无偏倚，朗鉴当空皓月明。

明如皓月覆苍生，厘剔残邪孰与京^①。

刑措无刑被德远，家弦户诵不胜情。

户诵家弦乐政成，伟略尤夸迈纵横。

操凛冰霜严自惕，清风两袖蔼和真。

两袖清风独擅名，士庶咸云复识荆。

茹茶自甘全不扰，舆情允洽庆升平。^②

注：①京，大。出自《左传·庄公二十二年》"八世之后，莫之与京"。

②白学堂至道光年间改为天一公祠，至今仍存。

（四）岩子前学堂

由十四世裔吴健庵（字乾生）于康熙二十年（1681）左右开办在曹溪头岩子前。健庵秉性正直，唯谆谆以耕读教子孙。其长子觉堂（讳鉴）由廪生于雍正五年（1727）充贡生，曾续编《培田吴氏族谱》。季子畏岩（讳铘），八品职员，貤赠武略骑尉。四子与五子是国学生。孙一曾取入邑庠，一纯诰封修武郎，还有四人是国学生。重孙孝林（字梦香）于乾隆三十一年（1766）取入邑庠，归标致用，五十四年（1789）拔补汀镇把总，驻防连城县汛；嘉庆二年（1797）升千总，次年调署台湾北路千总，后又升为台湾曲庄营守府。又有栩林于乾隆三十七年（1772）取入邑庠，他笃志好学，诗文留香，乡试荐卷惜未中举，遇后辈谆谆勉励志，是乡先生也。

（五）业屋学堂

由十三世裔吴光宇贡生于康熙四十年（1701）左右开办于石背山麓。此地邻近光宇住房"上业屋"，故名。又因该地可俯览河源溪中倒影的蓝天白云，令人心旷神怡，后人又称"云江书院"。光宇行略记为："幼而好学，长而成均，过目能诵，凡诗词歌赋为士林所推服。更有羡者，秉道守义，持正不阿，宗族里党无不推诚相与。"

其长子士珽是国学生，次子士琛恩拔贡生。诸孙也蜚声泮璧，可谓三代同堂，文名丕振，而且产业恢宏，鼎新堂构，裕后光前。如有孙金森于乾隆二十八年（1763）取入郡武庠，主考学政为纪昀，得知其祖办学有成，欣然答应题匾"渤水蜚英"（因培田吴氏郡望为渤海，有人将河源溪吴坊段称为渤水），此匾仍挂于上业屋厅堂。金森兄弟辈还有金升、金本、金宏先后取入邑庠。下一辈又有华国取入廪生，一舟、一骥取入邑庠，可谓书香绵延。

（六）南山书院

由十五世裔吴镛（字锦江）贡生开办于乾隆二十年（1755）左右，位于后龙山北麓的南坑田垄边，村民俗称"南坑学堂"。当年所聘名师是邱振芳，他以"采菊东篱下，悠然见南山"的诗意，取名"南山书院"，并书写隽秀楷书于门额。因后来改办为"长汀县南宣乡国民小学校"并书于校门，村贤舍不得遗弃秀美的具有校史意义的"南山书院"四字，于是临摹改在校门背面额上留念，至今仍存，后人常称赞其书法之隽永。

书院周边培林蓄竹，植梅种柳，荷池莲红，鸟语花香，是一处僻静幽雅的求学之地。乾隆二十八年（1763），邱振芳为书院董理作"六十寿诗"：

南山书院（吴有春摄）

人日^① 公云降，如公不愧人。须眉伟可象，城府荡无垠。

采藻方髫丱，燃藜重缙绅。连枝窦氏秀，满树谢阶珍。

奕世弓裘大，承家冠带新。一经勤课子，九转静生春。

六甲编年始，三阳入律均。愁兹适馆者，何以侑嘉辰。

注：①人日即正月初七日，是记新丁于草谱之日。初八为谷日，是记卒葬之日，

取谷善也。初九是成日，是记功名（如毕业或升官之名分）之日，取成数、

大数之意。

此公的季子馥轩入取邑庠，后例捐贡生，赠修职郎，游记诗词颇丰，续编乾隆版《培田吴氏族谱》。次子文轩和四子一翔是国学生。五子一冈科试列正案第九名，院试因病未考，自叹命也，恩师邱振芳惋惜之。还有堂侄一昂、一举、一匡取入邑武庠。

孙辈有茂林于乾隆五十七年（1792）取中举人第二十名，后录用为福宁府寿宁县教谕，两年后升知县，然而具文申复，愿就教职终身。还有泮林、

卫林、飞林、韶林、见龙、昌季、昌洋等入取邑庠或廪生。可见当年一方文风之盛。

时至道光年间，书院董理由十八世裔吴昌同（字化行）承接。出仕前的茂林以及外聘的曾瑞春、郑次郊、吴朝珍等名儒先后执教于此。因成效显著，原来各房族由分别办学逐渐集中到南山书院学习，办学资金由全村共同祖宗尝田租谷承担，也有富家捐田租补充。至光绪三十一年（1905）停止科举，共培养出28位邑庠以上的弟子。其中有武进士吴拔桢，钦点蓝翎侍卫；武举人吴瀚兴，选用兵部差官驾部；廪生吴泰均，拔贡后参加科试阅卷，平时从教汀连乡间数处，培养多才，广受好评，老来续编同治版《培田吴氏族谱》；廪生吴震涛，拔贡后选授建宁府松溪县教谕，文论哲理贯通，停止科举后，次年即将南山书院改制为新学，扩建教室，倡导以中华文化为体，以西方科学为用，从汀城聘来有维新思想的教员授课，特别是设置体操、唱歌及洋鼓洋号等课程，校园气象一新，多家守旧私塾的孩童要求到此学习。

震涛晚年受族贤之托，将两版族谱综合续编为一，内容丰富，层次分明，既有历代人丁传承脉络，更有中华文化人生哲理的实学文章，洋洋大观14卷40多万字，是一部珍稀的乡村文化典籍，福建省档案馆还复印收藏；亦让后裔了解600多年的家乡发展历史，为当今再续百年传承提供了可靠依据。

总之，自明到清，族人走科举之路，其盛其难历历在目。取得邑庠以上者，明代有11人、清代有65人。出仕为宦者11人，只有4人由科举出身，其余7人则以学习法令兵操等实务被录用。可见古代官吏不是只走科举而达，更多是为国家为社会安宁出力者。然而不管科举者、效力者、立业者、齐家者、乐善者，都须由读书修身而出。故办学是家族或乡村不可缺的事项。

时至辛亥革命建立民国，培田青年与时俱进，受新学影响，赴日留学1人，赴法留学3人，希冀吸纳西方先进科技和思想来强国富民。

诚然，古代农家培养孩子，多数只求修身齐家，未想高攀治国平天下，常以识字会写信能计算不受欺骗为足。因此，也有不少私家塾学堂只是一个厅堂内摆几张书桌凳，请一个老先生教五六个学生，其课本是《人家日用》《三字经》《千家诗》《增广贤文》，以及算盘计算等实用教程。如村内有锄经别墅、业绍草庐、容漆居、笔岫堂、教五堂等古民居，它们也作为学堂而被记忆。

此外，读书不仅是学，还须练习与交流，于是村内还有孔圣会、文昌社、朱子惜字社、紫阳书院、清宁寨学堂等。其成员是取得邑庠功名以上者，亦有好文习武的村贤。其活动内容有游览山川胜境作命题诗词，撰写社会热评和读书心得体会等。如曾任文昌社董理的吴允轩是由培田与上里两村学人推选的，他是廪生，学识淹通，每逢活动定亲临监督，虽事剧必构一艺以为倡，矢慎矢公呈请先达评定甲乙，优者嘉奖，赏析佳作。自此社业益兴，文风益盛。记载于族谱中的八景诗作，有七律，有五言，还有《临江仙》词，虽然题目相同，但异彩纷呈。诗作者们对于家乡的田园风光娴熟于心，从各自不同的角度充分体现了自己的才情智慧。

五、阔屋华堂，齐家之证

培田古民居群被誉为"客家庄园""民间故宫"，这些排列有序的多座宏大传统民居建筑，是经营农林工商各业有成者的实绩，体现了广义从耕者的成就。确实，这些屋主多为读书识字之人，少有举人以上为官者。他们勤俭持家，渐有积蓄，即为子孙后代安居乐业着想，计划建造宜业宜居的高堂华屋。列举九厅十八井式传统建筑如下：

（一）衍庆堂

由六世祖吴郭隆始建于明成化年间。郭隆公经营农林有成，又有胆识，受命智擒劫掠泉州富商的匪首"黄老虎"，被封为"尚义大夫"。此屋始名至德衍庆居，乾隆年间失火后改建为含有戏台坪的全村性宗祠，取名"衍庆堂"。郭隆父亲琳敏公，正统年间出谷赈饥，封为"义民"。郭隆次子首开培田书香，开办塾学"石头垇草堂"。

（二）官厅

由十四世裔吴纯熙（字日炎）主建于康熙五十年（1711）左右，他只达国学生资格，承祖业又经商，度量阔达，周贫恤乏，砌路修桥，慷慨乐施，事载邑志乡行。去世时，县令张文伟作祭文称："翁故生长乡间，少入城邑，而常聆其声名行谊，钦其孝友，和睦邻里，诗书启后，教子一经……长嗣学海宏深，以明经成进士；次君倜傥能文，胶庠卓冠群英。"此后三子、五子、六子都是国学生，四子吴镛于康熙六十年（1721）取入邑武庠，又例捐贡生，后来承办南山书院，名冠乡里。

官厅俯视图（吴有春摄）

（三）敦朴堂与笔岫堂（在宏公祠）

由十九世裔吴梓均主建于光绪年间。他幼时契约过继堂叔为嗣，当时仅存寡母，家徒壁立。他负薪换米，竭力服侍十余载如一日，家族称孝也。及长务农兼商贩，稍获薄赀，凡修桥平路，赈灾恤邻，均量力无省吝。其十世祖祠狭隘，慨然集议重建，扩大规模而焕然一新。他性情笃定，心气平和，对里党中不平事尽力排解，讼端而息。他俭以持家，将旧屋相邻的堂叔宅基重金购来，合而扩建，时作时止，经历10年艰辛，于光绪十八年壬辰（1892）方告竣工。堂额题曰"敦朴"，取意敦厚而质朴又勤俭所成，期望后世裔孙登堂可顾名思义，知创业艰辛，须守敦朴毋奢华之训。梓均次子耀南，科试之文为学政胡廷干赏识，不久取为廪生。后来胡学政升任山东布政使，耀南去函，请为父作《七旬加一寿序》，胡欣然命笔记事。

（四）继述堂

主建者是十八世裔吴昌同的四个儿子。吴昌同克勤克俭，从事农商，管理祖尝，扩产滋丰。咸丰八年戊午（1858）董理长汀公局（助学与奖励科举的机构），三年来无私无徇，矢慎矢公，多士荷培得助。同治三年甲子（1864）调署汀漳龙道，助军粮百石，获奖"急公好义"匾，诰封五品奉直大夫。其长子达均例授奉直大夫。次子思均因募勇助战松毛岭猪鬃崇剿逆，蒙左宗棠保举赴京，选用江西临川县温家圳巡检，后调署鄱阳县石门巡检，任内因赈鄂饥，于光绪二十五年己亥（1899）获奖蓝翎五品衔。三子瀚兴于光绪五年己卯（1879）考中武举人，后录用为兵部差官，然而慨叹世道日污，愤而息影乡野，悠游岁月于庭阶，适心快意于田园。汀郡吴氏让德堂之修，家乡紫阳书院之建，义务之尽，殚瘁弗辞。四子韶九修习于福州鳌峰书院，于同治九年庚午（1870）取入邑庠，光绪八年壬午（1882）例捐贡生，凡地方公益，力为之先，并执教于南山书院。

四兄弟在先父购置好地基的条件下，齐心协力，经过11年的操劳，完成了占地面积10多亩，结构为五列四进的豪华大宅院，竣工于光绪二十年甲午（1894）。这是当今培田最大、保存最好的传统建筑。外大门额石刻"三台拱瑞"，门联为"水如环带山如笔，家有藏书垄有田"。

四兄弟还遵父遗命，在省城购置文兴里卢镜秋房屋全所，捐为汀州八县

继述堂俯视图（吴有春摄）

吴氏试馆；又在福州妙巷购置宅院，用作宣河试馆，为汀郡吴氏宗亲、宣河一里乡亲，以及到省城赴考乡试的生员，提供安居和备考的场所。此义举申报到清廷礼部，批准恩赐"乐善好施"字样，可在家乡建"圣旨"石牌坊，以示旌表善行，沾化仁风。此牌坊现仍存古村落东北部，成为新村的门户。

　　四兄弟还在福州塔巷重金置地，建造纪念先父的飨堂，其内多间住房成三进布局。相传逢培田宗亲去福州学习或办事，可免费住宿其间。如1919年留学法国的吴乃青，学成回国后曾参加十九路军反蒋抗日的闽变，负责"福建省人民革命政府"的民政视察工作。闽变失败后，宪兵曾到塔巷昌同公祠（即飨堂）搜捕，幸好吴乃青及时逃往漳州，避免灾难。连城或长汀一些与培田人同学的学生，到福州学习，也常到此暂住一时，可免住宿之烦费。

（五）双灼堂

主建者吴华年，他取入邑庠，二弟震涛任职松溪县教谕，三弟拔桢是光绪壬辰科（1892）进士，钦点蓝翎侍卫，戊戌变法后调任山东青州营守备。鉴于此，华年只好留家守业，兼理祖尝。他见识宏通，理财滋丰，克承先志，好义急公。遵父命捐20余亩田租作为全村办学基金。倡建庐第庵石拱桥，这是通往汀府城的要津，其捐资270银圆，占全资过半。以他为首在家乡及汀城倡建祖父宗祠，在家乡建十世祖在敬公祠（思敬堂），今为老年活动中心所用；又为其父建祠，取名"世德堂"。他是富而能文的村贤，族谱中留记记事诗文多篇。

（六）如松堂

主建者吴震涛教谕，光绪三十年（1904）因母逝回原籍丁艰尽孝，未复职。他于光绪三十二年（1906）率先将南山书院改办为新制学堂，还被推为光绪版《培田吴氏族谱》主编。该堂建于光绪三十年（1904）前后，当时门朝田园，离大溪仅百余米，天朗气清，人称其结构阔绰宜居。当今则处于新街西侧，辟为"培田历史文化展厅"。震涛长子为邑庠，次子留学日本曾被派回福州反袁称帝，五子曾留美2年后回国经商于浙江湖州及兰溪，惜抗日战争期间家业毁于日寇轰炸。又有孙吴一尘医科毕业，是县内首批西医师，曾服务十九路军为少校军医。曾孙吴树曦是培田首位研究生，由洛阳拖拉机研究所公派留学加拿大，学成回国工作，成绩显著，荣获国务院颁发"对我国工程机械做出突出贡献"的荣誉证书，享受政府特殊津贴……可谓一门书香绵延。

其他如务本堂、双善堂、敬承堂、致祥堂、厥后堂、济美堂等古民居，都是依靠农林工商兼营而日积月累才建成。其中以农兼从教职，薄积所建的双善堂确实简朴平凡。进士吴拔桢所建三让堂，占地面积只有100多平方米，后代都住祖屋，有人说其因功名在祖祠所竖立的双斗龙纹桅杆，就是现在村南水口的恩荣石牌坊。由此可见，培田古民居群的宏伟亮眼，应归功于农耕文明社会中从事农林工商的勤俭持家者。诚然，他们也读书识字，眼界开阔，志洁行芳，但求齐家之荣，无求高官之耀。有言吴氏族人常以泰伯鼻祖让贤至德为范，以夫差争霸误国为戒。

结　语

培田当今的良好知名度，离不开国家的政通人和，离不开历代村贤耕读传家的辛劳与智慧创造。笔者只是一个平凡的数学教员，退休后逢家乡旅游开发，需要对有关文物做历史真实解说，借此让游客理解中华农耕文明的优良传统精神与现实表象，这就必须从历代所编的族谱中去寻考。我的退休单位离家乡较近，而且恰好处于耄耋之龄，上下见闻略知一些，于是被推选为续编族谱以及首撰村志的主编。虽感到专业不对口之难，但尚存求实论理的逻辑思维，粗知文言词句的精约而广释，略识朝代更替顺序，及治国与民生如同舟和水的关系，更感到家乡是生养发祥之地，祖宗是血脉之源，乡亲是友情久远的记忆，于是义不容辞，勇于承担，竭力而为，以求真务实、文质理达、与时俱进为准绳。

笔者曾将光绪版族谱40多万字手抄出来，结合现代百年人文发展，分类编入新谱；因而对600多年的培田历史文物有较系统翔实的理性记忆。每当古今对接无隙时，兴奋得不知疲劳，似乎谱中已逝村贤的诗文记述，如同和声细语启迪我的哲理思考。本文力图以史迹考证农耕文明是耕读传家的培田古村落的精髓。受能力与学识之局限，不妥之处敬请教正。

古村遗韵　寻梦璧洲

—— 中国传统村落莒溪镇璧洲村

◎ 林家新

　　璧洲村是客家传统文化名村、武术圣地，水光山色、桥阁倒映，相映生辉，景色秀丽迷人。目前有人口3000余人，农田5000多亩，山林面积2万余亩，总面积2平方千米，是莒溪最大的村子。由于璧洲山多，盛产毛竹，造纸业非常发达，靠水运到广东潮州、汕头一带贸易，因而明清时期经济相当繁荣。勤劳朴实、艰苦创业的璧洲人与同乡民众一起共同创造了"银莒溪"的美称。

　　奋发拼搏、敢为人先的璧洲村民以耕读为本，创造了辉煌的文化，正月闹元宵、游龙灯、船灯，正月二十日装古事，二月二游公太，立春犁春牛，八月十五日跳海青等人们喜闻乐见的民俗活动闻名于世，并在几百年来的生产生活中遗留许多非物质文化遗产。村民自发筹建了永隆桥、文昌阁、天后宫、崇福岩、永镇庙、永兴庙（奉祀闽王王审知）、林氏家庙（侍卫府）、吴氏宗祠（大夫第）及吴家大院、黄家古民居、林氏务本居、怡裕堂、两怡堂、怡古堂、敦本堂、务滋堂等。经统计，全村共有南宋末至明清时期古建筑、古祠、古民居共100余处，许多祠堂、古民居仍留着红军标语，据统计有120多条。这些古建筑、古民居好像镶嵌在村庄里熠熠生辉的明珠，点缀了清新自然的田园风光。在这片土地上孕育了一批杰出的优秀人物，如南宋赐进士、户部尚书吴十六郎，清代武进士乾隆帝钦点御前侍卫、襄阳总镇林炳星，官至二品的清代举人林寅、黄浚、林容、林维锦，武秀才林五教、林伦元、林咸起、林咸拔、林恒训等。据县志记载，璧洲村是连城县（有"中国武术之乡"美誉）三大武术村之一。

璧洲村2012年12月被评为中国传统村落，2019年入选第七批中国历史文化名村。传统村落作为一份历史馈赠，凝结着先民的智慧与劳动，蕴含着风土民俗等诸多文化信息。"传统"既指一种生活形态，更是一种精神根系。璧洲村民向来以勤劳朴实、艰苦创业、团结友睦而著称。他们既传承了客家建筑艺术，又有所创新。下面主要介绍几处代表性的古建筑特色风貌及人文景观。

一、神奇的古建

永隆桥、文昌阁、天后宫，三位一体的省级文物保护单位是全省乃至全国罕见的古建筑特色，也是璧洲古村落传统文化的精髓所在。

永隆桥矗立在村尾璧水河上，系明洪武十年（1377）所建。永隆桥建造时以蛇的形态造意。仙宫是蛇头，最前面有一圆洞是蛇的眼睛。桥身用木柱和川枋隔成20个开间，是蛇的肋骨，形象为蛇身，露天引桥是蛇的尾巴。经历了600多年的风雨侵蚀，永隆桥至今依然岿然不动横卧在璧水河上。1991年4月14日项南老书记一行到璧洲村调研时，挥毫为永隆桥和母校璧洲小学题了墨宝。项老的墨宝"永隆桥"已做成横匾挂于桥南端正中。这座历经沧

三星拱月（林家新提供）

桑岁月的古桥,古为官方驿道,是通往汀州府和广东的必经之所,是福建省最古老的廊桥之一。

文昌阁始建于清康熙三十一年(1692),300多年来,几经修葺。清同治五年(1866)曾修缮一次。1984年福建省文物管理委员会拨专款2万元,璧洲村自筹经费4万多元,对文昌阁进行全面修整。2017年省政府拨专款再次修葺后面貌一新。

文昌阁耸立在村尾,与永隆桥相距60米。这座巍峨古阁造型华丽端庄、飞檐翘角、槛廊连缀,显得优雅挺拔、古朴壮观。全阁呈塔形,上窄下宽迭式,仿照北京天坛格局,将宝塔式与宫殿式两种结构融合为一体,塔尖嵌一大葫芦,建筑奇异。阁顶层中央以一根直径盈尺的中心顶梁大圆木柱,上端顶着正中屋顶,上半截衔接射向八方的横梁,下端则不连地面而悬浮着,形成整座建筑梁柱之间牵引力的相互平衡。这是我国古代建筑力学上著名的"中心柱悬梁结构",堪称绝活奇观。

文昌阁之名隆不仅在其建筑之精美,还在其建成后璧洲村人文蔚起。璧洲开基800多年,前500年只出一位举人,文昌阁建成后,进士、举人、博士、硕士、教授等,人才辈出,乡贤迭现。杰出人才有:全国劳模1人,全国五一劳动奖章获得者1人,省劳模2人,省优秀共产党员1人,省优秀党务工作者1人,全国"双学双比"先进个人1人,以及在政界、军界任职数人,企业高管、商界精英等也很多。

天后宫位于永隆桥和文昌阁中间,建于清乾隆六十年(1795),嘉庆初完成。宫殿内神龛雕龙刻凤,花鸟人物栩栩如生,油彩漆金,工艺精细。正殿叫坤元殿,上部斗拱式升顶,顶上有阴阳八卦,天花板上画有逼真的鱼游戏水图。正厅外顶挂有"聪明两作"匾额,左右对联为"天上显灵威挽转危机扶宇宙,圣母施妙法排除祸厉护人间"。中间是大雨坪,有6个台阶可以从正面上正殿,据说只有林姓建的天后宫才能正面上殿。下厅设有40多平方米的戏台。戏台顶部天花板绘有游弋自在的彩色巨龙,腾云驾雾,耀眼壮观。大门有3个，中门1个，左右各1个。中门常闭，出入都从左右门。中门上写有"天后宫"及横批"河清海晏"。每年农历三月二十三日和九月初九日举行盛大的祭典活动，吸引众多信徒前来朝拜，是福建省重要的涉台文物。

获得龙岩市"金牌旅游村"称号的璧洲村，作为一个充满历史文化底蕴的古村落，凭借着独特的人文景观、自然风光和地理优势，吸引众多游客前来探访。尤其初夏，这里的荷花盛开，如同一幅美丽的画卷展现在人们的眼前。清晨荷花初绽，粉嫩的花瓣透着淡淡的香气，吸引着许多蜜蜂和蝴蝶前来采蜜，阳光透过荷叶间隙，投射出斑斓的色彩，如同一道道神秘的光芒。荷花与古朴的建筑相辉映，不仅美丽迷人，更是生命力的彰显，使人们深深地感受到传统文化的魅力和对美好生活的向往。

二、特色的祠堂和民居

（一）祠堂

祠堂是传统文化中的一种重要建筑，是祭祀祖先和家族英烈的场所，也是宗族活动和传承文化的重要场所。客家人崇宗敬祖，重视源流，璧洲古村在明清时期修建了许多祠堂，比较典型的有吴氏宗祠、林氏家庙（侍卫府）等。

1. 吴氏宗祠

璧洲最早开基祖吴姓十六郎公，官至户部尚书。该宗祠建于南宋末，石门楼横额上刻的是"大夫第"，左右镌对联曰："入其门必恭敬止，由是路惟孝友于。"整个门楼经修葺后，美丽壮观，喜气迎人。门楼进去是一口大池塘，据说该祠是水牛形，池塘是给水牛洗澡用的。祠堂建筑风貌是四合院，上厅左右各有大屋间，两边是厢廊，中间有一天井，下厅空着。大门前立有一对石狮子，时代久远。祠堂前为宽阔的大雨坪。整体建筑面积约2亩。

2. 林氏家庙（侍卫府）

林氏家庙建在璧洲村中部，是南宋末所建。坐北向南，有上下两大厅，左右回廊连接，前面一大雨坪，并有一半圆形的围墙围住，总占地面积为2

亩多。门楼向东，门楼内的坪里石桅杆林立（15对以上，可惜"文革"时毁坏，桅石扛去砌拱桥用），可见在科举时代出了不少举人、贡生、进士。祠堂正厅前面有一块"侍卫府"匾，还有"诰封"直匾，此匾是乾隆皇帝诰封武进士林炳星御前侍卫的殊荣。

还有一个传说。据说这里靠溪边有一竹丛，起初居住在莒溪水尾的平坦山上牧鸭为生的开基祖十五郎公，每天在溪里赶鸭嬷，鸭嬷随水而下到璧洲，群鸭中有一只鸭每天都到那竹丛生蛋，大多是双黄蛋。公心想"莫非此是风水宝地"，于是便向吴十六郎公讨这块竹林地建一个茅草房和鸭栏住下。不想，林姓确实发迹起来，到了六世祖林友荣还与吴家联姻，生下六个儿子，即公全、公珍、公实、公信、公粲、公足共六房。现除三、四两房有人迁到外地谋生外，其余四房为璧洲的林姓四门公太，后裔都各自建了祠堂老屋，均为雕龙画凤、飞檐翘角的古建筑。

祠堂作为文物建筑，承载了诸多历史人文、科学艺术、建筑风格等文化。祠堂既是一个民俗博物馆，也是一部家族变迁史。祠堂是家族文化的支点所

林氏家庙（林家新提供）

在，具有崇敬先人、崇仰贤德、教化后人、凝聚人心的作用，与建设和谐社会一脉相承，不谋而合。家和则国和，族兴则国兴。祠堂里的祖训族规，即那些教人学好向善、爱国兴家的内容，是祖国与民族永恒历史文化的传承。

（二）民居

客家民居是我国传统民居建筑的一个重要流派，被评为建筑奇葩，以独特的风格和结构精巧等特点屹立于世界民居建筑艺术之林。璧洲客家民居风格独特，结构精巧，遗存的古民居富有特色，比较典型的有务本居、两怡堂、吴家大院及黄家古民居。

1. 务本居

务本居由林氏六房十九世林栏度公所建，建于乾隆三十三年（1768），地处璧洲老人活动中心后面。由上屋、下屋、围屋3个部分组成，占地面积3330平方米，整体房屋坐南向北，由沙灰泥墙和木料组成。该屋有4个大门，东西各2个，厅17个，天井28个，规模宏大，坐落有序，实属少见。上屋门额"寻梦书院"，对联"务本居居则固本为务，寻梦院院而有梦可寻"。下屋两栋厅，上厅有3块牌匾，正面是"务本居"，左壁是"二荀皆玉"，右壁是"孝友垂芳"。下厅有3块牌匾，由外向内分别是"辟雍达才""图佐宣献""河东凰鼐"。外面雨坪还存留房主的3块练武石，分别重300斤、200斤、100斤。大雨坪对面是围屋，也是上下厅结构，左右各一直横屋，大雨坪正东方是下屋的正大门，门前一口大池塘。

该屋取名务本居，源自主人的家训，教育子孙后代做人要务实，安于本分。在乾隆五十三年（1788）林栏度90岁寿辰时，本村举人黄浚和林维锦等4位乡绅送"百岁牌"表示祝贺。

2. 两怡堂

两怡堂位于璧洲村上部，建于清宣统年间，占地面积1332平方米，砖木结构，坐北朝南。门楼也向南，上方画了许多工笔花鸟，并题有古诗楹联。

该屋两栋厅，左右各一直横屋，背后有砖木结构两层楼的围屋。整座房子建筑大气，布局合理，左右对称，工艺精细。大厅天子壁正中挂匾"两怡堂"，两侧挂有"文峰凌云"和"齿德兼优"牌匾，是清末璧洲最讲究款式、最宜居的房屋。

3. 吴家大院

吴家大院位于璧洲村中部，建于清乾隆末年，占地面积1988平方米，砖木结构。门楼向东北，门楼上有一副对联，联文"万卷藏书宜子弟，一蓑春雨自农来"，横额"兰生有芬"，大门背后横额"揽英接秀"。进入门内是一长方形的小雨坪，雨坪转向南是一圆形月亮门，门上写"遵矩蹈规"。进入月亮门后是房屋前面的大雨坪，整体房屋坐西向东。两栋厅，上下厅堂宽阔，上厅左右是大屋间，厢房和下厅连着。屋檐、椽木都雕龙刻凤，木质窗框花鸟逼真，神桌雕花，玲珑剔透，房屋做工精细。左右有两直横屋，横屋里面有上架厅和厢房厅，还有许多住房。整座房屋共计10个厅，20多间住房，12个天井。上厅木板墙上留存10多条红军标语。

4. 黄家古民居

黄氏从清康熙初年由连城分支迁到璧洲，迄今已有300余年历史。黄家古民居为清乾隆年间所建，古屋占地面积约2亩，砖木结构。层屋坐北向南，两栋厅，厅堂宽敞，厅旁有厢房大间，前有雨坪，后有花园，左右两边横屋10余年，并回厅。门楼向东南，门楼横额是"千顷流光"。大厅左右的扇挂上有漆绿色的木刻板对联文，是连城县谢凝道进士撰写的，可惜被盗窃了。其后裔退休医生黄石明生前保存有上祖黄浚公遗下的铜磬一挂，又在"文革"火堆中拾得郑板桥亲笔所画的春夏秋冬四季竹画4轴，今保存完好。

黄浚于康熙五十九年庚子（1720）中文举人，任过崇安、政和两府正堂。建宁府学教授陈廷焕书赠"春风化雨"匾，知连城县事金陵秦士望赠文举人崇安、政和两府正堂匾，曰"鸿才中选"。

客家民居的特色建筑是客家历史文化的一个载体。做屋建房选址是首位，必须靠山面水，前有照后有靠。以土木或砖木结构为主，其特点是宽敞明亮，采光通风，冬暖夏凉，聚族而居，充分体现人与自然、人与人和谐相处。

三、精彩的民俗

璧洲的传统文化娱乐主要有立春犁春牛，元宵节游龙灯、游龙、游船灯和二月二感恩文化活动。

（一）犁春牛

犁春牛也叫游春牛。每年立春日晚上，以片为单位，由群众自发组织活动。队伍由五色锣鼓开道，一童男装牧童牵着水牛，在牛角上、牛背上及犁橡上都缠红纸条。一青年装成老农扶着犁，头戴白叶笠，脸上画胡须，身上穿蓑衣；一人装成锄田角的人，擎着一张锄头，2～3个少年化装成农家女，头包花毛巾，身穿女人衣服，系上围裙，用簿竹扁担，一头挑饭，一头挑牛吃的干粮，装成送饭的女人；还有一人装成钓鱼的，一人装成书生，一人装

犁春牛（林家新提供）

成挑柴的，表示渔、樵、耕、读业业兴旺，祈求风调雨顺、国泰民安、人口平安、五谷丰登等。前、后、中间有松光火把，用于照明及表示生活红火。最后三色锣鼓压阵。游春牛从村头玲瑚庙游到天后宫，一路所到之处，群众在自家门前点松火，燃鞭炮迎接，图春来百发。

（二）游龙灯闹元宵

璧洲的游龙灯有悠久的历史，约始于清康熙年间，开始是四门公太各一条。正月十五日晚在林氏家庙点上一对大蜡烛，谁的龙灯先到，谁就把大蜡烛换去，叫作"抢头灯"。以后慢慢传下来，全村就一条龙灯了。

龙灯由龙头、花灯板和龙尾3个部分组成，长时可达上百板。用一块6尺长4寸宽的木板制作，两头各有一圆洞，是用竹棒连接前后其他灯笼的。板上下面放5个灯笼，上面4支莲花，这是最简单的灯笼，叫九盏火。做成更出色和几十盏火的灯笼，则要在外围加架，把做成桃子、莲花、宝塔、飞机和十二生肖及其他各式各样的灯笼挂在上面，五花八门，配上颜色，画上花鸟，

元宵游龙（林家新提供）

在晚上点上蜡烛十分好看。做灯笼还有两道最基本且艺术性较高的工序，即凿万字眉和压莲花叶，谁的手艺精湛，谁的灯笼就较为出色。游龙灯在正月十四日、十五日及二月初一日、初二日晚上进行。约晚上6点，各家把灯笼抬到村部门口集中，相继接在龙头上面，点上蜡烛，等全部到齐接上龙尾后，就开始游龙灯了。首先是开锣，两个人，前面挑着一面大铜锣，后面一个大红灯笼。开锣时打十二下半，据说只有璧洲开锣可以打十二下半，因为这里出了大官。紧接着是执事牌，上写"严肃"二字，后改为"风调雨顺""国泰民安"，执事牌后面是大凉伞，再是五色铜锣，然后是龙头、花板灯、龙尾，最后面是三色铜锣，蔚为壮观。

游龙跟游龙灯差不多，只是规模较小。用竹篾扎成龙头、龙圈、龙尾，糊上白纸或绵纸，画上龙鳞。龙圈为龙身，有的5圈，有的7圈，最长的11圈，璧洲全村有10余条龙，一般在正月十三日至十五日和二月初一日、初二日游龙。游船灯也是正月十四日、十五日和二月二节期配合游龙灯、游龙一起进行。竹篾做成一条并装扮得非常漂亮的船，一人扮纤夫，一人扮船夫，一人扮船家婆。船中装有几个搭船的姑娘，前面锣鼓开道，一路摇摇摆摆。近年又新添踩高跷饰八仙过海和蚌埠珍珠人节目。

（三）二月二游公太

璧洲村自建永兴庙，纪念闽王王审知的活动是年例。每逢农历二月初一日、初二日两天庙会，诚心敬奉侯王的男人，集合锣鼓、十番乐队、舞狮队、三角大彩旗、花台、神铳，抬着侯王神像、张焯奎神像、香案等，排成长队，由庙坪出发，从村头游至村尾，沿途路旁有各家摆设香案食品，焚香点烛，烧纸放炮，以示诚心奉敬。庙会期间还事先请来地方剧团演戏热闹。晚上游龙、游船灯、游龙灯。每到一处，鞭炮齐鸣，锣鼓喧天，好不热闹。人们都借此机会探亲访友，整个村庄户户人客，川流不息，喜庆非凡。这也是"审知清政垂千古，闽王功德荫万民"的一幅写照。

二月二游公太（林家新提供）

四、名人与传说

（一）家乡名人

1. 吴十六郎公

吴十六郎，号至德，宋赐进士，户部尚书，官至二品，诰授青光禄大夫，奉简入闽后，因不满南宋偏安江南，不思复国，故隐居璧洲，即璧洲开基祖。吴十六郎遗下古执事牌9块，现存连城县客家方志馆内。

2. 林炳星

乾隆七年壬戌（1742），林炳星会试中第四十七名进士，殿试二甲第八名，被皇帝钦点为御前侍卫留在京城。诰封魏氏、刘氏为夫人，敕封大仇氏、庞氏、小仇氏、李氏为安人。

乾隆四十六年（1781）林炳星已到花甲之年，为圆梦回故乡，他偕夫人、儿子、卫士一行10余人高高兴兴回到璧洲。当一行人走到村尾时，林家四房的乡绅已在天后宫大坪等候接待，顿时鞭炮声、锣鼓声、人声鼎沸，欢迎从广东潮州回来的英豪乡贤。

在乡绅人士的引领下，一行人先到林氏家庙歇息饮茶。嘘寒片刻，林炳星率家人上香敬祖，三叩九拜。当他看到家庙正厅前面挂着"侍卫府"横匾和上面一块"诰封"直匾时，顿时心潮澎湃，这两块匾实质上就是对林炳星本人的褒奖。当即他双手抱拳作揖，面对父老乡亲说："在下炳星献丑了！"说完，立即手持大刀表演了一番，只见那重量级的大刀挥来挥去，左砍右劈，向前退后，一进一退，稳步自如。在场围观的乡亲们个个看得眼花缭乱，人人伸出大拇指拍手叫好。在一片欢声中，林炳星结束了表演，又向全体乡亲说道："这把大刀跟随我南征北战多年，今天就把它留在故乡，放在宗祠。"这把大刀一直放在家庙上厅左侧，可惜在1958年"大炼钢铁"时被送入土高炉熔化了，后人深感遗憾。此大刀连柄都是铁的，长2米左右，重达120斤。村中只有林炳星、林伦元（武秀才）俩人才能舞动。

初冬时节，喜事连连。十九世祖叔翔千公新屋华堂刚好落成，便敬请炳星公宗亲去喝喜酒。炳星公特地送了一块"敦本堂"匾，落款炳星题，以贺乔迁之喜。酒席上，你来我往推杯换盏。当炳星公吃完酒席后，出来走走，到外坪看到两个簸箕装着一个个圆圆的糍粑，甚是诱人。此时，一个主妇看见炳星公，便叫他尝一尝糍粑，他不客气地抓起糍粑塞进嘴里，边嚼边说："好吃！好吃！"便一个接一个，很快簸箕里一下少了两圈，武艺高强、身强力壮的炳星公食量可真好啊。

3. 林之瑾

林之瑾，又名林寅，号怀清，康熙五十四年（1715）岁试取入邑庠第七名，雍正甲辰科（1724）中式第四十八名举人。丁未科（1727）挑选奉直往广东即补知县，初任海丰县兼陆丰县，再任阳江县，乾隆六年（1741）署惠州府海防军民同知，后署直隶嘉应州知州。广州府理瑶军民同知、直隶连州知州。乾隆八年（1743）授奉直大夫、化州知州。诰封宜人冯氏、陈氏。

4. 林之琪

林之琪，榜名容，字怀虚，雍正二年（1724）蒙黄文宗岁试取入连城县学第六名，雍正己酉科（1729）中式第十七名副举人。乾隆九年（1744）选授湖北鹤峰州判，十一年（1746）兼署鹤峰州同，十四年（1749）兼署鹤峰知州，十五年（1750）再署鹤峰州事，十六年（1751）敕授征仕郎，十七年（1752）兼建始县事，十八年（1753）三署鹤峰州事，调补沔阳州判。

5. 林维锦

林维锦，字仲含，号莲亭，生于乾隆三年（1738），卒于道光二年（1822），享年84岁。维锦自幼聪明好学，乾隆二十三年（1758）邑侯拔取正案第一名。乾隆二十四年（1759）府宪拔取正案第一名。随后取入邑庠生第五名，乾隆二十五年（1760）庚辰恩科中式第九名亚魁（举人）。乾隆五十三年（1788）春，奉旨以乡进士叙选县正堂，借补浙江省台州府杜渎场盐大使，署临海、太平、黄岩等县，前后19年，嘉庆十一年（1806）告老致仕。

维锦为政，权掌数县，均廉洁奉公。致仕归梓时，台州人民赠以"万灶沾恩"万民伞，以志其爱民如子、清正廉洁的风范。

回乡后，维锦年已古稀，仍自强不息，嘉庆十三年春至十四年秋（1808—1809）还任连城培元书院教育首长。著有《一香半盏》课文。其生平著有《入学》《中举》《文会》等文50余篇，策文有《见利思义》《或曰以德报怨何如》《楚国无以为宝，为善以为宝》等篇，策论有《国史》《钱币》两篇，见解精辟，有理有据，于今仍有参考价值。诗作存有《官舍偶言》《告老归林》《早渡黄河》《晚泊芦荻洲即景》等，都很优美。

6. 林起良

乾隆十八年（1753）科试取入沙县学第六名，二十四年（1759）考一等补廪，二十七年（1762）作贡生以训导用，三十年（1765）选授仙游县训导，旋署莆田县教谕，四十三年（1778）接宁化县教谕。五十七年（1792）升授泉州府教谕。

7. 林咸乡

榜名林万青，嘉庆十五年庚午（1810）中第四十八名武举人。

（二）家乡传说

1. 公全公儿孙分家

公全公之子爱莲公，生有两个儿子，名雷亮和永成，均早死，雷亮遗下四个儿子，永成遗下一个儿子，叫宗政。五人均由祖父爱莲公抚养成人。分家时，按理分成两份。祖父把五个孙子叫到面前，问宗政："你看这家产怎么分？"宗政爽快答道："我们是五兄弟，即按五份分。"谦让之礼令人十分钦佩，爱莲公大喜，祝曰："代代你做老伯头。"至今代代仍是宗政公房先发。孝悌之行，诚属可嘉。

2. 知县赠匾又赐名

传说，清同治年间，连城县上任不久的县官扮成乞丐到璧洲私访，从村尾走到村头，边走边打听。在一拐弯处碰上一个老人衣衫不整，面容清瘦，正在路边拾粪，即问："大哥，你认识林阶九吗？""认识，找他什么事？""可以带我去见他吗？""可以！"说完老人便带"乞丐"绕了几圈到了他家门口，说："你在这等下，我进去叫他。"结果，老人进家换了件干净衣服，出来见"乞丐"。"你找我有何事？"此时，县官一眼认出站在面前的就是刚才拾粪的带路人，原来他就是璧洲村鼎鼎有名的民间事务调解者——林阶九。

林阶九是清同治年间的一位秀才。县官说："听说10多年来璧洲村没人投案到县衙，村民安分，村子平安，是怎么回事？"林阶九又带县官到他的"办公堂"参观，一看桌上处理案子的记录有十几本，邻居纠纷、房产争斗、田水之争、家庭矛盾等都调解得清清楚楚。邻近村民都愿意找上门由他公断，形成百姓平安、睦邻友好、村庄兴旺的和谐氛围。

他对大大小小官司处理妥当，无人上告，因而受到县官的赏识，赠送"十德世家"刻字石匾一块，并赐名"观清"，寓意这位秀才像法官一样观察细致，清正断案，从此"观清"名声传遍整个乡村。

雕版故里　武举联芳

—— 中国传统村落四堡镇雾阁村和田茶村

◎ 吴德祥

一、村落概况

连城县四堡镇雾阁村和田茶村同属于雾阁行政村，位于四堡镇镇政府所在地。雾阁村东靠雄伟的武夷山支脉南段的鳌峰山脉，因鳌峰山延伸出的山梁酷似龙足，因此旧时雾阁村也称"龙足乡"。雾阁村南邻双泉村，西接长汀县馆前镇云峰村，北靠梧桐冈，距连城县城25千米，204省道穿村而过。雾阁村域面积7.92平方千米，居民点面积约46公顷，共有27个村民小组，1057户3477人，其中耕地面积1793亩，林地面积1.89万亩（含1000余亩的果园面积）。人均年收入达1.35万元。田茶村域面积7平方千米，共有23个村民小组，745户2231人，耕地面积1745亩，林地面积8200亩，人均收入1.3万元。雾阁村属山亚热带季风气候，年平均气温17.8℃，年降水量约为1600毫米，无霜期约280天，阳光充足，雨量充沛，适合作物生长。雾阁村三面环山，属山间盆地地貌，多丘陵山地，域内无大水系，北面梧桐冈脚下有自东而西流淌的北龙溪，南面也有自东而西的南龙溪，两溪曲折流向西边汇合成花溪河流入马屋村，将雾阁合围，两溪如燕展翅，古称燕子形。改革开放后始大力发展经济作物，以烟草、地瓜为主，并兴起大规模开垦荒山的水果种植业，水蜜桃以其果品质量好闻名遐迩，雾阁一度被誉为"水蜜桃之乡"。雾阁为中国客家硒都——连城的重要村落之一，因土壤富含硒，现以种植芙蓉李为主，果品优质，水果产业成了其经济支柱产业。雾阁有团结水库和高坑水库，作为农田灌溉和生活用水。

雾阁也是明清时期中国四堡雕版印刷基地的重要组成部分，有定敷公祠、关帝庙、文林堂、碧清堂（早期）、碧清堂（晚期）、福兴堂（锦云堂）、崇圣堂（兰馨堂、集贤堂）、墨香堂、尊经堂、文华堂、崇公祠、达文堂（祖述堂、弘经堂）、佐仁堂、佐圣堂、子仁屋、大夫第（父子登科）、文海楼、以文堂、诚明堂（大夫第）、翰香堂（万卷楼、玉兰堂、文苑堂）、配享堂、明德堂（早期）、明德堂（后期）、素位山房、梅园遗址、种梅山房、梅圃堂等30处。其中定敷公祠于1999年被改建为"中国四堡雕版印刷陈列馆"，展出雕版、古籍、印刷工具、民间文物等千余件；大夫第（父子登科）是清代靖海名将、曾任台湾水师协镇的邹经故居；诚明堂（大夫第）是清代宣州知府邹斌才故居。2001年，30处古书坊和古建筑被列入国家级重点文物保护单位，雾阁村成为连城著名文化旅游景点之一。2012年，田茶和雾阁同时被省环保厅授予生态村称号；2012年，雾阁村入选中国传统村落；2019年，田茶村入选中国传统村落。

中国四堡雕版印刷展览馆（吴德祥摄）

二、历史沿革

南宋理宗绍定二年（1229），始祖邹应龙（闽北泰宁状元，官至参知政事）因与权奸史弥远不合，被参贬谪回乡赋闲，适逢汀州晏梦彪暴动，攻陷泰宁。邹应龙率儿子避乱辗转来到雾阁村，遗子六郎公遂居此地繁衍后代而成村居，历700多年。至清代初期，雾阁出现了大规模的坊刻印刷。当时参与雕版印刷的男女老少约占人口的60%。坊刻店铺无数，刻书品种齐全、印量巨大，外省各地办店甚众，发行范围广大。康乾盛世，正是雾阁书业发展的鼎盛时期，"家家无闲人，户户有书香"是当时印刷书籍的写照。印坊栉比，书楼林立，所印书籍种类繁多，达9大类1000余种，销往全国13个省150多个县市及东南亚国家和地区，有"垄断江南，远播海外"之誉。雾阁书商大多设有书肆，并以此为中心，向当地的塾馆、书院及其他客户推销书籍，接受订货，形成相对独立的销售网。雾阁印刷业的发展历经整个清代，甚至民国时期仍有小部分在经营。

雾阁不仅是名震江南的雕版印刷之乡，同时也是远近闻名的武术之乡。据《长汀县志》记载，该村仅清代就出了十六名武举人，这对于当时以书业之乡名播江南的雾阁的确是个有趣的现象。十六名武举人分别是：邹经，乾隆三十年（1765）乙酉科；邹丝，乾隆三十五年（1770）庚寅科；邹德辉，乾隆四十八年（1783）癸卯科；邹廷明，乾隆五十一年（1786）丙午科；邹联芳，乾隆六十年（1795）乙卯科；邹春龙，嘉庆九年（1804）甲子科；邹天翔，乾隆三十年（1765）乙酉科；邹扬镳，乾隆三十三年（1768）戊子科；邹云龙，乾隆四十四年（1779）己亥科；邹景扬，乾隆三十三年（1768）戊子科；邹联元，乾隆三十五年（1770）庚寅科解元；邹绅，乾隆三十六年（1771）辛卯科；邹联魁，乾隆四十八年（1783）癸卯科；邹体才，乾隆五十九年（1794）甲寅科；邹斌才，嘉庆六年（1801）辛酉科；邹金镕，光绪八年（1882）壬午科。

在清代雾阁村的武举人中，不乏卓有成就的名将，如著名的靖海名将邹经，官至台湾水师协镇，是为乾嘉年间抗击海寇、保卫海疆之名将。其子邹德辉，也是武举人。故其故居门额上至今写着"父子登科"的题词。此外还有宣州知府邹斌才、福宁守备邹云亭、两任总理全闽塘务的邹云龙、任福宁守备的邹天翔、任和平守备的邹景扬、任山东巨野营守备的邹春龙等。邹云亭之子邹丝十五岁中武举，邹联元勇夺福建武举第一名武解元，一时传为佳话。

随着军阀混战和日寇入侵，雾阁村和整个中国的命运一样，陷入了战乱和贫困的境地。1929年红军入闽，雾阁村掀起了轰轰烈烈的革命热潮，成为革命苏区。1933年，彭德怀、滕代远率领红三军团与红七军团的十九师合编为中国工农红军东方军，并进驻四堡，与盘踞在四堡双泉的国民党第十九路军发生激战，指挥部就设在雾阁村的碧清堂。1949年后，雾阁商人经营的书店大部分经过公私合营的方式收归国营。1951年，近千年都是长汀县辖区的雾阁，划归为连城县辖区。

三、建筑艺术

从整体看，雾阁书坊多呈回字形构建，厅堂居中，中轴对称，四周横屋和围屋。厅堂有前、中、后、私之分，谓为"重堂递进"，围屋和横屋有前、后、左、右之分。因房屋庞大且紧凑，采光就靠天井了，一座房往往有十几个天井，"九厅十八井"之谓即是说一座房屋有九个厅堂、十八个天井，这些厅堂、横屋均依靠走廊来贯通。为作业和生活方便，大门前还筑有院坪，用作晒书、版之用，院外再设一门楼，连接起院墙。雾阁书坊有"千金门楼四两家"之说，门楼是一座房的门面，因此门楼的建筑显得极为重要，各种雕塑、书画便都表现在门楼上。门楼外则是一个池塘或一条水圳，这是为方便洗涮物具和取水调墨之用。从外观看，整体建筑前低后高，平衡紧凑，气势雄伟，这种建筑形制的代表是文海楼、子仁屋、碧清堂、种梅山房等。但也有较特殊的形构建，如佐圣堂，该屋不以规矩布局，而呈不规则状，整体布局因地制宜，仿佛随心所欲，厅、间、廊错落构成，廊道迂回曲折，复杂多变，进入其中，如入迷宫，很难找到出口。

从建筑材料和功能看，雾阁古书坊以砖木结构为主，屋外砖墙到顶出檐，内墙青砖、土坯砖结合，青砖在下，土砖在上，加刷盖白灰，也有以三合土夯实为墙。厅堂置以石础、柱楹、穿枋框架，互为应援，有利防震，板壁工字形制作，上用竹篾拼接，盖上白灰，既美观又增大使用面积。厅堂左右前壁，以木质花格窗棂与浮雕镂空成花鸟、人物、山水为装饰，上棚顺水天花拱板，檐前吊柱下端饰以花篮雕刻。进门前厅屏风，设活动中门，平时关严，遇喜庆与佳节始开中门以迎贵宾。后厅楼房、左右厢房卧室，横屋各间为藏版房或雕印场所，也有用作卧室，错落有效。门前院有围屋包裹，还有大门，称"重门大院"，多门方向不一，曲折而出。庭院、天井中多植梅、兰、菊、竹、石榴、茶花等花草树木。这一建筑突出的代表是种梅山房。

古书坊子仁屋（吴德祥摄）

雾阁古书坊的另一重要特色是文化艺术内涵丰富。雕塑、雕刻、绘画、书法等艺术门类在书坊中得到充分表现，反映了雾阁先民对文化品位的追求。如雾阁门楼建筑几乎是集文化艺术之大成：门楼顶部鳌头饰以龙、凤、麒麟、狮子等；两侧雕塑、绘画有花鸟虫鱼、山水人物；门框正上方书有遒劲雄浑的大字，如"珂鸣锦里""云峰拱秀""境绕菁华"等。厅堂文化气氛浓郁，堂上悬挂各式牌匾，匾中题有"自得""致远""静致"等佳词，或抒情或言态，或状景或颂德，书法苍劲有力，飘洒自如，各显风格；两侧则悬挂地方名家字画，文气盎然，置身斯地，可感受到丰富而深邃的文化艺术气氛。这一特点的古书坊有子仁屋、素位山房、文海堂等。

四、山水风光

雾阁村依山傍水，自然风光绮丽优美，村后的鳌峰山雄伟恢宏，连绵十余里，起伏宛如巨龙。鳌峰山常有云雾缠绕漂浮，古时为雾阁八景之一。清代诗人云村谟有诗《鳌峰碧雾》云："灵鳌当日户朝宗，带雾飞来化作峰。蒲竹坑头绕豹迹，巅峰崖口隐仙踪。高分碧落晴余雨，远惹青烟淡复波。莫道霏微难纵目，岫前云雾望从龙。"在鳌峰山的半山腰处，有一处岩洞叫"边峰岩"，岩中供奉着观世音菩萨，岩中还有一个平坦的巨石，叫"石床"。每年农历七月初五日，雾阁村都要举行隆重的七吉庙会，村中的主事人就要到此迎接观音到村中打醮，祈求风调雨顺、五谷丰登、六畜兴旺、国泰民安。边峰岩下是一片接着一片的山地梯田，金秋时节，金黄的稻谷金光闪闪，非常壮丽。古时雾阁八景之一有"石埭观稼"，清代诗人邹际商诗云："久羡田家乐境赊，闲从石埭话桑麻。秧畦几处霏红丽，埭馆三春落翠霞。农夫陌头欢饷黍，牧童牛背醉吹笛。辋川图画欣如见，归路黄昏踏杏花。"如今，到处的山坡上种满了芙蓉李树，春天，春风忽至，李花怒放，壮丽的花雪吸引四面八方的游客前来观光赏"雪"。古时，这些山梁密树纷披，青翠曼妙，也是雾阁八景之一，叫"龙足青云"，清代诗人邹仁宽吟道："善藏首尾是神龙，特道云来屈曲风。作雨未逞甘自滞,迎风无力爱相从。春山闹处闲容鸟,夏日去时变迹踪。何不簇团成五色,远随玉络课桑农。"

从鳌峰山上,还有一条美丽的南龙溪由东而西流入村中,穿村而过。南龙溪有两个连接的深潭,形似两口大锅,当地人称"前锅""尾锅",河水冲入深潭,水声如鸣佩环。河边的街道上有一口著名的古井,叫"八角井",井呈八角,故名。此处是雾阁八景之一"古井鸣钟",清代诗人邹廷清诗云:"尚来古井水淙淙,洗耳去听报晚钟。石击鸣琴珠错落,山回偃月玉峥嵘。春秋不暂停清磬,昼夜何曾舍大镛。倘若景阳楼上响,定然惊起卧潭龙。"南龙溪上古时有多座小桥连接两岸人家,故有八景之一"平桥浴月",清代诗人邹拔才诗云:"何处辉光照眼宽,龙川涌出一轮寒。亭亭蟾魄悬银汉,颖颖骊珠滚玉盘,廿四桥分金潋滟,三千界净镜团圆。水天一色澄余滓,人月双桥得静观。"南龙溪往下的村庄两岸,古时都是垂柳飘拂,也是雾阁八景之一,叫"柳岸闻莺",民国诗人邹文峻诗云:"两行绦柳获潆渶,时有仓庚事往还。巧舌如簧还似笛,听来一度一怡颜。"

雾阁村北靠梧桐冈,梧桐冈也叫梧冈。当地最有名的历史人物邹圣脉(清代著名学者,文学家)的故居就在梧桐冈下,邹圣脉故自号"梧冈"。梧桐冈在历史上是一带山冈,山上是一片古树林,"大炼钢铁"时基本上把树砍光了,现在仅留下几棵古树。邹圣脉的故居"梅园四楼"也只留下了一个砖砌门楼,门额上书其亲自书写的"梅园"二字,背后还隐隐约约有其自书的《梅园记》小文。古时梧冈是雾阁八景之一"梧冈待凤",清代诗人邹廷辉写诗道:"阿阁惊同雾阁乡,凤凰亦应到梧冈。漪漪绿竹垂寒雨,萋萋金桐下夕阳。明月枝头堪翙翙,清风树上正锵锵。冲霄不忘丹山乐,足托龙门际运昌。"

除此之外,旧时的雾阁还有田墩寨的青松,也是八景之一,可惜随着岁月的远去,此景早已不复存在,仅留下了清代诗人邹际唐的诗歌咏此景:"最爱陶公喜桂松,紫鳞铁杆欲成龙。涛声唤醒千家梦,云影频遮刀客踪。劲节永留君子操,孤标肯爱大夫松。田墩落落盘根久,阅尽风霜不改容。"

五、传统技艺

（一）锡器工艺

锡器工艺以其制工精巧、造型优美、色泽明丽、品种多样而名播遐迩，且在闽、粤、赣三省又唯四堡所独有，故而更引起外界关注。锡器品种多样，日常用的有酒壶、茶壶、油壶、暖壶、蜡壶、酒海、锡盆等，工艺品有烛台、光灯、宝鹤壶、香炉、麒麟、仙鹤、孔雀、观音、财神等。在雾阁，锡器是家庭富有的象征，嫁女要陪嫁锡器，多则一堂（8件），少则半堂（4件）。许多日常用的器皿都是锡制的，锡器是四堡人的传家财宝。打锡的工具复杂多样，包括炉子、铁锅、大小铁锤、火杯、铁剪等30多种。打锡的过程也很复杂，有20多道工序。据有关记载，清代中叶时，四堡打锡人有500多人。如今，打锡这门手艺仍在雾阁村传承。

（二）雕版技艺

四堡雕版技艺在清代是很普遍的日常使用技艺，因为大规模的雕版印刷

四堡遗存雕版（吴德祥摄）

业需要大量雕版技艺人才，然而现在的传承人只有两个人了。雕版的材质取梨木、枣木、小叶樟等木材，因为这样的木材质地较硬、纤维细密，刻成的雕版不会开裂，经久耐用。雕版分为制版、写样、上版、雕刻、打空、修版等工序。2008年，四堡雕版技艺被列入国家级非物质文化遗产保护项目，雾阁村邹荧生被列为省级非物质文化遗产代表性传承人。

（三）四堡女装制作技艺

四堡的妇女服饰迥异于周边的客家女装，其奇异之处在于当地人称的"大边小绲"，即在颈袖、手袖、裤袖及衣服的开合边缀有三到四种色彩各异的边条。上衣衣袖折成三叠挽到胳膊作为钱袋，前臂是用另种颜色布做成的袖筒，接到衣袖管内，可随时拆洗。据说，这是因为当年参与雕版印刷作业，为免衣袖沾上印墨，故而高挽，另接袖筒，又因方便，使叠起的袖管成为装小样物品的"袖袋"。上衣偏长，衣脚至膝盖部。在小腿部，用红色带扎一块方形镶边裹布，称为"水裤"。脚穿尖头绣花布鞋，腕戴竹节银镯，后脑梳一长髻，用乌黑的线网紧罩，缀以银簪和绿珠，扎着红头绳，若有孝在身，则扎绿头绳。婚前女子着红装，婚后妇女着蓝装，整体看去，浑身上下色彩斑斓，艳丽多姿。因这种女装只有四堡女性穿戴，故而只有四堡的裁缝师傅才会制作。如今，随着四堡老妇人的逐渐去世，新潮时装的日益更新，这种服装不再普及，制作师傅也非常稀少了。雾阁原有四堡女装的著名师傅邹洪梁，因年纪大了，已不再从事女装制作。现有童大招还在从事着四堡女装的制作。

（四）金、银首饰工艺

雾阁的金、银器工艺历史悠久，工艺精美，闻名远近。据说早在宋代时，雾阁先人就从扬州学会了打制金、银器手艺，并传回家乡，从此世代相传。长期以来，雾阁金、银匠遍布闽、粤、赣边的大多城乡，打银工艺誉享四方，特别是八仙图、庆子、鞭子镯、竹节镯、金链、银链是当地有名的代表产品。

雾阁金、银工艺与当地风俗、服饰有密切相连，如女子"于归"，娘家要金银做"嫁妆"，如金钗、银插、金耳环、金戒指、项链、配镯、银链等十多种金银首饰；小孩"过周"，外婆要赠送狮头帽、银项圈、"车肩"、庆子等银饰。雾阁村现有邹春华被列为市级非物质文化遗产代表性传承人。

此外，四堡还有皮枕工艺、藤椅工艺、木竹工艺、泥塑木雕制作等传统手工技艺等，也闻名遐迩，备受青睐。

六、民俗风情

（一）七吉节

雾阁村七吉节从七月初五日到初七日，村里要举行游菩萨、打醮、演戏（当代也放电影）等活动。初五日开始全村戒荤吃斋，迎神打醮，初七日举行盛大的游观音菩萨、游关公、游邹公（邹应龙）等游神活动，每家每户要焚香鸣炮接神。初八日则大宴宾朋，各家都要邀请亲朋好友来共度佳节。据说在清代，七吉节这天也是晒书的节日，每家每户都把家中的书拿到院坪中晒。因此雾阁村的七吉节与中国传统的七夕节还是有所区别的。七吉节虽不知源于何时，但有一个传说至今在当地流传。

雾阁村东千米高的鳌峰山中有个地方叫边峰岩，岩下山涧流出一条东嶂溪，溪的源头有个叫湖竹里的地方，百亩山坡上长满绿油油的青草，是个放牛的好场所。村中一位叫青哥的人，从小就在湖竹里放牛，并在放牛的间隙认真研读《黄帝内经》，把所学到的医学知识用到给村人治病中，因此很受村人的敬爱。每年夏天，青哥都会到东嶂溪那清澈的水潭中游泳，到了十八岁这年的夏天，每当游泳时就会有一只绿尾红羽的山雉鸡飞到水牛背上，注视着青哥游泳。一日中午，青哥回到湖竹里的草棚时，热腾腾的炒嫩笋、甜菜汤、白米饭摆好在小石桌上。一尝，比家中炒煮的味道好多了。连续好几天都是如此，青哥想啊想，却总也百思不得其解。这天上午近午时，青哥见那牛背上的雉鸡飞走了，于是赶紧回到草棚，躲在草棚外偷偷观察，原来是那雉鸡变成水灵灵的姑娘正在做饭。青哥抑制不住兴奋，冲进棚内，姑娘来不及变回雉鸡，一时脸红心慌，只好道出原委。原来，天上的七仙女下凡游山玩水来到鳌峰山，七姑娘因留恋鳌峰山的峻秀，无意间看见青哥在水潭中的健壮身姿，便悄悄留下变成雉鸡相伴。为了能与青哥永结连理，七姑娘就把此事告诉给观世音，请求观世音菩萨成全他们。观世音菩萨为七姑娘真情所动，有心成全，便破天荒为他们当"红娘"。后来天庭得知，便派天兵收回七姑娘，罚观世音菩萨在边峰岩守山千年，但也为青哥和七姑娘爱情所感，特恩准青哥、七姑娘每年的七月初七日这天在湖竹里相会一次。因此七月初七日是青哥和七姑娘相会的"双七"吉日，当地就叫七吉节。又因天兵捉七姑娘时，《黄帝内经》掉河里浸湿了，捡起后拿到石头上晒，因此这一天也成了晒书节。

如今，湖竹里一直有座古庙，叫神宫庵。相传就是青哥、七姑娘在七月初七日相会时栖息的地方。雾阁人每年过七吉节，都要先经神宫庵到边峰岩去迎观世音塑像，再经湖竹里返村举行隆重的庆典活动，意为迎七姑娘、青哥回村庆祝夏粮作物丰收。

（二）拔龙

拔龙是雾阁人正月闹花灯的一项活动，但又不同于其他地方只在城镇村间的游龙灯，而是晚间在山上举行。因是在晚间的山上游龙，远远望去，便如一条火龙在夜空中游走，美妙绝伦，煞是壮观。当然，同所有的民俗活动一样，其目的是祈求风调雨顺、国泰民安、村庄兴旺，也是传统的民间娱乐活动。晚饭后，由事先安排的执事人按当年的吉利方位（东西大利或南北大利）把龙头、龙尾扛到相应的山上祭祀，各户把花灯相应扛上候祭。祭祀是祈祷天地神明保佑村庄兴旺、四季平安，祭时要献三牲，拜九礼，读祭文等。一俟祭毕，即前后接拢为长龙，一等三声铳响，便缓缓有序地沿山路曲折下行。入村后在大街小巷游走，最后到达预定的广场圈龙走灯。圈龙时龙头在内，龙身围着龙头圈圈围起成一圆团，然而又由龙尾向外一圈圈解围。圈龙后就游回祖祠，拔龙即告结束，各人折灯板回家赏用灯宵。

通过这一习俗活动，当事人不仅得到了一种心灵的安慰，而且从始至终有娱乐的存在和体育的益处，而对于旁观者而言，则带来了很大娱乐性，以至人人爱看，不失为一项有积极意义的民俗活动。

（三）"吵嫁"

"吵嫁"是雾阁也是整个四堡古老的传统习俗。在儿女成婚的大喜日子里，亲家要大吵一场才罢休，这的确是有趣而奇特的婚俗。"吵嫁"的婚俗在迎亲那天夜里的女方家中进行。黄昏时候，男方的迎亲队伍来到女方家中，不仅无人接待，坐冷凳板，而且不管来迟来早，有错没错，女方亲人都要故意"找茬"，大声"斥责"男方诸多不是。急得迎亲人一个劲地道歉赔礼，领受着各种奚落揶揄，还要满脸堆笑向女方亲人敬烟求情，不敢有半点动怒。晚宴后，宾客散去，女方亲人又在茶桌上与迎亲人吵开了，硬要逼着男方的迎亲人回家补来缺少的东西，吵到高潮处甚至拍桌板点指头，剑拔弩张，仿佛真要打起架来。同时，迎亲人还要到闺房中送上轿礼给新娘，新娘的伴女便将上轿礼当场拆看，不管多少，反正是嫌太少，于是又展开吵闹，新娘以不出门回男家相要挟，逼得男方人把上轿礼钱加到新娘满意为止。直到出门时辰到了，这场"吵嫁"才告结束。一时间，双方亲人立刻转怒为喜，显得亲亲热热，拍肩迎笑，从怒到喜的瞬间变化让局外人始料不及，啼笑皆非，莫名其妙。

七、名人轶事

（一）邹经

在中国四堡雕版印刷展览馆右边，有一座名为"大夫第"，也叫"父子登科"屋的古宅，始建于清乾隆年间，门前还有功名华表石柱，上刻有"邹经、邹德辉立"字样，这就是清代台湾靖海名将邹经的故居。

邹经，字年官，号耕芦，生于乾隆七年（1742），少有才名，爱习文弄武。其父邹廷扬是地方文士，督教有方，使邹经文韬武略，无所不精。乾隆三十年（1765）举乡试，得中武举，初授厦门提标，乾隆四十八年（1783）升至南澳（广东南澳岛）守备。

其时，安南（今越南）阮光平自立为王，聚集海寇骚扰我国沿海，抢掠商船和沿海居民，邹经多次引兵抗击，沉重打击了海寇的入侵。嘉庆五年（1800），海寇转攻浙江台州，未逞，便窜回攻击台湾，军情紧急，邹经临危受命，被提升为台湾安平营水师协镇，出守台湾，再次打退海寇的入侵。

不久，安南阮福映灭了阮光平，清帝封阮福映为安南王，并下旨让阮福映严禁海寇。但海寇头目蔡牵等不听约束，兼并群盗，以闽海为驻地，大肆抢掠海上商船，窜扰闽台沿海，气焰猖獗。嘉庆八年（1803），蔡牵、朱濆等海寇率战船百余艘，大规模围攻台湾，邹经不顾年迈体衰，身先士卒，率领台湾军民浴血奋战，沉重地打击了海寇的嚣张气焰，经过十余天的苦战，终于把蔡、朱等海寇赶出了闽台海域，使海寇闻风丧胆。福建巡抚余文仪特授邹经"人中龙虎"金匾，以示旌表。

嘉庆九年（1804）四月初六日，邹经终因战事操劳过度，积劳成疾，不治而逝于任上，台湾军民无不恸哭吊唁，声震天地。福建官员纷纷前往祭吊，颂其"品推羊杜，望重孙吴"；朝廷亦派员往祭，哀经之逝"如殂龙骥，若落凤雏"。邹经一生身经百战，战功卓著，为闽台沿海人民的和平安定做出了重大贡献，至今仍为台海人民所传颂。

（二）邹圣脉

中国古代儿童启蒙读物《幼学琼林》的增补作者邹圣脉，是连城县四堡镇雾阁村人。据雾阁邹氏族谱记载：邹圣脉，字宜彦，号梧冈，生于康熙三十年（1691），自小就是个神童，可命途多舛，空怀满腹经纶，却一次次考场失意，以至到了四十岁还未获取功名。

邹圣脉一气之下，遂放弃科考，转而潜心治学，并从事雕版印刷业。据说，他所经营的书坊所刻之书甚为精美，四堡各书坊争相仿效，信誉很高。他一生著作甚丰，有诗文辞赋及名家巨制之笺注评点多种，增补《幼学琼林》也在这一时期。他在明代程登吉的妙联基础上，新增了文采斐然的三百四十三联，天文地理、婚姻家庭、人情世故、花鸟虫鱼无所不包。这部小百科全书一问世便脍炙人口，风行全国，邹圣脉的大名同程登吉一起随着《幼学琼林》的风行而流芳千古。同时他悉心研学，写出了《书经备旨》《诗经备旨》《易经备旨》《四书题窍》《书画同珍》《绣像妥注》等一批学术著作，还创作了《寄傲山房诗文集》四卷，并刻版印行。

雾阁邹圣脉故居遗址梅园（吴德祥摄）

邹圣脉创作主张文风朴实，反对无病呻吟，他说："……词非不华，华而

不实，谓之诬……词非不美，美而寡当，谓之馊。既诬且馊，识者讥之。吾
侪……耻假借语，本乎情发乎词，曷计工拙。"其书法也造诣颇深，风格深
得钟繇、王羲之神韵，现存其故居门楼"梅园"二字，即为他亲笔书写。

乾隆二十七年（1762），一代布衣学者邹圣脉留下了数卷著作，飘然归土。

（三）邹斌才

邹斌才，字圣湘，号均亭。乾隆四十三年（1778）生于一户书商之家。
父邹秉椿，字喻生，擅医术，尤精针灸，是当地名医。邹斌才自幼受父亲以
济世救人为己任的思想影响颇深，刻苦好学。嘉庆元年（1796），邹斌才考中
秀才，嘉庆六年（1801）又考中第十名武举。不久，因父母相继去世，故未
出仕谋职，守制赋闲在家。道光初，列强虎视眈眈，英国通过东印度公司将
大量鸦片倾销中国，不仅危害民生，还严重影响国力，白银大量外流。邹斌
才虽守制在家，却仍关注国事。道光四年（1824），他深感国力日弱，于是毅
然"挟策游京师"，宣陈己见。初被荐任补驻京塘务府事，后又被荐授武德骑
尉五品官衔，特授湖北荆州卫正堂，兼摄左右卫篆。他在任职期间，开屯田，
储军粮，治政有方，爱民如己，严禁鸦片，力劝农桑，深得荆州人民的赞誉。
道光十八年（1838）期满入京觐见，调任江南宣州府（今安徽宣城）任知府，
更显政绩卓著，深得民心。道光十九年（1839）六月，不幸病逝于宣州。

儒林世第　黼黻皇猷

—— 中国传统村落四堡镇中南村和四桥村

◎ 吴德祥

一、村落概况

连城县四堡镇四桥村和中南村同属于马屋行政村，位于四堡镇的西北部，毗邻三明市清流县长校镇，距连城县城26千米，204省道穿村而过。四桥村域面积8.6平方千米，共有18个村民小组，750户2793人，其中耕地面积1420亩，林地面积1.1万亩（含2000余亩的果园面积），人均年收入达1.35万元。中南村域面积9.7平方千米，共有23个村民小组886户3299人，耕地面积2240亩，林地面积1.2万亩，人均收入1.3万元。马屋村属山地丘陵地貌，亚热带季风气候，海拔420米。村后是四堡最大的饮水灌溉水库——团结水库。马屋村自古以来同四堡其他村落一样以生产水稻为主，兼及小麦、玉米、高粱、粟米、地瓜以及各类豆、薯、青菜、油菜等蔬菜。改革开放后，开始大力发展经济作物，以烟草、地瓜为主，并兴起大规模开垦荒山的水果种植业。马屋也是明清时期中国四堡雕版印刷基地的重要组成部分，现存有明、清时期各类古书坊建筑72处（其中四桥村48处，中南村24处），其中20处是全国第五批重点文物保护单位，主要书坊和文物保护单位有皆山堂、嵩山书院、美盛堂、万竹楼、南山堂、过街亭、洪路公书房、湘山堂、继泽堂、安雅堂、百薮堂、藏经阁、太选公书房、仕和堂、爱庐书院、隆丰堂、盟鸥书屋、方林堂、从杶堂、从仁堂、翼经堂、西园楼、林兰堂、新林兰堂、培经堂、培兰堂、本立堂、耕莘堂、在兹堂、念兹堂、文林堂、文兹堂、中田屋、史丰堂、大成楼、德文堂、文汇楼、马援庙、玉沙桥、六祖庙、马一坤祖屋、大厅厦、马子发祖屋、马氏家庙、马勋祥祖屋等。2012年，中南和四桥同时被省环保厅授予生态村称号，中南村于2013年被列为中国传统村落，四桥村于2019年被列为中国传统村落。

二、村落布局

马屋村庄坐西朝东，西靠扑背山，有5条山梁向村庄聚集倾斜。山地有300余亩国家级生态公益林，林木茂密，地势四周高中间低，属小盆地。村内有一条玉沙溪，从南往北流经。村落景观优美，聚落要素齐整完备，由庙、祠、宅、书坊、桥等各类古建筑组成的古建筑群，既是马屋这一古村落景观建筑的核心组成与精华所在，也是闽西客家乡土建筑的完美展现。村口古道傍溪而行，连接马援庙、玉沙桥、林兰堂、殿元公书坊、新林兰堂、大厅厦、耕莘堂、在兹堂等古书坊古建筑。村内古巷错综相连，接通其他古建筑，房屋大多属古老的砖木结构，飞檐翘角，反映出当年雕版印刷经济的繁华和深

穿越马屋村的河道（吴德祥摄）

厚的文化底蕴。马屋到长汀馆前的公路穿村而过，至今保留着多段石砌古道。

三、历史沿革

马屋村有史以来都属长汀县辖区。始祖七郎公自南宋建炎元年（1127）从宁化安乐马家围到马屋开基，已历近900年历史，至今繁衍30余世。相传马氏始祖开基前，此地就有赖姓村庄，马七郎受雇到此为赖姓人家做长工，后落居此处开基立业繁衍，马氏人口逐渐增多，赖氏人口逐渐减少，遂成了马屋村。至今仍有地名为赖家圩，据说当时就是赖姓人开设的圩市集。据《马氏族谱》载："北宋徽宗建中年间即有弥勒佛，置于老赖家圩之南，常年香火不断……名传大佛庵。"且说："始祖七郎府君迁徙折桂（马屋），是庵已成……"可见大佛庵在马姓未到四堡前就存在了。相传，在没有马屋之前，村东有姓萧的村庄，此庵即为萧姓人所建，以供奉弥勒佛为主，也供奉其他佛教和道教的神。每年的农历七月十八日为庙会会期。

马氏繁衍到第六代有三兄弟，即千五、千六、千七。千六郎移居江西龙南，剩下千五郎及千七郎留在马屋。上祠开代祖是千七郎公，千七郎以行伍出身，生两子即黄舍与黑舍。他的传记自述六岁父母相继离开人世，由亲姐姐五十七姑终身不嫁（太祖姑婆）抚养成人。南宋灭亡后，千七郎到开封府当兵，剿除强盗土匪。元至治二年（1322），因作战勇敢，战功卓著，被朝廷授封武略将军。不久告老还乡，热心公益，先后筹建清溪道院（丰饶寺），马公、通济二桥。《长汀县志》记载了太祖姑婆的故事，说是千七郎自幼丧失父母，常受到虐待，因此五十七姑毅然终身不嫁照顾弟弟长大成人。千七郎被敕封为武略将军后，皇上问起他的家庭情况，便把姐姐抚养他成长的实情告诉皇上，皇上被她的忠烈德行感动，于是敕封她为"太祖姑婆"，马屋马氏后裔便按风俗称她为"太祖姑婆"。其享年八十二岁，死后葬于马屋田螺坑排上。此后规定凡马屋千七郎公裔孙有添丁的，清明节时都要一早到太祖姑婆坟前供奉祭品，祈求庇佑。此风俗延续到现在，更有外迁子孙每年都来祭祀她，以感谢她的大恩大德。明代，马屋有考中进士者马驯。马驯（1421—1497），为马姓第十一世祖，正统九年（1444）考中举人，次年中进士，经明代四朝，历官湖广巡抚、都察院右都御史。

至清代初期，马屋出现了大规模的坊刻印刷，坊刻店铺无数，刻书品种齐全、印量巨大，外省各地办店甚众，发行范围广大。在清代，马屋还出了文举人马履丰、武举人马履楹。马履丰官至甘肃玉门同知。

1931年，中国工农红军第十二军一〇一团进驻马屋村，进行土地革命，成立四堡区苏维埃政府，政府驻地设马屋村，首任主席吴福谦。马屋许多穷苦民众纷纷参军，马叫化、马大叫化等10多位烈士为革命牺牲在松毛岭战役和长征途中。一些由军长罗炳辉、政委谭震林签署的通告、政令当时就贴在马屋玉沙桥的雨披木板上，1949年后被拆卸运往中国人民革命军事博物馆收藏。1951年2月，马屋连同四堡各村划归连城县管辖。

四、建筑艺术

马屋书坊建筑艺术同雾阁书坊。从外观看，整体建筑前低后高，平衡紧凑，气势雄伟。这种建筑形制的代表是林兰堂、在兹堂、大厅厦等。但也有较特殊的形构建筑，如中田屋。该屋不是规矩布局，而呈不规则状，整体布局因地制宜，仿佛随心所欲，由经伦堂、同文堂、鹤山堂、文莘楼四组厅、间、廊建筑构成，廊道迂回曲折，复杂多变，空中俯瞰，犹如一只展翅飞翔的白鹤。因此，此屋也称"白鹤穿莲"形，连同周边的田野、村树等，组成一幅白鹤穿莲的画卷。

五、山水风光

马屋村依山傍水，自然风光绮丽优美，古树苍翠，隐天蔽日，美丽的花溪河由南而北穿村而过。相传，当年玉沙河两岸桃柳夹岸，每至阳春三月，柳树吐出鲜嫩的绿叶，桃树开出粉红的桃花，一派桃红柳绿、燕语呢喃、鸣

古书坊中田屋（吴德祥摄）

莺乱飞的江南春景。春风吹过，粉红的花瓣飘落河中，满河绯红，顺水漂流，河岸一排排洗衣的女子穿红着绿，一边洗衣，一边趣说着家长里短，银铃般的说笑声应和着哗哗的流水声，泛起圈圈涟漪。花溪河的美名就是由此而来。据说，当年花溪河中铺满了白色的沙石，在阳光的照耀下，满河晶莹闪烁。

玉沙桥，建于马屋北村头的花溪河上，是一座上盖瓦屋的古代风雨桥。玉沙桥是连城县现存较完整的4座古廊桥之一，始建于康熙二十三年（1684），距今已有300多年历史。全长30米，宽5米，高10米，桥面砌以大小如一的鹅卵石，两旁建有木栏杆和木座椅，四周张有雨篷，上为瓦屋式建筑，廊分九楹，首尾中间均有小阁，高低错落，结构优美。桥墩以大理石条砌成鳌头模样，用圆枕木纵横铺7层成桥基。桥两岸参天的古树苍翠欲滴，展示着古老的风采。走近玉沙桥，往事和花溪水一样，远远地流入眼前，真实地展示了建桥者的智慧。桥上的一颗颗鹅卵石，还响着古代书商走过的跫音，古老的故事仍留在桥中。而多少痴男恋女的呢喃情语，也仿佛被潺潺的流水和满树的清风收藏。玉沙桥是马屋村最精美秀丽的人文与自然风景，每天都吸引四村八寨和远方的客人到此观光憩足，流连忘返。

玉沙桥（吴德祥摄）

马屋村背西朝东，背靠林木丰茂、风景秀丽的扑背山。扑背山有五条山梁向村庄聚集倾斜，有"五马落槽"的地理之说。村前是广阔连绵的田畴陌野，远处是高耸云天、绵延起伏的鳌峰山。春天一碧万顷，花香四野；夏日浓荫郁密，清风徐徐；秋来满野金风，落叶萧索；冬来水落石出，雪花铺白。马屋村旧有扶风十二景，为：石泉飞瀑、月岸劲松、笔峰夕照、云峡朝晖、祖庙书声、鳌峰霞影、平湖月印、锦里烟浮、珠峰拥翠、梅岭堆蓝、虹跨玉沙、水绕花溪。马屋村后的团结水库，于1965年动工开建，1972年竣工。水库由数十个山谷溪流汇集而成，惠及马屋、双泉等四堡大部分区域的农田水利和生活用水。水库四周果树遍布，竹木成林，春日果花满山，绮丽多姿；夏日荫浓果繁，径幽香远。泛舟水面，水光山色相映成趣，是休闲游览、观光赏景的绝佳胜地。

六、传统技艺

马屋村传统技艺与雾阁村相类，如锡器工艺，现有省级非物质文化遗产代表性传承人马恩明、马华强父子俩；雕版技艺，现有马力被列为省级非物质文化遗产代表性传承人；四堡女装制作技艺，现有马小坤被列为市级非物质文化遗产（四堡女装）代表性传承人。

雕版印刷（吴德祥摄）

七、民俗风情

除了"拔龙""吵嫁"等民俗外，值得一提的还有正月十四日的特殊民俗。每年正月十四日这天，马屋村民都要宴请四村八寨的亲朋，邀请亲朋来观看花灯和游神活动。大街小巷人流潮涌，各家各户宾朋满座。

节庆活动在上午就开始举行。早饭后，举行游神活动，游的神是古佛菩萨，也叫弥勒佛。古佛菩萨是供奉在当地大佛庵的一座神，同时也伴游船灯、滑稽戏队、纸马或纸羊等，视当年的生肖而变，如是马年就游纸马，羊年就游纸羊等。从大佛庵中抬出古佛菩萨，由四人抬着到村中的主要街巷游，后跟船灯、纸马或滑稽戏队等，最后是箫鼓乐队。游神队伍所到的人家门口，各家各户就以香烛鞭炮相迎，因此一路炮仗轰鸣，看热闹的人站在街道两旁观看或跟着游行队伍追着看。此外，还有游龙灯和舞狮活动。白天在祖祠中舞狮，同时进行武术表演；夜晚，在游马公和邹公的同时，也游龙灯。马屋龙灯与别村不同，通身大红，据说是因为马屋出了朝廷二品大员马驯，官至都察院右都御史。马驯为官四十多年，为大明王朝屡建功勋，被明朝皇帝多次下旨嘉奖，告老回乡时，皇上为其送行。因马驯数次回头望帝，频现不舍之情，帝问何故，驯说："臣乡乃穷乡僻壤之地，乡人终日劳作，辛苦万分，且无以为乐。臣在朝时观京中花灯，美妙绝伦，且万民同乐，故而眷恋不舍。"帝说："卿归乡亦可效仿，以娱卿之乡民。"驯说："京中花灯龙头、龙尾皆为黄色，效仿岂不有僭越之嫌？"帝说："卿之龙灯可为红色，既喜庆又寓龙子之意，朕再赐卿黄狮，均可世代相传。"驯说："臣谢万岁隆恩！"于是，马屋红龙由此而来，加之闽地原有的蛇图腾遗迹，所以红龙从不画鳞，相传至今已有五百多年的历史，古往今来，绝无仅有。

八、名人轶事

（一）马驯

马驯，字德良，号乐丘，生于明初，卒于成化年间，享年76岁。自幼聪颖，14岁补郡庠生，24岁考试礼经，得第一名，英宗正统九年（1444）中举，次年得中进士，授户部主事。任职期间，即显现出不凡的才能，管理钱粮财赋，考核常居最优等。他历任了正统、景泰、天顺、成化四朝官职，皆得朝廷器重，委以重任。在户部16年，在蜀12年，在湖南、湖北7年，每处都政绩卓著，屡建功勋，直至都察院右都御史，官居二品，告老还乡。他能身居高位而善始善终，得益于他一生勤政廉洁，一心为国为民。

成化十四年（1478），松潘人民因官府腐败，酷吏当道而群集举事，守将请求兵部派大军征剿，时任四川承宣布政使司左布政使的马驯却力排众议，反剿主抚，未得认同，便上书兵部尚书，请朝廷否决守将所请。他上奏章《恳惜征剿大费，俯从抚安长策事》指出：四川松潘，地近吐蕃（西藏），边民往来时噪时宁本属正常，只因陕、甘守臣措施不当，引起边民不满，才武装进扰。若官府治政得法，抚谕有方，自可免除民乱。而总兵徐进、千户金城轻率力主大兵进剿，若逼之太甚，易引起大变，且靡费军用，故应速止大军，派员招抚为上。然此书未达，大军已动，果然应马驯所言，大乱遂起，军费耗巨，且矛盾加剧，兴兵无功，不得已派员招抚，民乱始平。成化十七年（1481），马驯再升为都察院右副都御史，奉旨出巡湖南。

马驯到湖南，适关中大饥，大批灾民涌入两湖。马驯命府县开仓赈济，其爱民诚意感动当地富商居民，遂纷纷捐粮捐物接济灾民，灾民无不感念其德。不久，两湖遇水灾，马驯到灾区慰问，了解民情，并上奏章《乞恩减赋救灾，安民以安国本事》，悯民之情感动朝廷，获准所奏，民得以救。

成化二十一年（1485），贵州守臣欲请征苗民，向湖南索要兵源和粮饷，马驯上疏力阻，汉苗人民始免罹难。成化二十二年（1486），马驯升为都察院右都御史，这时他已66岁，因年迈多病，遂坚请退隐，筑室于汀州卧龙山，自号乐丘，安享晚年，卒后葬长汀十里铺治龙山。今有多篇奏疏和多首诗作传世。他的《谕俗诗》在民间广为传唱，其社会人生观对后世起了很大的积极影响。

（二）马襄

乾隆年间闽西著名民间画家马襄，号大痴道人，是连城县四堡乡马屋村人。他不仅画好，山水人物、花鸟虫兽之画无不绘精，而且性怪而画奇，兴之所至，随意点染即成妙趣。旧志载："马襄，善丹青，气骨傲岸，非惬意人纵多金而不与。"也因此传世画作极少。至今，民间还流传着他吃甘蔗用渣蘸墨绘《鸣蝉图》的传说。

相传，一日马襄到长汀游玩，在汀江边的一家酒店饮酒，店主得知他是名播遐迩的画家，于是殷勤招待，并取出文房四宝，恳请马襄作画，并表示愿以重金求购。马襄不予理会，酒足饭饱后，着店主到店门外小贩摊上取一节甘蔗，削其皮青后给马襄。马襄让其磨好墨汁，一边自顾唉蔗，一边环顾店内墙壁，见一壁洁白如纸，乃用吃过的蔗渣蘸墨，忽然掷向白墙，围观者皆惊，却不敢言语。马襄继续一边唉蔗，一边掷墨渣于壁，只见墙上所掷墨迹浓淡疏密。马襄吃完甘蔗后，拿起笔来，在墨迹间飞速点染，顷刻间，只见一只只鸣蝉在树枝上鼓羽嘤鸣，栩栩如生。店主大喜，乃奉出重金酬谢，马襄受而不谢，飘然而去，这幅壁画立刻传遍全城，观者如云。此后，该店生意大兴，店主喜不自胜。

如今，马屋《马氏族谱》中的《扶风十二景》版画，即为马襄所绘。隔川陈绍春也收藏有两幅马襄画作。

（三）马履丰

马履丰，马屋人，字亨夫，号伟山，据说自幼受教于当时名儒童我梅、邱锦芳，于乾隆三十六年（1771）中举。相传马履丰生性耿介，刚直不阿，上京引见时自带家养青骡一匹随行，被一权贵公子看见。在行将大挑授职时，权贵托人示意，如能将骡割爱相送，则分配往富庶大县作为酬谢，履丰勃然不从，说："大丈夫读圣贤书，当为国为民，岂可以一己利害，折腰权门！"由是触怒权贵，结果被派往荒凉之地的甘肃玉门县任县令。

当时玉门兵灾方息，满目荒凉，又因偏远边疆，百废待兴，马履丰一到任，即与民约法三章，宽严相济，政简刑清，使百姓悦服。经过数年治理，终于使一个"春风不度"的荒凉地区变成了塞外江南，因政绩卓著，旋被提为阶州同知，又被调任西固州同知。乾隆四十一年（1776）以通政使司观政致仕，因为政清廉，宦囊如洗，回乡后只旧屋四间，常靠周济度日，据说汀州知府得知后，常多方资助。最终于嘉庆二十三年（1818）病逝于家。

客家古寨　白石传奇

—— 中国传统村落曲溪乡白石村

◎ 吴尧生

一、村落布局

客家古寨白石，坐落在闽西世界 A 级自然保护区梅花山腹地的将军山麓，曲溪乡东部。白石村下辖白石、都督庙、大坪坑3个自然村。都督庙、大坪坑距白石三四千米。整个行政村东与元甲为邻，西与罗胜、军山接壤，南与赖源上村相连，北与冯地交界。白石在大地构造上属闽西南凹陷带，村庄海拔1100米，总面积12平方千米，森林覆盖率高达98%以上，有耕地300多亩，林地16000亩。自然资源十分丰富，有较多国家级珍贵植物及珍禽异兽如华南虎、穿山甲等；树木种类繁多，有直径达1米多的红豆杉、柳杉及百年树龄的长苞铁杉、枫树等古树名木。

白石是一个建在高山坡上的古村落，村内现有溪沟三条，分别为背头垄溪、上窝坑溪及下坂溪。背头垄溪与上窝坑溪由西往东汇入下坂溪，再向北流经元甲、姑田，最后汇入闽江。

白石古村落的选址特色是顺应自然、依山而建，形成错落有致的村落空间；地理特征以丘陵地貌为主，村内禾田绿畴，民居错落，整体地势西高东低。村中石板街巷，曲径相连；由于村庄陡峭，民居皆依山而筑，建筑之间彼此互为依托，且多为木质吊脚楼，呈现悬空式的布局格局，颇有黔湘苗寨之风。

村中的一座山梁像田螺形，两边山涧流水潺潺，正好滋养着田螺，吴氏祖祠又名"田螺盖"（为明万历年间，吴氏始祖明九公修建最早的祖屋），坐落在村中央，祠前有一口半月形池塘，从高处俯瞰祖祠的整座山形就像一个螺口朝上的大田螺。村庄整体古朴、保存完好，2015年被评为闽西十大古村落之一，2016年又跻身于中国传统古村落行列。

目前，村民绝大部分是吴氏后裔。明万历年间，白石吴氏始祖明九公，是从江苏辗转迁徙而来的客家人的后裔（罗胜吴氏十五郎公第二十六世孙），从毗邻的罗胜村搬到这个僻静的村落定居繁衍，迄今已有400多年。白石村并不产白石，究其名，其中还有一个美丽的传说呢。

连城县罗胜村（白石邻村）有个名叫吴明九的后生，自幼父母双亡，一直依靠兄嫂拉扯成人。明九忠厚老实，勤劳节俭，到了十七八岁的时候，他不想再给兄嫂添麻烦，就把离家近的好农田让给兄嫂耕种，自己则到距离罗胜十里外的下山（白石前身地名），在山坡边搭建了一间小茅屋，独立生活。他边耕种一块小农田，边开荒造田。因为家贫，他一直没有婚配。亲人们多次帮他说媒，都不成功。

明九没有因此而失望，仍然每天日出而作，日落而息。一天，他在田里捡到一个特大的田螺，就兴高采烈地把它带回家，养在水缸里。他每天给水缸换了水，就锁上门下地干活。地里的活很多，他忙活了一天，直到星星都出来了，累得浑身无力才筋疲力尽地朝家走。心想，今天又要饿肚子了。

回到家门口，却有一股饭菜香飘了过来，把他馋得直流口水。他打开房门："哎呀，怎么会有一桌饭菜呢？不管了，也许是隔壁大娘帮我做的吧！"他这样想着，便大口吃了起来。没想到，第二天、第三天……天天如此，明九心里觉得过意不去，就到邻居家去道谢。可邻居们都说不是他们做的，何必道谢呢？明九听了很纳闷，就想探个究竟。然而，时间一天天过去，明九也没弄明白其中的原委。

终有一天，明九又起了个大早，鸡叫下地，天没亮就往家里赶。只见家里的炊烟还未升起呢，明九悄悄靠近篱笆墙，躲在暗处观察。不一会儿，他终于看到从水缸里缓缓走出来一位美若天仙的田螺姑娘，在屋子里忙来忙去为他做饭。明九兴奋不已，冲进屋里向前问道："请问这位姑娘，您从哪里来？为何帮我做饭？"姑娘在明九的一再追问下，只得实情相告。原来，她是天帝派来帮他的水素女。她说："天帝派我下凡，帮你料理家务，是想让你在十年内富裕起来，成家立业，那时我再回去复命。可是现在天机已泄露，我必须回天庭去了。"明九听完神女的一番话，心里既激动又后悔，便诚恳地再三挽留她。然而，水素女主意已决，临走前对明九说："我走后，你的日子也许会艰苦些，但只要你种好庄稼，多砍柴，多打猎，生活就一定会一天天好起来。我把田螺壳留给你，它会化为良田，能使粮食生息不尽。"正说话间，只见屋外狂风呼啸，接着下起了滂沱大雨，水素女在雨水空蒙中飘然而去，而她随手抛下的田螺壳则在顷刻间变成了一座田螺山，田螺山上变出了一垄梯田。

后来，明九见每次跟随而来的大黄狗总是喜欢趴在田螺山田头的一块巨石上睡觉，后经风水先生点拨："此乃好风水也。"遂基焉。此地也得名狗趴石，后觉不雅，取趴石谐音更为白石。明九依靠自己勤劳的双手和神女的帮助，几年之后，娶妻生子，日子越过越好。为了缅怀和纪念神女，他和子孙们把自己的祖祠择址建在田螺山下，他自己也成为白石村的吴氏开山祖，至今裔孙繁衍，香火鼎盛。

如今的白石村庄，经过吴氏族人400多年的辛勤耕耘，已形成一个东西宽约1000米，南北长约1200米的古村落。

古代，白石有古驿道通往曲溪、姑田、赖源、万安、龙岩等地（至今古道除杂草塞道外，还基本完好）。自20世纪90年代中期，随着村子洋通往罗胜—白石—赖源的乡际公路开通后，白石已彻底改变了交通条件，距205国道和莆梅高速仅20多千米，距连城冠豸山机场和冠豸山动车站仅50多千米。

白石村内的路网形似一个葫芦形，一条公路东西向穿村而过，村庄四周则由石砌古驿道环村相连。路网所到之处，均有小水沟相伴，形成良好的排水系统。

村中古迹有村中央的明九公祠（渤海堂），村口的古廊桥（也是民主公王庙）和村头、水口的古树林，以及村头的莲花庵和村尾的五仙庙等。

古驿道（吴尧生摄）

白石不仅风光秀丽，空气清新，且气候宜人，平均气温18℃，适合养生，素有高山明珠、天然氧吧、避暑胜地之美誉。村周边的山峰西高东低，视野开阔，村庄四周山峦耸峙，翠竹连绵，层林叠翠。登高远望，蓝天白云仿佛触手可及。除有几户李、钟、毛姓居民外，行政村所在地白石居住的几乎都是清一色的吴姓村民，60多户农家依山而筑，梯级错落。

本邑诗人姚家辉曾赋诗《题曲溪白石村》，诗曰：

鸟道千回竹海间，廊桥一转对巉岩。
几椽木屋悬崖壁，半亩荷塘缀涧边。

门敞庭闲无主应，兰馨几净任人喧。

铃铛忽近蹄声脆，茶马疑来似藏滇。

二、历史沿革

白石村始建于明万历年间，为明九公搬迁于此开基繁衍形成村落，至今已传18代，裔孙已达300余人。村落于明末清初开始发展，于清中叶渐入繁荣，嘉庆至道光年间是村落发展的鼎盛时期。

历史上，白石先后从属汀州府连城县表席里、姑田里（团、图）管辖。1934年，民国政府改"里""图"为"区""保"，为白石保驻地，属第三区（区署驻地姑田）罗胜乡。中华人民共和国初期成立大同区（区署驻地姑田），亦曾以罗胜为"罗胜维新村""罗胜乡""罗胜管理区"等跨村政权的驻地，白石属其辖地。1958年成立曲溪人民公社，成为其属地，改为白石大队。1984年撤销公社设立乡镇，改称白石村至今。

三、习俗信仰

白石村有护安桥、十二部公王、莲花庵、惟善堂等宗教活动场所。村民普遍信仰佛教、道教，绝大多数村民都是敬天地、敬祖宗的多神崇拜者。

白石是客家古村落，客家人的民间信仰是多元、包容的，也是虔诚的。不管是儒、释、道诸神（圣贤），还是山上的怪石、村边的大树，还有各种民间创造的土神，都是膜拜对象。许多人上午拜公爹，下午拜妈祖，晚上又拜观音。如果你到村民家中串门或做客，就会发现厅堂的神龛里同时供奉着神像和祖宗神位。

白石五谷仙庙（吴尧生摄）

四、文化传承

白石在悠久的历史中积淀了厚重的文化。居住在这里的吴氏裔孙与罗胜吴氏一样，很好地传承了中原先祖推崇圣贤、耕读传家和"至德三让"（吴王泰伯三让国，被孔子尊为至德楷模）的好传统，遵守"孝父母，友兄弟，敬长上，和乡里，勤本业，莫非为，慎交友，择婚配"的祖规家训，崇文重教、俊彦代出。早在明清时期就出了吴荣矜、吴添绘、吴添禄、吴增林、吴景涛等一批先贤（贡生、举人、庠生、监生），今又出了一批公务员、企业家、工程师、书画家、硕士、学士等新锐。

此外，白石村延续了数百年的非遗民俗活动——"元宵游大龙""金秋大醮""春秋祭祖"，都是很好的文化传承载体。

值得称道的是，白石村还具有光荣的革命传统，在第二次国内革命战争时期，白石村民就积极支持工农红军。尤其是在三年游击战争时期，红九团和张鼎丞、邓子恢领导的游击队常常活跃在万安、赖源、曲溪、姑田、小陶、宁洋一带山区与敌周旋，白石村民常常冒着生命危险，为红军游击队送粮、送物、送情报，为革命做出了重大贡献。

五、经济发展

白石村民历代以耕田、管山为主。这里适中的温度、充沛的雨量，极宜各种经济林木和毛竹生长。野生动植物种类丰富：野猪、麂子、山鸡、穿山甲、猴子、山羊、豪猪、各种蛇类等动物以及红菇、靛皮菇、柳杉、红豆杉、松树、杉树、毛竹等植物树种都得到很好的保护。清康乾年间，就以出售杉原木、手工纸、竹麻、漂料、中草药等滋养家族。20世纪80年代以前，白石的主要农副产品有谷子、笋干、香菇、草药、土纸、毛竹和木材，现在的主要农副产品是鲜笋、茶叶、毛竹、猪、羊等。

目前，白石除了少部分老年人留在村里外，大部分青壮年都外出陪读、工作。随着改革开放的不断深入，村民的生活水平也有了明显提高，到21世纪初已逐步迈上了小康之路。目前村民的经济来源仍以毛竹为主，全村共有毛竹林6000余亩，年收入百余万元，此外还有高山绿茶，及正在开发的辉绿岩等矿产资源。2022年，村民人均收入达13500多元。

六、村落建设

据说早在清乾嘉年间，白石的地方经济就有过空前的繁荣，村中那些飞檐翘角、雕梁画栋、结构古雅的古建筑及部分古墓葬足可佐证。现在村中遗留的普通古建筑，一般都是五间图、八间图的明清客家民居。而处仁堂、昭俭堂等殷实之家的宅第和宗祠这类的古建筑，则是九厅十八井的明清客家民居格局。传统建筑连片保存较好，如气势恢宏的处仁堂，坐东向西，占地面积530多平方米，建于道光年间。有上厅、下厅，上下厅两边还有两厢房和两横屋，紧挨着下厅、厢房、横屋前面还有一字儿排开的两层吊脚楼。正厅屋顶为卷棚式结构。建筑主体外面还有院坪、后花园和内外大门。

中华人民共和国成立后，特别是1985年后，随着村子洋至罗胜、罗胜至白石、白石至赖源公路的相继开通，交通运输条件得到彻底改善，白石又迎来了第二次经济繁荣。村有人口由中华人民共和国成立初的110余人增加至300余众，增加了近2倍。村属公益建设投资亦多，除早期建设的水电站、公路、小学、村办公楼、电视转播和程控电话外，近20年又增加高压照明、饮水工程、改厕工程、村委会办公楼仿古修缮、村道铺石、观景亭榭、宗祠庙宇修缮和全村老房子屋瓦统一翻修等古村落改造工程项目。现在的白石，不仅古寨内的吊脚楼古色古香、整洁典雅，古寨外公路旁掩映在茂林修竹间的新楼小筑亦参差错落，别有韵致。村民或是住在古色古香的明清古宅，或是

白石村口（吴尧生摄）

住上了宽敞别致的新楼房，电脑、小车也已进入普通农家，生活质量得到很大改善。

七、名人轶事

吴桂许（1898—1983），号白石老人，率真儒雅，工书善画，尤擅山水、花鸟，是个自学成才的国画家。他虽出身贫寒，却聪颖好学，从名家大师的作品中汲取艺术营养，加上勤学苦练，终于使自己的书画水平得到显著提高，在20世纪50年代连城县瓷厂招聘画师时，被破格录用，"文革"期间受到冲击一度回家劳动，后经平反一直工作至退休。其书法浑厚、苍劲、老道；画风清雅高古，山水则空灵飘逸，意境清远，花鸟则顾盼多姿，栩栩如生，颇受人们喜爱。

回顾历史，催人奋进。展望未来，任重道远。愿白石这位美丽的村姑，沐浴在古村落保护和振兴的春光里，越来越妩媚，越来越动人！

赓续文脉　彬彬郁郁

—— 中国传统村落庙前镇丰图村

◎ 江初祥

一、村落概况

庙前镇丰图村，位于连城县庙前镇西南隅，海拔360～390米，四面青山环绕。东南有石咙寨，山脉由上杭黄雀巍透迤而来雄踞于村南，山石嶙峋；西南有桃源山，高数百仞，明丽端秀，亭亭玉立，雪后望之，宛若琼瑶；北面是丰岬，三山之间，形成了狭长的连珠形山谷，山谷间一水中流，曰"丰图溪"，由南而北蜿蜒而出丰岬，流入芷红。村落面积16.2平方千米，分上村和下村，有人口4300多人，是连南历史悠久的古村落。据传，在北宋时期便有谢、林、萧、苏诸姓居于此，现有居民有张、邱、邓、吴、朱、杨、黄姓等，按其入迁先后为序，最早入迁的是张姓，时间是宋德祐元年（1275），现有人口220人；次为邱姓，时间是元至治元年（1321），现有人口74人；再次是邓姓，时间为明宣德三年（1428），现有人口最多，为3751人；再次是吴姓，时间是明景泰六年（1455），现有人口160人。此外还有杨姓人口40多人，黄姓人口1户5人。由此可见，丰图村的历史有740多年。2019年6月，丰图村被评为中国传统村落。

二、历史沿革

《连城县志》（乾隆版）南乡只有"丰头"地名，后来才改为"丰图"，本地方言，"图"与"头"读音相通。在连城建县之前，丰图隶属于长汀县古田乡表正里；连城建县之后，改属连城县表正里；明朝初，表正里与席湖团合并为表席里，丰图属表席里，至清朝末年；民国之初，丰图隶属于连城县新泉区崇溪乡；1929年6月，一度成立乡苏维埃政府，属于新泉县连南区；1934年恢复民国保甲建制，为丰图保；至中华人民共和国成立，改为丰图乡，隶于康乐区，后改新泉区；1958年5月，新泉区改为新泉镇，设立联溪、芷溪、庙前三个乡，丰图为村的建制，属于芷溪乡；1958年10月，实行人民公社，丰图分为丰图、丰荣、丰裕三个大队，隶属于新泉公社；1969年三个大队合并为丰图大队，仍属于新泉公社；1972年2月，庙前从新泉公社析出，成立庙前公社，丰图大队隶属于庙前公社；1984年9月，实行村镇建制，丰图成立村委会，隶属于庙前镇人民政府至今。

三、传统建筑

传统建筑包括民居、宗祠、庵庙等。丰图的古民居有东春堂、述光堂、载锡堂、履绥堂等35幢；古宗祠有梧岈公祠（泰孚公祠）、斗山公祠、翠岩公祠等19座；庵庙有水尾庵、桂树庵等4处，神坛有福德堂、麻公坑等2处。

古民居大多数是清代建筑，是砖木结构的典型客家围龙屋。布局讲究中轴对称，正厅与大门讲究坐向，门楼飞檐翘角，大门上方有石雕门匾，两边石刻楹联，屋后有围龙，上厅正上方有堂号。古宗祠则特别讲究门楼的建筑，庵庙神坛的建筑则比较简单矮小，主要是正厅神殿。

古宗祠的建筑工艺集中表现在门楼上，以泰孚公祠为典范。其门楼以斗拱为主要构件，斗拱是栋梁和主柱之间挑出以承托檐宇的构件，由方形的斗与弓形的拱多重交叉而成，将屋檐的负载经斗拱传递到立柱上，每一组合为一攒，接安装部位分为柱头科、角科、平身科。

古民居、古宗祠的建筑工艺还表现在雕刻上，有木雕、石雕、砖雕三种。石雕一般见于门楼和柱础：柱础的石雕较为简单，一般施以凸雕或高浮

梧屺公祠（泰孚公祠）（江达摄）

雕，题材为十二生肖，柱础之下压以兽头；门楼的石雕较为丰富，如南风公祠的门楼，匾额之下雕以狮子戏球，石狮口内含滚动的球胆，主体生动逼真。木雕一般见于门楼、月梁、端廊、卷棚、梁架、雀替、窗棂等，以翠岩公祠、泰孚公祠、含山公祠、南冈公祠为代表，题材丰富，有凤舞牡丹、鳌头吐瑞、花开富贵、苏武牧羊等，神形逼肖。砖雕一般见于门头、门脸、屋脊、风火墙、窗隔处，形式多样，有雕成柳条纹、铜钱纹或万字回纹的，用于装饰门头部位；也有利用青砖雕刻蝙蝠、仙鹤、花瓶，组成"福、禄、寿、喜"等字样。

四、传统文化

丰图虽处山隅，却极重文教，是人文荟萃之地。民居与祖祠之传统文化气息十分浓厚，堂号、门匾及楹联乃是其文化之三要素。堂号如"式玉堂"便十分古奥，据《尚书·武成》"式商容间"，"式"引申为敬重之意，"玉"

087

比喻品行高洁，堂号的意思即要敬重和弘扬先祖高洁的品行；再如五福堂之门匾"陔兰香满"也很古奥，"陔兰"一词典自《诗经·小雅·南陔》"循彼南陔，言采其兰"，意为到南陔去采兰，以祭先祖，兰为王者之瑞，以兰祭祀，践行孝道，故以"香满"颂之；润成堂的门匾"奎章耀彩"，"奎"是星宿名，为白虎星七宿之第一宿，奎星发出光芒，照耀着华居，焕发光彩。楹联也很丰富，仅以泰孚公祠正厅联为例，此联是进士谢道凝父子所赠，上联"傍东麓以建祠，祖有德，宗有功，勿勿齐齐，一堂之周旋必肃"；下联"承南阳而启后，兰有芽，桂有子，彬彬郁郁，千秋之胙盉维新"。此联颂扬先祖的功德，又赓续其文脉而创新，意境高雅。

村志和族谱文化。2010年已编撰《丰图村简史》，记载丰图村的基本情况、

丰图花灯（邓大跃提供）

地形地貌，历史沿革、文化教育及其经济发展现状，收编入《庙前镇志》。邓姓是丰图村大姓，清末已修《邓氏族谱》，用木匣珍藏，专人保管。封面篆体字，文曰：南阳郡邓氏长泉寀历代考妣一脉宗亲族谱世系。内有序言、凡例、世系表、族贤、族训等内容。《张氏族谱》，2006年重修，内有先祖像、祖祠、祖坟、序言（文天祥撰）、世系、名人论族谱等内容。

民俗文化。丰图村民十分喜爱传统的乐曲——十番，世代相传，能奏传统曲目，还有所创新。丰图村与芷溪村相邻，从芷溪村引进游花灯的民俗活动，其花灯制作与芷溪相同，每年正月初二至初十日是游花灯的日子，按姓氏轮流做东。

正月庙会还有舞狮、舞龙、立春之夜犁春牛等。

各姓氏房族各自规定时日，在祠堂里按传统的方式举行祭祀活动，即所谓"拜图"。每年四月初八日举办醮事，即所谓"打醮"。

五、历史名人

丰图历史上有不少知名人士，载之于史册，现罗列如下：

邓景清，明万历年间人，以孝行为知县旌表为"孝友"。

邓世魁，明末清初人，立宗图，明祀事，地方动乱，世魁捐资募士，以保一境平安，以为乡约正，民乐归耕。

邓之骥，清康熙年间人，邑庠生，以捐资团聚，锄强扶弱，为乡民拥戴。

邓作相，清康熙年间人，邑庠生，性耿直，乡邻有难，必尽力助之，虽倾其产而不变其节。

邓发祥，清康熙年间人，邑庠生，天性至孝，为人正直，雍正四年（1726）发生灾荒，发祥力请发仓救灾，使乡民共渡难关，深为乡民敬仰。

邓发桢，清康熙年间人，岁进士，一生乐善好施，尊师重教，乡人有难，多得其资助。

邓廷长，清康熙年间人，为人诚信，德高望重，为乡民推为乡饮。

邓日高，清乾嘉年间人，邑庠生，博览群书。嘉庆四年（1799）寿九十，重游泮水。百二岁时，督抚学政亲见其八代五世同堂，奉赐"八叶衍祥"匾以旌之。次年卒，享年一百有三岁。

邓讴畴，清末人，少有志量，素行端方，在广东经商数十年，以信义著称，年老返乡，念乡间无储蓄，即捐资千元创建季仓，建立文社，凡有修路建桥，无不乐助。

邓光瀛，清末至民国人，光绪辛卯科（1891）举人。一生立志教育，不愿为官，1915年，出任连城县立中学校长，倡导新学，晚年主编《长汀县志》《连城县志》，夙兴夜寐，不遗余力。

邓济民，清末至民国人，在长汀中学就读时加入同盟会，参加光复汀州壮举。长汀中学毕业后，由叔父资助赴日本留学，其间参与孙中山领导的革命活动。回国后，曾任地方法院推事、检察官、庭长，一生廉洁自律，晚年乡居，为乡民排忧解难。

张伯苓，丰图张姓十八世裔，南开大学创办人、校长、民国参政会副议长。

张秀山，丰图张姓二十世裔，曾任中共中央东北局第二副书记，国家农委副主任。

六、重大事件

（一）农民起义

明嘉靖三十二年（1553）发生饥荒，丰图有百余民众举行起义，方志录其事，民间也有传闻。

（二）平息"血洗三隘"案

清顺治年间，某知县微服至新泉，儿童嬉戏，抛石头误中知县脑门，不治身亡。朝廷震怒，不问情由，下诏"血洗三隘"（如今新泉、庙前地域）。

丰图邓世魁不顾个人安危，一再辨明事实真相，平息此案。

（三）翰林归宗

据记载，上杭县中都邓瀛于道光九年（1829）中进士，钦点为翰林院庶吉士。邓瀛是丰图邓氏后裔，为感念祖德，回原籍祖祠立进士桅，至今流传"翰林归宗"的佳话。

（四）连南十三乡暴动

1929年，在党的领导下发动了连南十三乡暴动，丰图村人民参加了这一暴动，建立乡苏维埃政权。

（五）建立红军后方医院

在建立了红色苏区政权之后，谭震林、张鼎丞常到丰图一带活动，利用丰图有利的地理位置，在两和堂建立起红军的后方医院。两和堂是张家大型围龙屋，有三十多个房间和一口水井，曾住红军伤病员百余人。

七、名胜古迹

（一）仙高崟

仙高崟位于村西北，这里古木参天，浓荫盖地，建于明末的白云寺隐约其间，是文人雅士休闲云集之处。

（二）宝灵岩

宝灵岩位于村口琵琶岭，这里树木葱郁，怪石嶙峋，有三奇石——一曰官印石，二曰甑盘石，三曰鸡心石，山腰曾筑一精舍，为昔日文人讲学之所，现已毁。

曲溪蜿蜒（邓大跃提供）

（三）丰图隘遗址

丰图隘遗址地处丰图村之北端，最近处距居民点数百米，隘口前后宽阔，左右山脊陡峭，森林茂密，古木参天。始建于明正统十一年（1446），嘉靖三十六年（1557）增设乡兵。现存前后隘墙两处，神坛两处。

（四）古官道

丰图村历来是连南通往上杭、粤东的重要通道。明代设有官道，石砌路面，宽约2米，长约5000米，至今犹存。

（五）培兰文社和乡苏维埃旧址

培兰文社创办于清光绪二十二年（1896），由邓翠岩、邓润昆等捐建，以斗山公祠为季仓和教学场所。1929年，丰图乡苏维埃政府成立，斗山公祠又成为乡苏所在地，谭震林曾一度住在此间。至1934年，又恢复为培兰文社所在，旋即改为国民小学。中华人民共和国成立后更名为丰图小学，直至1976年迁新校址。

（六）邓日高百岁坊

邓日高，邑庠生，博览群书，老而弥坚。百二岁时，督抚学政亲见其八代五世同堂，赐以"八叶衍祥"匾，颁内帑以建牌坊，享年一百又三岁。今牌坊已毁，残留石雕可辨"邓日高百"四字。

（七）古井与池塘

村中保存完好的古井有20口，都在古民居内，井圆形，井台方形，刻有阴文，记载挖井年月。深者十数米，浅者数米。现保存完好的池塘有10处，在古民居大门前，有进水排水系统，有利于洗涤、灌溉、种植、养殖、防火。

（八）烈士纪念碑

为纪念革命烈士而建，现代建筑，保存良好，是革命传统教育之基地。

八、物产资源

丰图是山区农村，经济形态是以农业为主，手工业为辅。手工业有造纸、织草鞋、编藤椅等。

造纸业历史悠久，板寮、大竹园、大塘里曾有过多槽纸寮，生产草纸、土纸、玉扣纸，产品远销梅县、兴宁、潮汕，不少商贾以经营纸业而致富。随着纸业的现代化生产，手工生产已成陈迹。

织草鞋的历史也很悠久，丰图家家户户编织草鞋，可以说是"草鞋之乡"。编织草鞋以稻草、黄麻、牛皮为材料，工艺简单，而草鞋轻便耐用，适合于山间行走。第二次革命时期，工农红军常穿草鞋，丰图村是草鞋的主要供应地。20世纪70年代始市场萎缩，已不再生产了。

编藤椅，主要原料是杂木条、竹片、山藤，用木条和竹片扎成椅架，再用加工过的山藤编织而成，藤椅美观舒适，经久耐用，深受欢迎。现仍有生产，但因山藤原料匮缺，生产规模不大。

农业生产仍是丰图村的主要产业，现有土地资源有1800多亩农田，可以种植水稻和各种经济作物。水系发达，水利资源丰富，丰图溪至村中与上杭再兴溪汇合，水流长年不断，沿溪多筑水陂，引水灌溉农田，十分方便。

森林资源，有山林面积3万余亩，生产毛竹和木材。

秀美山寨　仁慈山乡

—— 中国传统村落莒溪镇太平僚村

◎　刘德谁

太平僚村原名太平獠，清代此地曾有诉讼，县官调解后改名为太平僚。

明朝中叶，罗姓十一世祖庆一郎公从亨子堡迁至厦庄梨树下，后搬往百金山，至十四世祖迁往太平僚定居，至今已有近500年历史。原有王、肖、陈等姓，后已迁走，只留罗姓在此安居乐业。宋时属河源下里，明清属河源里，民国时期属三民乡屏南保。1949年属朋口区屏山村，1952年属坪坑乡，1958年属梅村头乡，同年10月属莒溪公社厦庄大队，1964年属梅村头大队，1974年又归属坪坑大队，1988年划为莒溪乡太平僚村，1993年属莒溪镇太平僚村。现辖太平僚、大灌、百金山3个自然村。

太平僚位于连城县东南部，距县城50.7千米，东与龙岩市新罗区万安镇相连，南与上杭县古田镇交界，西北面就是闻名的梅花山自然保护区第二高峰——梅花寨。村中共有4个村民小组，95户422人，村域总面积32平方千米，其中耕地461亩，人均耕地1.1亩。山地面积5万亩，森林覆盖率达94.5%，其中生态公益林2.3万亩，竹林1.2万亩（人均28亩），是福建省森林覆盖率最高的村。农业主种大冬稻，副业有毛竹、土纸、木材、笋干及钨矿。

太平僚村平均海拔900米，年平均气温18.6℃，年均降水量1780毫米，气候温和，雨量充沛，森林覆盖率高，是典型的山区古村落。境内峰峦重叠，原始森林密布，古树参天，村落内和周边保存了成片古树名木，珍稀动物及奇花异草随处可见，已获得"全国生态文化村""省级生态村""连城县农村家园清洁行动示范村"及中国环境报社福建记者站"绿色乡村共建单位"等众多荣誉。2019年，大平僚村入选中国传统村落。

太平僚是一个风景秀丽、民风淳朴的小山村，村寨依山而筑，一条清澈的小溪穿行其中，乡间小路蜿蜒曲折，颇有韵味。由于地势较高，村寨时而云雾缭绕，隐隐约约宛如世外桃源。这里没有城市的喧嚣和忙碌，有的只是大自然的恬静和安宁。挣脱城市束缚的人们可以尽情地投入自然的怀抱，在感叹大自然的壮丽和秀美的同时，感受到青山绿水间的那份悠然。

村落选址有科学的基础和很高的审美观念，以崇尚自然、珍惜自然、合理利用自然的态度，择宜居之地；以珍惜土地、重山水、保林木、巧用自然能源为原则；利用天然地形，依山傍水，随坡就势，尊重基地自然生态环境的内在机理和自然规律，选择在山谷内相对开阔山侧南向缓坡上建造。选址在安全性和基本生活需求得到保障的前提下，再考虑生产资料和生活资源的便利性，山腰选址有利于防御，具有很强的实用功能。

建筑格局受原生态环境的制约显著，沿等高线布局，鳞次栉比，气势壮观。村落高差达200余米，村落布局依靠山势而建，错落有致，像层层梯田式的房屋。中间一条村道由下而上，房屋在村道左右两边建筑，多为土房或者木房，基本上是两层，由于是梯田式排列，家家门前都有水塘，生活污水排入水塘，过滤后再排入水圳。村庄四周都是原始森林，为村庄筑起一道天然屏障，人们世代在这里繁衍生息。

民居均为土墙灰瓦，规模大小不等，屋形有直排屋，有口形屋，有二层吊脚屋，余者为不规则房屋，依坡而建，屋舍紧密，层层叠叠，以石作阶，石路相通。村中石板砌道，曲径相连，村前禾田绿畴，果树飘香，小溪流过。整个环境山清水秀，景色迷人，清雅和谐，民风淳朴，好一幅世外桃源的景致。

现留有明末清初的古建筑5座，设计精巧，做工考究。

梅花祖屋俗称倒吊梅花祠，建于明末清初，这是十四世祖邱养公建造的。

邱养公从小在坪盂村的母舅家抚养，成长后以放养母鸭为业。他的母鸭每天从坪盂村放出，到了傍晚都会随圳而上，直奔村头水竹板（现梅花祖屋地）生蛋，于是邱养公便在此建造房屋，请来一位手艺高强的木匠师傅进行施工。这座祖屋构造尤为奇特，整个建筑的房柱都是倒装的。传说是小心眼的木匠师傅没有吃到很喜欢吃的鸡胗，以为房东将鸡胗藏了起来自己享用，便故意把房柱倒竖而起作弄房东，待柱子竖好木匠师傅打包回家时，房东给他一包卤好的鸡胗，顿时让木匠无地自容羞愧难当。多亏风水先生说："此地形是倒吊梅花形，你算做了一件好事，屋柱倒装正好，也算东家有福。"这才使木匠师傅心中千斤的石头掉了下来，还逢人便称太平僚人会做人，心地仁慈厚道。

志权公祠门楼（刘德谁提供）

十五世祖志权公、志榕公各有一座公祠，起建于乾隆五十八年（1793），建成于嘉庆八年（1803），整整建了10年。志权公祠名为"敦睦堂"，志榕公祠名为"敬和堂"，其意是倡导子孙和睦相处，互相尊敬，保持一团和气。传说在建志榕公祠时，需要占用肖姓人家一角地块，为了把祠堂建得完整方正，只好和肖老太太商议，请她提出置换条件，肖老太太说："地块可以给你建祠堂，只要你们裔孙在祭祀时，给半只鸡、半片鱼同时祭祀就行。"志榕公答应了她。所以敬和堂每年祭祀时，都是先给肖姓祭拜进香，然后再给自己祖宗举行祭典活动。这充分说明了先祖用一诺千金的诚信品质来鼓励后代，鞭策后人敬宗孝祖。志榕公后裔河生公、维祥公分别考取文、武举人。

志权公祠坐落在一个隐蔽山坑里，祠堂面积不大，四方规整，土木结构，上中下厅布局。门楼显气派，飞檐斗拱，四出水式顶，与上中下厅悬山顶及屋脊翘角很协调。门楼两边屋檐进深超过一米，屋檐下面各有一排木栅栏，倒也别致；屋内大梁雕花精巧，雀替小巧精致。志权公祠也是当年红九军在太平僚村召开游击战争各种会议的遗址。

石门楼屋是二十一世祖珍辉公建造的三幢房屋之一。珍辉公忠实厚道，勤劳节俭，将造纸材料运送到漳州赚了钱，便在村中建房筑厦。石门楼屋约一亩地宽，四厅四井，采用客家合院布局的建筑形式，木柱板墙，木刻窗雕，飞檐翘角。房屋内设有客厅中庭，两侧设为生活用厅，用三合土砌成的两层裙房围屋合拢，裙房外设有月塘，井中竖有石柱牌杆。外大门全是用古砖和石条镶嵌而成，高大雄伟。珍辉公做生意讲诚信，颇得漳州老板的赏识和信任，老板得知珍辉公年事已高但膝下无子时，便让珍辉公从厂里壮年女工中任选一个为妾，此时的珍辉公已60岁，老来得子，从此安享晚年，92岁寿寝。

在邱养公祠上，挂着"文川望族"的横匾，这是对武举人罗德贵捐银千两修建文川桥的褒奖。清顺治年间，县上重修文川桥，大桥修到一半时资金缺乏，政府贴出布告，进行募捐。生活俭朴的德贵恰巧来到县城，知是为解决文川河边交通阻塞，来往行人非常不便的问题，便慷慨捐资一千两银子，使大桥顺利完工。县令为表彰他的善举，专门送给他这块牌匾，也表达了对仁厚慈爱之心的认同。

太平僚村有很多美景。如七仙女瀑布、龙泉湖、水帘洞、麻公石、仙人石等自然景观，有日出优美、晚霞奇观、月起月落等迷人景点，还有待开发的梅花寨上美不胜收的众多景点。

观日出可上海拔1854米的梅花寨。民国版《连城县志》载："梅花寨在屏山太平僚村。叠石悬岩，高千数百丈。中有石洞。山顶有石池，泉水清洁，常见鲤鱼游泳。可俯视七十二村，东望太阳初升，五色斑斓，其大盈丈。"

闲游可到村中间的树林。30多亩的林子，生长了500多种高矮植物，枝繁叶茂，根深蒂固。其间一棵树上结着树瘤，名为"乌龟上树"，引人发笑。这是太平僚村民世代信守着古老的传统，不砍大树和风景林，才有这古木参天、雾霭重重、虫鸣鸟叫。

"乌龟上树"（刘德谁提供）

在这里还可以看到美妙的七仙女瀑布。山涧的缓流遇到高壁断崖，便跌落为瀑布，瀑布从上而下共七层。每一层瀑布都有不同的高度和水势，像七位下凡的仙女，有的身材苗条，有的略显丰腴，一路袅袅婷婷、飘然而下，形成了一幅柔美曼妙的景象。

跟周边的乡村一样，这里的村民也是春节拜祖、元宵游龙，活动盛大，全村老幼参与。但每年的打醮则跟十里八乡大不相同：一是时间在大年初二开始，不像其他村庄一样在元宵；二是供奉的神灵不同，其他村落供奉观音菩萨等，这里供奉的是泗洲佛。

太平僚村是闽西三年游击战期间的一颗红色明珠。因方圆几百里为原始森林，交通闭塞，太平僚村民积极配合红军游击队坚持革命斗争、保存革命实力、开辟游击战根据地，是抗日战争期间留守闽西红军游击队的主要活动据点。1932年3月，福建省第一次工农兵代表大会召开，正式成立福建省苏维埃政府。10月，根据中共闽西特委"集中力量对付敌人，扩大苏区革命根据地"指示，太平僚群众在罗万春带领的游击队支持下，纷纷起来革命，正式成立党组织和太平僚乡苏维埃政府，以此组建了一支游击队，打土豪分田地闹减租，震慑了周边的地主、土豪，他们纷纷仓皇外逃。同年12月，国民党团匪又带一帮喽啰窜入太平僚，妄图消灭刚组建的游击队。因刚萌芽的苏维埃政府党组织和与游击队实力单薄，游击队暂避于上杭古田、蛟洋一带，村民也暂时离开家乡。

1935年2月，太平僚乡苏维埃政府人员和游击队员返回故乡，编入屏山区游击队。6月，国民党十九路军攻占连城，直入莒溪内山"围剿"地方游击队。太平僚村凡与红军、游击队搭上边的家属、亲戚都遭到国民党军不同程度的摧残，15名村民献出了生命。太平僚村革命群众没有被吓倒，而是前仆后继，为革命事业抛头颅、洒热血，继续想方设法为游击队送米、送菜、送情报，救治伤员、照顾伤员；游击战争期间，腾出房间给红军游击队员住宿，煮好饭菜让红军游击队员吃饱，军民鱼水相依，红军游击队员视村民为父母，群众以红军游击队员为亲人。在党组织和苏维埃政府领导下团结一心，依托军民坚强堡垒和当地山高林密的优势，坚持同国民党反动派斗争直至解放。

太平僚村崇文重教，历来重视人才的培养。历史上，出了举人罗河生、罗维祥、罗德贵；1949年后，单大学毕业生（包括研究生）就有20人，他们参加工作后，在各自岗位上发光发热，有工程师、医师、教师，有副处级领导1人、科级领导4人。更多的年轻人奋斗在各条战线上，曾在龙岩东宝山办冶炼厂的企业家罗玉坤是村里发家致富的带头人，现在在宁德时代的工程师罗仲杰是村里科学发展的领路人。

柳杉王（刘德谁提供）

多年来，太平僚村"两委"一直带领村民传承红色基因，充分发挥生态资源优势，成立旅游专业合作社，发展乡村生态旅游，走上发家致富之路。按照乡村振兴战略的实施要求，尽量保护村庄的原貌，规划乡村生态旅游项目，做好绿色太平僚环境保护建设，完成村庄环境整治，同时还在道路两旁种植梅花和杜鹃花等绿化花草，修整近5000米旅游步行道，整合龙泉湖、七层瀑布、树上兰花等旅游景观。村里还建起数十家农家乐，方便游客到访。可以说，现在的太平僚村，村容村貌和精神文明建设成效明显，先后被评为省市县的文明村。

展望未来，太平僚村的前程将更加美好。

竹林深处　敦厚人家

——中国传统村落莒溪镇陈地村

◎　林百坤

　　到陈地村去走一趟，你一定觉得不虚此行。这里简直就是竹的世界，山坡上、小溪边、房前屋后都长满了竹。空气像水洗过一样，清新又湿润，还有一种淡淡的幽香。

　　村庄在山谷里呈长条状，20多米宽的陈地溪自西向东流过村中心，河宽水清，不见湍急的激流。河床满是硕大的岩石，呈不规则几何图形，表面粗糙，

芭蕉（罗灶旺提供）

清澈的水流在其脚下静静地流过，无声无息。岸边芭蕉成林，在笔直的小河边成排生长，张开的叶子像一把把雨伞，遮挡住天空的一切。从林边走过，清幽又阴凉；微风吹过，叶与叶相互摩擦发出的细微的声音，像有人在窃窃私语，说着柴米油盐家长里短的事。

村头有处叫神坛坝的风景林，现为陈地村农民公园。辽阔的河床上自然形成六七亩大的土洲，洲上自然生长高达二三十米的古樟、红豆杉等名贵大树，遮阳蔽日，凉风习习，休憩其中，可听溪水之声和山鸟之鸣。高大的古树已有很多年头，上面浓荫蔽日，下面粗壮的根系顽强地扎入石缝中，可见其生命力之旺盛。成片的千年红豆杉，那矫健笔直的身姿，像忠诚的守护者，不由让人心底生出敬意。

除此之外，还有狮子潭、七千岭、鹅头峰、蜈蚣出洞、七口龙潭、飞泉瀑布等自然景观。

陈地村原为陈姓自高地陈家垄迁此，故名陈地，后陈姓迁往厦地。明崇祯年间，文亨罗氏太郎公十一世裔孙万念四郎带儿千七郎避乱迁到陈地开基，仍袭用旧名，经20多代人的努力渐成村落。

明清时陈地村属河源里，民国时期属三民

千年红豆杉（罗灶旺提供）

乡屏中保，1949年后属朋口区厦庄乡，1984年为莒溪乡陈地村，1993年为莒溪镇陈地村，下辖陈地、垒口、盂堀等自然村。

陈地村可说是莒溪镇内山片的中心点，东边是大贯、太平僚村，西南边是铁山罗地村，西面是厦庄村，北面是厦地村、高地村，与各村直线距离均不超过5千米。村域面积27.3平方千米，村庄占地面积91.1亩。户籍人口425人，常住人口335人。主要产业是毛竹、养殖和旅游。2012年10月，被评为福建省生态村；2019年，入选中国传统村落。

近年来，陈地村美丽的自然风光、无任何污染的山泉水及原汁原味的农作物吸引大批自驾游客。村中办有5户农家乐，每年接待游客达3万余人。

村落不大，多处古建的面积却不小，而且尽显大气。敦厚堂建于1850年，面积2200平方米；石乾坑建于1780年，面积1500平方米；宜庆堂建于1780年，面积1200平方米；溪背僚建于1790年，面积1200平方米；崇德堂建于1780年，面积700平方米；太原堂建于1780年，面积500平方米。就连建于1620年的福兴堂古祠堂面积也达400平方米。

村中传统建筑都分散建在南北二面高山脚下，外观灰墙黑瓦，十分不起眼，就连最能体现建筑艺术的屋顶都是采用最普通的硬山顶或悬山顶结构。但一进入大门，内里就是另一番景象，厅堂高大宽敞，木屋架高高耸立，屋内大梁上雕刻花鸟图案，工艺精细。屋檐边悬挂花篮吊柱，饰有一个插满鲜花的花篮，篮身由六边形紧挨着密集排布，每个六边形内放射状直线从中心均匀发出，瓶颈上雕出一条条直线，十分精美。门窗花格式，门扇分三层，上层开窗，窗上是类似于菱格纹样式的棂花，中层是一块横置的木雕板，上面有鲤鱼在浪花中跳跃，寓意鲤鱼跳龙门，前途无量。抬头可见飞檐斗拱，繁复精巧。三合土地板至今光滑整洁，天井雨坪排水顺畅，做工精细。仅看外观，根本想象不出内饰是如此精巧，由此可见陈地村人内敛不张扬的个性。

敦厚堂始建1780年，坐落在村头花溪河畔，坐北朝南，青砖木结构，采用双座堂屋、双座门而建的方式建造。两座堂屋各建在前、中、后三厅。后厅及厢房之间隔着走廊,厅堂左右各建厢房和横屋二直,以走廊贯通,每个厅堂和厢房、横屋前均有天井采光。敦厚堂是县级文保单位,1935年工农红军战斗遗址。这座当地最大的民居,取"敦厚"堂号,不仅与其建筑十分吻合,还说明当地人把诚朴宽厚作为做人的准则。

敦厚堂(罗灶旺提供)

福兴堂建于1780年,坐落在村尾,土木结构,坐西朝东。面向溪流开门,建筑形制为典型传统祠堂,门楼前有约400平方米的石砌雨坪,门楼全部木结构。建筑显得比民居耀眼,屋顶檐口翘角直刺苍穹,燕尾脊饰线条流畅。建筑在构筑形态、大木雕饰、古匾意涵等方面都具有很高的文化、艺术、科学价值,具有相当的代表性。

溪背燎建于1620年,青砖木结构,采用三座堂屋相连形式,三座堂屋各建在前、中、后三厅。后厅及厢房之间隔着走廊,厅堂左右各建厢房和横屋二直,以走廊贯通,每个厅堂和厢房、横屋前均有天井采光。

除了民居和祖祠外,庵庙建筑也有特色,外观比民居更为显眼,这应该是对神灵崇拜信仰的一个表现。如水尾永兴庵，位于村庄水尾，背靠青山，面朝溪流，建有红墙红顶门楼；又如石乾山中心庵，木结构，墙体为木板镶嵌在木柱中，上罩重檐悬山顶，飞檐翘角，建筑体量虽然小，但做工处处精细，由此显见当地人的认真。

陈地村人具有多元信仰，这从其民俗活动中可见一斑。

祖宗崇拜——祭祖。每年农历正月初二日，全村男女老少齐聚村尾祠堂，开箱取出图谱高挂厅堂上，供上各种祭品，杀一口肥猪，礼生诵读祭文，子孙跪拜祭祀祖宗。中午在祠堂摆上酒席，村民全体参加，添丁人家另献上添丁酒，大家互相敬酒，互相祝福，预祝新的一年更好。

图腾崇拜——游龙。"龙"是中国人世世代代所崇拜的图腾。在古代，人们把"龙"看成能行云布雨、消灾降福的神奇之物。陈地村游龙持续7个晚上，从正月初三日开始，村民就砍来毛竹编织龙头、龙身，初六日、初七日开始装裱勾画，初八日晚即做成一条龙身巨大、图绘精彩、书法伶俐的长龙，初九日晚上开始游龙。前面锣鼓开道，接着两把执事灯，上书"风调雨顺""国泰民安"大字，再接着两把红龙伞，随后龙珠、龙头至龙尾总共300多米长。从初九日到十五日元宵节，每晚全村游一遍，鞭炮震天，鼓乐齐鸣，游罢齐聚祖祠，开怀畅饮，热闹非凡。

神灵崇拜——打醮。每年正月初九日、初十日、十一日这三天，永兴庵都要举行一次打醮祈福活动，全村人自愿捐款，从外地请来法师及剧团，摆上观音、定光等菩萨像，祈求保佑全村老少生活平安，仕途顺畅，财源广进。家家户户都自愿前来烧香，献上祭品，以期新的一年有更好的运势。

陈地村人参加中国革命斗争的意志也非常坚定，这从红军洞可得到证明。1935年3月19日黄昏，谭震林率领10余人的部队来到这里，这是红军队伍与国民党主力部队遭遇后冲出重围转战而来的。为了确保部队的安全，当地村民把部队连夜转移到垒口屋背山的石燕洞住下。石燕洞距离村庄300多米，山上竹林茂密，背后山高陡峭，地势险要，易退难攻，洞口下方处有通往上杭铁山、连城庙前、龙岩万安等地的一条古道，既隐蔽又进退方便，也有利于与村苏维埃政府联系。部队在此住下期间，老接头户为红军送粮送生活用品送情报，村妇女会负责煮好饭菜，用竹筒盛装着当作挑柴，上山送到石洞去；遇到危险来临，赤卫队员带路转移撤离，使红军在该洞坚持游击战争。在红军部队的领导下，陈地村先后建立起苏维埃政府、赤卫队，广大群众也有效地保护了红军革命队伍，为巩固发展红色政权做出了重大贡献。

而今，陈地村人继续发挥着自己的聪明才智，为建设美丽乡村而努力。

客家古村　军魂之乡

——中国传统村落新泉镇新泉村

◎ 张桂生

在闽西腹地的连城县南部，有一个叫"新泉"的古镇，所在的村叫"新泉村"，2019年6月被评为中国传统村落。这里是水陆交通要道，源于闽西梅花山腹地的庙前河、朋口河和罗地溪在新泉集镇汇合后成为一条大河（曰连南河，因流经上杭旧县镇，也称旧县河），浩浩荡荡汇入汀江，流经上杭，注入韩江，出海汕头；今有赣龙铁路及复线高速铁路过境，长深高速公路和厦蓉高速公路在这里交会互通，319国道和205国道在此布线，水路交通十分便利。东往龙岩、漳州，西连长汀、赣州，南通上杭、梅州，北达连城、永安，历为兵家和商贸必争之地。这里建制于南宋绍兴年间，先为表席里，后为表正里，是连城、长汀、永安和上杭山区著名的商贸集散地，也是20世纪20年代末30年代初中央苏区之一，毛泽东等老一辈无产阶级革命家在此留下光辉的足迹……新泉历史悠久、风光秀丽、物产丰富、文化深厚、人杰地灵，不失为闽西客家旅游重镇、乡村振兴的一颗明珠。

一、风景这边独好

"城以港兴，村以河荣"，这是历朝历代乡村振兴的一条规律，连南河的"近水楼台"使得新泉村处处都是美丽的风景。新泉村有陂坑口、下张田、高车头、塘门口、洋湖塘、江屋、温泉坝、凹背山、瑶下和车头等10余个自然

109

村，200多户2800多人，分别居住在连南河畔，东与官庄村接壤，西部和北部与西村、北村隔河相望，南边与上杭交界。从村头的陂坑口至村尾的车头，长达3000米的连南河多彩多姿，河面宽阔且曲折，朋口河、庙前河在坐落于下张田自然村的净土寺汇合之后，清澈透亮的河水缓缓流向东南，在村庄划了一道美丽的"S"形弧线，又经小金山寺的山脚下车头村流向西南，形成了东南半岛和瑶下半岛。河的两岸，修竹婆娑、翠柳依依、芳草萋萋、古木参天，青砖黛瓦的客家古居被荫掩在竹柳翠绿之中，远处是郁郁葱葱、层层叠叠的崇山峻岭，好一派江南水乡的盛景。

独特的山川地貌、悠久沧桑的历史，造就了新泉村的秀美风光，成为今日闽西客家旅游重镇，风景名胜随处可见。境内有红色景点毛泽东旧居"望云草室"、罗荣桓旧居"渭阳公祠"、红四军司令部"于溪公祠"、工农妇女夜校旧址"张家祠"、连南区革命委员会旧址"张氏家庙"、红四军兵工厂旧址"受公家庙"、红四军第四纵队成立处及新泉整训旧址"万人台"，以及"新泉整训纪念馆"；有佛教圣地"净土寺""小金山""天后宫""仙师宫"；有自然风光"翠屏山""老虎岩""金石寨""车马石"和紧挨邻村的"白仙岩""老虎岩"及闽西第二大千年古榕岗头大榕树，同时还有保存完好的古街、古巷、古建筑风光。

二、军魂在此铸造

新泉，是一块光照千秋的革命圣地。这里是红四军第四纵队诞生地，是首次正规化政治军事整训地，是"三大纪律八项注意"初步完善地，是中央革命根据地第一所妇女学校创办地，是毛泽东思想建党建军理论奠基地，是古田会议决议案起草地，是一座熠熠生辉的历史丰碑。

在旧中国，新泉的劳苦大众也和八闽九州的人民一样，深受"三座大山"的残酷压榨，过着饥寒交迫、民不聊生的日子。推翻旧世界，建立新政权，翻身解放过好日子同样是新泉人梦寐以求的理想。中国共产党与新泉人民有缘，20世纪土地革命期间，不到2000人的村庄参加革命的民众达1000多人，有名有姓的烈士达六七百人。一批仁人志士率先登高一呼，发动村民紧跟中国共产党投身于人民的解放事业，他们是张瑞明、张从化、张育文、张育林、张斌、张达人等。1929年5月21日至12月19日，毛泽东率领中国工农红军3次到新泉，其中6月10—17日、12月3—19日较长时间在新泉休整和整训，一方面帮助和发动新泉人民打土豪分田地，推翻旧社会，建立新政权；另一方面力图解决红军内部存在的种种错误思想和不良作风，举行历史上第一次新式整军运动。毛泽东深入士兵、农民、工人和社会各界广泛调查研究，寻找党和军队存在的问题，探寻建党治军方略；朱德率部开展军事训练，教导游击战争的理论；军事教官张从化（新泉籍红军、黄埔军校四期生）在朱德军长的麾下负责对全体官兵进行正规的战术训练。10余天的政治军事整训，让红四军全体将士深深地明确了党指挥枪的极端重要性、红军的政治任务和人民军队纪律，政治觉悟、思想素质和军事技能空前提高，精神面貌焕然一新，人民军队正规化建设在这里启航。

新泉整训的历史事实说明，坚决听党指挥是强军之魂。中国共产党对军队的绝对领导，是我们党在长期革命斗争实践中确立起来的根本建军原则，也是人民军队不断发展壮大、从胜利走向胜利的根本保证。

新泉整训彪炳史册，永放光芒。

三、文化底蕴深厚

新泉村是新泉镇政府所在地和学校、医院、市场、商业、美食、交通、警务集中地，又是新泉客家古镇文化代表地。地理位置显要，与西村、北村皆是隔河相望，如此干脆利索的地形与村落布局实属罕见。因新泉村独特的地理位置，历史上新泉境内的政治、经济、文化、军事等大事几乎都发生在这里，每一寸土地都有着耐人寻味的传奇故事。

（一）新泉地名故事

新泉因连南河上有一处经久不息、高温优质的温泉而得名。这个地名出自何人之口、哪一个朝代，无人知晓，也没有可靠的官方文字记载，民间有关于"新泉"与"旧泉"的传说。"旧泉"离"新泉"之北5000米，今为乐江村，旧时称"杨家坊"。杨家坊地处连南河西岸，在没有钢筋混凝土桥梁的岁月里，一架木桥飞架东西，维系两岸的交通。西侧桥头大榕树下的河滩上有一块面积50平方米左右的平坦岩石，是村民洗衣涤被、洗涮家什的地方，名"迟猪石"。"迟"，此地方言谓"杀"，意为"杀猪的石头"。据杨家坊人祖祖辈辈口口相传的传说，"迟猪石"有一凹陷石窝，笼罩着一团白雾，淙淙冒出七八十摄氏度的温泉热水，可以在此杀猪杀鸭煮鸡蛋。某日，一财主的丫鬟提着一篮衣服在此洗涤，左顾右盼乘洗衣同伴走光之机，将两个鸡蛋偷偷放入滚烫的温泉水中，鸡蛋熟了，丫鬟放下手中的活儿，津津有味地吃着鸡蛋。突然财主不期而至一把夺过鸡蛋扔进河里，拉过丫鬟拳打脚踢，可怜这个十五六岁的丫鬟，被打得奄奄一息。这时乌云密布，天空一道闪电"轰隆隆"地炸响，大地在颤抖，倾盆大雨从天而降，许久，雨过天晴，大地恢复平静。可是，那团白雾不见了，温泉水也消失了。温泉水哪里去了呢？此时，杨家坊连南河的下游约5000米的河滩上冒出一团白色的雾霭，紧接着"砰"的一声巨响，岩石崩裂，"哗啦啦"喷出一条水柱，雾霭茫茫中透出七彩丹霞奇观。原来，杨家坊的温泉跑到此地，村民们欢呼雀跃、奔走相告，不约而同前来欣赏，"新泉，新泉，新泉"，人们呼唤着，从此这地方就叫"新泉"。

（二）徐公赐福故事

在新泉，至今流传着一句千古名言——凡事"问徐公"。这"徐公"，说的是明万历年间在连城任知县的徐大化。徐大化是浙江绍兴人，他博学多才，懂天文地理，身为知县，体察民情，为新泉人出谋献策，造福百姓。有一年他到新泉视察，了解到新泉半岛的村民每年都要遭受洪水和土匪袭击而怨声载道，却又无法抗争。原来，新泉最早开发的地方在西村、北村和新泉村的瑶下，曾经出土过战国时代的瓷器陶器残片，西村曾有滕、罗、钟、顾、郭、齐、黎、曹、佬、俞、郑、邱、廖、胡、黄、杨、林、魏、刘、张等二十几个姓氏，而新泉村的半岛却是荒无人烟的虎狼出没之地。洪武三年（1370）前后，新泉张氏开基祖张荣兴带着一家老小，从连城与上杭交界地的陈山背来到温泉边的山地上"汤背寨"肇基生衍，经过多年发展，半岛内人丁兴旺、房舍林立，并沿河岸线建筑土质城墙，可以抵御水患和匪害。可惜在隆庆四年（1570）土质城墙和城内民房被肆虐的洪水冲个精光，半岛一时失守，土匪趁机时常洗劫居民。徐大化了解后，召集民众代表商量对策，并拨款建设砖石结构的新城墙。新筑城墙，耗时三年，新泉人称之为"新城"，以区别早些年在西村公馆前所建的"老城"。新城可绕新泉半岛一周，最高处在凤凰山脚下的东山楼（旧时的书院），高5丈，下宽4丈，上宽2丈，登上墙顶可以绕城一周，俯视新泉半岛的秀美风光，墙顶两面砌筑齿形墙垛和沙枪射击孔，可阻击劫匪攻城。新城建成后，再也没有发生匪害和洪水冲走民房之事。可惜，1971年，新泉修筑温泉路，把城墙拆了，新泉失去了一处美丽风景，实着让人感到扼腕叹息，这是后话。徐大化还建议在新泉的村中央建筑宗祠，即今新泉张氏家庙，百年之后即可人才辈出。果然，新泉村出了文武进士5人、文武举人24人、贡生56人、廪生32人、秀才258人，还诞生了著名理学家张鹏翼，有理学著作20余部。徐公还为新泉百姓做了许多好事，大家视之为赐福恩人、包治"百病"的"郎中"，不仅给他建生祠，还将他的生日（农历十月十三日）定为庙会日，一直延续至今，是目前新泉民间最盛大、超热闹的民俗节日之一。

四、古典建筑文化

走进新泉，古朴典雅的古街古巷古建筑让人流连忘返。至今保存完好的明清古建筑达100余座，其中最有代表性的是张氏家庙（也称大宗祠，连南区革命委员会旧址)、于溪公祠(红四军司令部旧址)、受公家庙(红四军兵工厂旧址)、望云草室(毛泽东两次在新泉的旧居)、张家祠(中央苏区第一所工农妇女夜校旧址)等。

张氏家庙(张桂生提供)

这些古建筑具有鲜明的特点:一是占地面积大,功能齐全,方正齐整,如张氏家庙占地面积1500平方米,坐东南朝西北,左右对称,大门居中,耳门对称,室内有上厅、下厅、天井、中庭、左右厢房,皆为空腹敞开,适合举行大型的会议和祭祖活动,曾经是1929年12月红四军第九次党代会的首选会场,门外近1000平方米的雨坪可容2000多人活动;二是结构美观,设计精巧,四周山墙为耐火青砖,室内为木质圆柱和木质板墙,雕梁画栋,屋顶为歇山顶式,飞檐翘角,木雕、灰雕、砖雕、壁画巧布其间、内容丰富,可见喜鹊登枝、牡丹盛开、松鹤延年、观音送子等吉祥景致,走进新泉古居,如同进入民间艺术的花花世界,令人目不暇接;三是文化氛围浓郁,浸透出深深的文化气息,几乎所有的古祠古居都有精美书法的大门楹联和柱子楹联。

同时，还有大量的红军标语，将近百年，仍然清晰可见，成为今日革命传统教育的活教材。

新泉古建筑是一本地方历史的教科书，是新泉数百年来政治、经济、文化和社会生活的记载，闪耀着前辈们筚路蓝缕、艰苦创业、顽强拼搏的优良传统和精神，处处都有感上苍、泣鬼神的经典故事。其中，森满公发达不忘报效家乡的故事尤其令人钦佩。新泉村地处河水浩瀚的连南河边，是昔日没有公路的年代物资运输的黄金水道，新泉村的男子大多以放木排为生，将新泉周边大山里丰富的木材砍伐下山，通过连南河放入汀江，到达广东潮州，经营木材贸易，张森满就是其中一个知名的木材商人。他是新泉张氏十七世裔孙（大名张禹钧，字森汝，号和卿，因在兄弟排序中居最后，故族人都称之为森满公）。传说张森满有一次冒着可能倾家荡产的危险，认领了洪水暴涨时在潮州韩江"箱子桥"（今永济桥，因没有桥墩，以小船的浮力支撑桥面）上堆积如山的木材而发了一笔巨款，回到家乡盖了四栋明清风格的客家古宅，分别是"望云草室""张家祠""上新屋""大夫第"，其中前三座为人民的解放事业做出了贡献。"望云草室"曾经是红四军前委机关，1929年6月和12月毛泽东和朱德、陈毅、朱云卿（红四军参谋长）前后两次共20多天住的地方，隔壁的"张家祠"是当年中央苏区第一所工农妇女夜校旧址，"上新屋"后来成为新泉苏区妇女学校的学员住地。许许多多新泉的木材商人，以张森满为榜样，在新泉大兴土木，古典建筑犹如雨后春笋，新泉半岛古祠古居星罗棋布、错落有致，蔚为壮观。这些古建筑成为当年红四军在新泉休整和整训时期的住所。

如今，新泉的古祠古居古宅古街古巷在改革开放的春天里焕发青春，成为新泉旅游的著名打卡地。

五、客家民俗风情

新泉的先民来自中原，在历史上几个兵荒马乱的朝代几经迁徙来到连南河畔安营扎寨、休养生息。多年来，先民带来的中原民俗与新泉土著居民的民俗相互融合，形成了独特风格的新泉民俗，主要有节日民俗〔春节、烧炮节（元宵节）、四月十五日庙会、端午节、五月二十五日庙会、吃新节、七月十四日（中元节）、八月十五日（中秋节）、十月十三日庙会、冬至节、腊八节等〕、打醮民俗、嫁娶民俗、丧葬民俗等。这其中，最具代表性的为正月十五日的烧炮节。

新泉古村的春节热闹非凡，从腊月除夕至正月初六日，家家户户人来客往，客人们有来自近村邻镇，也有千里迢迢驱车前来，走亲访友、觥筹交错，一片新春佳节的喜庆景象。正月十五日，第二波的春节狂欢来临，烧炮文化节开幕。这一天，新泉"爱旅游"的三太祖师（指观音、伏虎、定光菩萨，因每个季度轮换出游、不断变换住所接受善男信女供奉，人们称之为"爱旅游的菩萨"）巡游新泉村，参观者摩肩接踵、熙熙攘攘。所到之处，无不旌旗猎猎、锣鼓喧天、鞭炮齐鸣，十分热闹。然而，鞭炮不是燃放，而是"烧"。由几十万、上百万枚筷子头大小的小鞭炮组成三角形（下尖上宽）的巨型鞭炮，因炮与炮之间仅用火药引线连接，"弱不禁风"，运输时用门板盛着，抬到菩萨必经之路的空地上，小心翼翼地将鞭炮脱离门板，用三脚架垂直悬挂。三泰祖师的巡游队伍一旦进入视线，善男信女即将摆满供品桌上的香烛点燃，念念有词地祷告，祈求菩萨保佑其全家出入平安、健康吉祥、事事顺心。然后，点燃巨型鞭炮，一时间万炮齐鸣、震耳欲聋，一股浓烟弥漫开来，空气中弥漫着浓浓的火药味。烧炮不知起于何时，只有"文革"时期中断，改革开放以来，年年烧炮，年年狂欢，吸引了无数观众，不仅是邻近的亲朋好友前来围观，而且惊动了海内外的游客、专家、学者、记者，上过中央电视台，登过海外画报，列为非遗。

六、客家美食飘香

新泉美食是出了名的，"日求三餐，夜求一宿"，已经成为过去式，在经济社会迅猛发展的今天，国人的物质生活水平迅速提高，吃得美味、吃得健康、吃得安全、吃得营养成为时尚，具有悠久历史而且风味独特的新泉美食脱颖而出，越来越红火。

2004年，新泉被认定为"福建美食之乡"，2006年荣获"中国客家美食名镇"称号，2015年新泉镇"美食一条街"被认定为"福建省美食街"，2020年8月又被命名为"福建客家厨师名镇"。新泉美食协会多次组队，在国内外各类大赛上共捧回特金奖21块，金奖23块，银奖35块，铜奖13块，获"十大金牌菜"之3个，"24道客家代表菜"之2个，"十大高手"之1人等殊荣。"豆腐宴"被命名为中国名宴，"涮九品""溪鱼焖豆腐""客家香肉"等被评为中国名菜，"芋子饺"被评为中国名点。

民俗活动——祭祖（张桂生提供）

新泉镇美食一条街主要分布在新泉村319国道和205国道边的街道，约2千米，大部分由新泉村人尤其是第二村民小组的民众经营。这一奇特的现象有着历史渊源。交通便捷是新泉美食的催生婆。新泉的交通地位早在宋代就已经形成，连南河流域及周边地区的贸易主要依靠连南河的黄金水道维系，新泉村成为汀江支流的商贸集散地，南来北往的客商在新泉村落脚，于是，旅馆业、饭店业也相继形成。饭店经营者，彼此之间展开激烈的竞争，以价廉物美、美味佳肴的优势来吸引客商，美食从此诞生，而且越做越好。1931年，国民党十九路军修筑龙岩至长汀、新泉至才溪的简易公路，并于1934年初通车。

中国客家美食名镇（张桂生供图）

中华人民共和国成立后，这些公路进行了多次扩宽改造，上升为国道，铺设了高等级的水泥或者沥青混凝土路面，处于交通要道的新泉村自然而然成为汽车和旅客的歇息地。随着交通运输的发达，新泉村的美食行业犹如雨后春笋，处处美食飘香。

客家风俗是新泉美食的土壤。客家风俗中，传统节日特别多，节日来临，好客的新泉人，家家户户杀鸡宰鸭、割肉买酒，恭候前来赶庙会的亲朋好友。年复一年的宴请，让新泉村人烹饪技巧千锤百炼，因而名厨云集，厨艺精湛。许多到过新泉的人深有体会地说，想去新泉又不敢去新泉，想去是因为主人热情周到、饭菜可口、"酒饱肉醉"、惬意无比；不敢去是因为新泉人热情有加、不醉不让走，甘醇可口的新泉老酒入口爽、后劲大，刚在桌上还推杯换盏、豪气冲天，一出门就趔趔趄趄、东倒西歪。

这些因素，遇上改革开放的好政策，让新泉美食插上腾飞的翅膀，越做越好、越飞越远，不仅享誉八闽大地，而且进军邻省大都市、跨出国门，在俄罗斯、南非、刚果（金）等国家生根开花结果。如今，新泉美食已达500余家，遍布新泉本土、闽西各县和福厦漳泉等一线城市，从业人员达一万之众，每年创造产值过亿元，拉动了新泉的旅游业、种植业、养殖业、屠宰业和相关产业，成为新泉脱贫致富的龙头。

文明有象　文教昌明

——中国传统村落塘前乡迪坑村

◎　江仁铭　陈永洋

迪坑，古时候也叫迪康、特坑。迪坑原隶属清流县，与清流另外两坑"东坑""黄石坑"并称为古清流"三坑"。明清年间，东坑以文化夺魁，迪坑以武艺称雄，黄石坑以财富盖冠，它们以其人文之辉煌、武艺之雄威和豪富之伟姿创建了清流辉煌的历史。乾隆二十八年（1763），江一诚的儿子江祖灏（口名叫江龙蟠）得到时任福建提督学政纪晓岚的赞誉，其专程到迪坑为江龙蟠题匾曰"文明有象"，以勉励受匾人积极进取，也赞誉迪坑文教昌明。

纪晓岚题匾（江仁铭提供）

一、村落布局

"七颗螺钉把水口，三戒天尺护乡村。"迪坑位于连城县东北部塘前乡境内之冠豸山脚，西南邻揭乐乡，东南接文亨、姑田镇，北毗清流，距乡政府所在地5000米，距县城13千米，居塘前乡之南。迪坑这个地名自古就有，元末江氏祖先搬迁至此时，原来的范、黄、罗、马四姓居民就称迪坑。老古言有句顺口溜："迪坑，迪坑，四周是坑，一坑连一坑，大坑套小坑。"确也如此，迪坑云霄岩周边山岩迭出，大大小小之山坑罗列，迪坑之名符合当地山丘地貌特点。

迪坑村庄沿山坳带状分布，一条小溪流贯穿全村（其河床最宽处5米左右，最狭处1.5米）。从姑田直至迪坑的大龙脉突出山顶如笔尖，顶下崇山环抱，两侧山式如手腕，左右小溪河流净水如玉带缠腰，中间地势平坦。明代知县邓应韬于崇祯八年（1635）到迪坑巡察民情，刚到村口见迪坑村庄前带流水，后傍靠山，侧拥护岭，远有秀峰，住基宽敞，水口紧锁，立即下马口吟："七颗螺钉把水口，三戒天尺护乡村。"正是：远山笔架天自成，玉带轻环润乡村。水流东甲我独拥，吉山富水万年长。

一般来说，各地的水口都建在进村口的地界，而迪坑村的水口却建在村中间入口处，水口外到迪坑地界要经过两个自然村，一条小溪直通水口向东而去。在茂密的古樟、苍枫掩映下，一座廊桥扼住水口，格外引人注目。迪坑水口除了廊桥，还有石桥建于宋朝，由纯石拱砌而成，几百年来虽然进行了多次的维修，但最原始的拱桥的石头仍然静静地立在那里，守护着这里的生灵。

迪坑村有着深厚的历史文化底蕴和优美的自然生态环境，是第五批中国传统村落、省级生态村、省级森林村庄、省级乡村治理示范村、省级卫生村、市级平安村、县级文明村。它也是国家AAAA级风景名胜冠豸山风景区和中国骑都·环冠豸山国际自行车大赛赛道的重要组成部分，属于典型的景中村。

近年来，乡村等各部门对迪坑古村落的整体保护意识大为增强。比如整理古村落所有的历史文化资料；乡村两级组织吸收了社会资金保护古建筑；加大村庄美化、绿化工作；聘请相关专家编制了《迪坑村特色文化村落保护规划》。

二、历史脉络

"大抵世乱相保聚，诛茅启墉争列廛。"据载，早于元代，迪坑境内先有范、黄、罗、马等姓居住，今天的迪坑村前水口所供奉之公王土地神位即称范五郎公，据说江氏始祖迁移至此前早有范五郎公之存在。随着江氏始祖江九益从清流长校江坊迁入，历经一代又一代，江姓人口逐渐增加，原本定居于此的别姓人氏逐渐另迁他处。

迪坑江氏先祖江杨忠（后改名江九益），从清流江坊村塘塔上只身外出做工，到了水源村江屋岭（与迪坑相邻）居住了一段时间，明朝初年才到迪坑安居，属迪坑村第一代江氏始祖。此后，人口逐渐增加，至清乾隆间达1000余人，最旺盛时则在咸丰皇帝之初，据载总人口达1500多人，族谱记录男丁就有700余人。其时太平天国残兵败将彭大顺至连城而使迪坑全村招至屠杀，人口亦随之骤减。至1945年，经人口调查，迪源保辖10甲172户552人，其中丁壮119人。

明成化十七年（1481）开始，迪坑隶属清流北团里，直至清末；1945年行政区域调整隶属仁里乡迪源保，下辖迪康、小溪、水源、南坑；1950年改属清流灵地区塘前乡，1951年改属第四区迪坑乡，1956年属塘前乡，1958年属塘前公社；1959年2月，清流、宁化合并成清宁县，原塘前公社所辖大队连同迪坑划归连城县管辖。

三、古建文化

"陋巷箪瓢好整顿庙廊谟算，青灯黄卷正养成黼黻宏图。"迪坑的古建讲究布局、大方精美，普遍使用的九厅十八井格局，既传承了中原的合院建筑形式，又兼容徽式、江浙特色，开间、进度更大，做工追求艺术及造型美，讲究生活的舒适、安逸，考虑耕读、祭祀、接待、居住等用途。室内装饰，在设置明墙、花圃讲究艺术美的同时，更配以宣传儒家文化的牌匾书画，营造出了良好的育人环境。

（一）进士第

进士第由江祖顺建于清乾隆十五年（1750），至今已有270多年历史，占地面积2600余平方米。进士第共九井十三厅，有房100余间，用石柱、石门槛、三合土，前面两层小走楼的四周为青砖木料结构，屋内雕梁画栋，工艺精细。远看像是围屋，近看像是吊脚楼，是村内最大的古建筑，集学文习武、议事祭祖、御敌固防、储物加工、绿化消防等于一身，是一座不可多得又有特色的古第范典。大门开在南面，门前有水塘两口，是为遇火灾之时，取水扑火

进士第（江仁铭提供）

方便。大门外矗立的两对石桅杆，历尽沧桑至今保存完好，象征主人功名地位，所镌文字为"道光丁酉科中式第十三名举人江凝英立"与"嘉庆辛未年岁进士江昭涓，道光戊子年岁进士江昭严立"（双行并排竖书），其中，江凝英所立桅杆有雕刻盘龙缠绕其上。正厅坐东朝西，背后依山而建半圆形围墙，造型像把张开的折扇。正厅前是一排阁楼式围屋，分上下两层，一层是青砖建造的地下室，布满通风观察孔（枪眼）。地下室有多处楼梯接围屋的走廊，直通大厅及左右厢房与围屋。左屋角背有一处天然的泉水，可供200余人日常饮用，更特别的是在房屋左上角还修建了一条逃生隧道直通村外。

（二）儒林第

儒林第由江一谦建于清雍正五年（1727），至今有近300年历史，建筑面积2000多平方米。儒林第分上中下三厅两边二直横屋，共有上百个房间。大门外竖立石桅杆两对，分别镌刻着"嘉庆丙子科举人江起卿立"与"嘉庆四年岁进士江起梅立"字样，屋内大堂尚有"陋巷箪瓢好整顿庙廊谟算，青灯黄卷正养成黼黻宏图"的励志对联，至今清晰可见。咸丰年间因汀州府被太平军攻陷，儒林第曾作为汀州知府临时的办公地点，族民江于钧任临时知府开堂办公，组织了一场与太平天国石达开部将彭大顺带领的太平军惨烈的对抗战。该房屋代表人物有万户公祖运、祖枢、祖顺，举人江起卿，学进士江起梅，历年累计贡生、廪生等30余人，县、州学府毕业有功名的20多人。

（三）都阃府

都阃府由江廷举七个儿子以其父亲的名义建于清康熙五十年（1711），至今已有300多年历史。都阃府因江起聘任都司而得名（江起聘祖父江廷举）。门前竖立桅杆一对，上镌"嘉庆十六年辛未岁玖月都阃府江起聘立"。整个建筑分为三进厅，四横屋，一围墙，也是典型的明清建筑风格。

（四）贡元第

贡元第由江祖运建于清乾隆十年（1745），至今有近280年历史，面积1000多平方米。贡元第造型为上中下三厅，两边两直横屋，屋内有天然泉水井，建筑用材为砖、木混合，风火墙为一字式清砖墙。它既是客栈、书院、图书馆，又是民宅，集政治、经济、居住、教育作用于一体。

四、武术文化

"拳势朴拙藏劲猛，身形迅敏蕴从容。"明崇祯年间，迪坑江氏由于对土匪的骚扰忍无可忍，就派了应湖、应海兄弟两人到嵩山少林寺学习武功，让他们学好功夫保护家园。这就是迪坑村人练武的初衷与起源，从此拉开了迪坑人强身保家的序幕。

应湖、应海在少林寺得到大师的厚爱和悉心指导，十八般武艺样样精通，几年后回乡开办武学堂，成为四邻八村尊敬羡慕的人物。邻村匪首邓君选欲拉应湖、应海兄弟入伙，他们坚决拒绝，全身心传授本村子弟习武，并组织了护村自卫队，在村里的制高点云霄岩设立瞭望防御哨所，有效防御匪徒的侵扰。

此后，迪坑迎来了武术发展的鼎盛时期。迪坑也因此以武术称雄，成为清流"三坑"之一，一代又一代地传承，确保村民安居乐业，耕耘家园。百余年间，江应海、江应湖、武生员江起栏、江昭翰、江于新、江朝薛、江二花、江上弼、江朝品等在迪坑开办练武学堂达七所之多。其中，应海、应湖兄弟和江朝薛最具代表。现在，许多迪坑的旧宅里仍依稀可见练武的场所、器具。练武石重达三百多斤，是练体能的基本器材。

迪坑人在勤学苦练武艺的同时还居安思危，担心自己的武功落伍，果断安排了后辈子孙江昭翰、江于升、江于新等子弟再到少林寺学习新的武功路子，涌现了一批又一批能征善战的勇士。代表人物除上述的七所武馆的师傅外，还有武进士都司江起聘、武举江起卿，军中五品、六品不在少数。

咸丰十一年（1861）正月，太平天国彭大顺率部攻克汀州府后，直逼连城，后在迪坑被杀。据《连城县志》记载："咸丰十一年辛酉正月，官兵败于童坊。二月，彭大顺进陷邑城，杀孙家良……四月，彭大顺自邑出掠，入邻辖清流特坑。乡民狙击之，殪。从队忿而歼其乡……"迪坑保卫家园之战况，在江于钧拟好奏章并由特使徐树铭上报朝廷后，咸丰皇帝龙颜大悦，赞赏迪坑村民抗贼有功，追封江昭翰为五品蓝翎奉直大夫，江于榜追封为飞虎将军，封于兴、于源为护卫将军，江于将、江于照、江于莲、江于煜、江朝裕等一律封为六品军功，拨金银、御酒给予安抚；另外颁发圣旨牌一块，原悬挂在迪坑的祠堂老屋厅内。清流知县崔光禄特题匾曰"千古如生"，所有阵亡人员名字都刻在匾上以为纪念。

五、崇文重教

"一门三万户，一桌九功名。"客家祖先大举南迁，带来了先进的耕作技术和深厚的中原文化，他们积极进取，耕读并重，从骨子里秉承祖先"崇文重教，耕读传家"的祖训并在迪坑得到极好的传承。

一是筹办书院。从七世祖江万六到江应海兄弟，从江廷举到江一诚兄弟，再到"儒林第"的主人江一谦的三个儿子祖运、祖枢、祖顺，无不重视文化教育。特别是当江一谦及其儿子一家经商致富之后，办学就有了保障，江一谦三子江祖顺率先在云霄岩上修建学堂开办蒙学馆，称云霄岩书院，从此拉开了迪坑村自办书院的序幕，在此后几十年间又相继创办了园墩、寨墩书院。云霄岩书院建于乾隆十年（1745）（现冠豸山景区内）；园墩书院建于乾隆十五年（1750）；寨墩书院建于嘉庆二十年（1815）。这三所书院分别由祖顺公、祖运公及起纹、起鲲公为首筹建。他们筹办书院，尽心办学，为后人树立了极好的崇文重教之榜样。

二是自编《眼前便用》乡土教材。迪坑办学最为突出的人物应为十三世

祖江一诚，他秉承"修身齐家"之祖训，考进了县学，得邑庠功名后，回乡从事启蒙教育，在云霄岩书院担任老师。他根据自己所学所知，自编《眼前便用》乡土教材（2019年市级非遗），以"四字经"的形式，用朗朗上口的当地方言，把生产生活、家风家训、为人处世等内容融入书中。由于教材内容丰富，范围全面，易读易记，族民至今依然使用。这本自编教材成为当时汀州府唯一的一本由当地村民自编的教材。

三是有一套行之有效的奖学措施。迪坑凡上学者学费全免，还给粮食补助。以个人资助和公田收租方式，成立同仁社负责运营管理，鼓励资助族人入学。入村蒙学馆除学费全免外，补助书租谷第一年5桶，第二年10桶，第三年15桶；入县学每年补助20～25桶；入州学每年补助30桶；考录学列后终身每年补助120桶。受补助人应无偿为本村及族人提供通知禁牌、对联喜帖、买卖契约等公益文字服务。奖学措施一直延续至今，只是中华人民共和国成立后由村委会或教育促进会出资奖励。

云霄岩（江仁铭提供）

　　四是人才辈出。倾心办学也取得了丰硕的成果：清乾隆至民国初年，3所书院共培养出一个武进士出身的四品都司（江起聘），2个举人（江起卿、江凝英），3个岁进士（江起梅、江昭严、江昭涓），6个五品和14个六品文武清官，此外还培养出了贡生、庠生、廪生、监生等大小功名100余人，为清流、连城乃至福建全省留下了浓墨重彩的史页。寨墩书院则成为办学时间最长的书院，自开办到民国时期改为民国中心小学，到中华人民共和国成立后改为迪坑小学，直到1972年才停办搬迁，是科举教育与现代教育的过度与衔接。其间也培养了江瑾（功名为廪生）、江道章（功名为邑庠生）、江朝锡（国民党十八路军永安特二科上校参谋）等大量优秀的人才。尤其是嘉庆二十年（1815）时任福建提督学政汪润之为江祖枢一家四代题匾"椿桂森荣"，因此有了"一门三万户，一桌九功名"之美誉。

六、山水风光

"起寻归路下山曲，回首天半遮云霞。"迪坑有云霄岩（俗称蜘蛛岩）、楼梯岭、一线天等景观，亦有豸神之传说故事（在蜘蛛岩山门正对门的石壁上至今保存一幅神似獬豸的图案），附近还有九龙潭（又称九龙湖）、八仙岩、石井坑等自然山水风光。

迪坑云霄岩面积9平方千米，属于冠豸山景区，同属丹霞地貌特征，是一纵列山脊群，其一侧为直立的丹霞深谷和陡崖。它突兀于迪坑村南，最高峰海拔有690多米，也是冠豸山风景区的最高峰。云霄岩险峻、奇特、幽邃、深秀，其上有云霄洞，洞顶分布10多个同心圆形的凹坑，其纹如蜘蛛网状，故当地百姓曾称之为蜘蛛岩（最早用当地口音叫峤蛸岩）。

原先的云霄岩要通往岩顶只有两处陡峭的岩边路，空手攀爬尚且困难，更别说要扛抬重物，故有"一夫当关，万夫莫开"之险，也因其占据天险、易守难攻而成为保护迪坑村人的天然屏障。今天的云霄岩保留了原来的基本面貌。古驿道仍在，驿道两边古树参天，沿路林石奇特。云霄岩除供奉观音神位，还供奉欧阳真仙、赖公真仙、罗公真仙之神位，号三仙观。

云霄岩是过去连城周边出入迪坑村的必经之地，今天仍能看到一条破损的古石道从云霄岩脚下穿过，其中有一处在石壁山崖边用纯手工开凿而成，像一级一级楼梯向上延伸，当地居民叫楼梯岭（也称孤婆岭）。

"潮平两岸阔，风正一帆悬。"近年来，迪坑村积极挖掘好、传承好当地传统文化——"文明有象"文化内涵，把其蕴含的思想观念、人文精神、道德规范融入经济、政治、文化、社会和生态文明等建设中，推动创造性转化、创新性发展，使之焕发新的生命力和时代风采，为新时代迪坑繁荣发展注入新动力。

"布达拉宫" 黄宗今昔

—— 中国传统村落赖源乡黄宗村

◎ 吴尧生

一、村落概况

黄宗，原名黄家寮，坐落在世界 A 级自然保护区梅花山腹地连城县赖源乡西南部，距乡政府所在地赖源15千米。它是连城县革命基点村，也是福建美丽乡村和生态村，具有700多年文化积淀。

黄宗东临赖源乡上村村的溶洞群，北接曲溪乡大东溪村，西连莒溪镇梅村头村，南靠新罗区万安镇竹贯村，属亚热带季风性气候，区域内生态环境保护较好，绿化率达98.6%以上。境内溪流流经新罗竹贯，在万安涂潭汇集形成九龙江上游支流万安溪。共有6个自然村：东寨、大明、上寨、南洋、内外洋和均竹自然村（科明原来也是黄宗下辖的一个自然村，于2014年划出成立行政村）。全村男丁皆为曾姓。自开山祖曾宗兰、曾宗宁兄弟俩于元大德年间（约1300年左右）从江西辗转迁移到新罗区万安镇涂潭村，再从涂潭村迁移至黄宗开基（祖祠称"鲁国堂"）形成村落，已下传26代，150多户720多人（包括户口在外地的黄宗人）。据长者说，曾氏未迁到黄宗村开基之前，已有黄姓族人在黄宗居住，现在的黄宗村委会一带就是黄屋遗址，但不知何故，黄宗没有黄氏后裔下传。也许，黄家寮村名的来历，与之前有黄姓人定居有关。

黄宗位于九龙江之源，是一个高山丘陵上的村庄。村落以丘陵为主，坐落在梅花山深处海拔1100米的三角形山坳里，四周重峦叠翠，林海苍茫，年平均气温17℃。总面积14.1平方千米，有耕地964亩，林地26000亩，果花茶园面积1080亩。黄宗村的海拔、气温适宜发展竹业、高山茶、高山无公害蔬菜、高山养羊、高山养蜂、林下种养等特色产业。

黄宗鸟瞰（曾海泉提供）

村庄整体依山而建，蜿蜒而上的石砌台阶四通八达地连接着各条巷子，弯弯曲曲的土巷子连接着各栋民居，传统民居顺应地形由低至高有机生长，梯次错落，黑白分明，颇具匠心，因外形酷似布达拉宫，故有"连城布达拉宫"之誉；村前的溪流沿着山脚流向新罗万安溪，汇入九龙江。

黄宗村有历史悠久的庙宇、百花齐放的花田，还有错落有致地叠放在山脚下的稻田、生机盎然的茶山。村内古油杉、铁杉、柳杉、红豆杉等珍稀名树随处可见；由100多棵柳杉组成的古树林郁郁葱葱，其中最大的胸径1.5米，树高60余米，已有200多年树龄，黄宗村也被称为"柳杉王国"。

从连城经曲溪蒲溪村、赖源科明村到达黄宗约50千米。黄宗与中国历史文化名村竹贯村相距不过8000米，与连城县乡村旅游名村莒溪太平僚毗邻，同属梅花山腹地，能很好地实现乡村旅游的客源互流，较好地融入连城县打造环梅花山旅游景区的大旅游格局。黄宗村周边的山峰西高东低，苍翠欲滴的林海延绵起伏，风光旖旎，景色迷人，空气清新。其主要自然和人文景点有被称为"连城布达拉宫"的依山而建的民居群；明清时期建造的古庙丰莲堂、天富庵和上达堂等结构保存完整、雕梁画栋、古朴依旧的古建筑；神奇牛古石、发呆石、半天雾、柳杉林等，观赏价值极高。

黄宗历来重视孝悌、报国等传统思想的教化传承。境内有东寨古庙丰莲堂，有村尾的天富庵及古宅上达堂、诒谋堂等古建筑。天富庵供奉的是定光古佛，村民自古就有在每年正月十四日、十五日两天以敬奉定光古佛为主的闹元宵游花灯的习俗，为闽西罕见。村民根据古代有关"麒麟坐屋顶能避邪，狮子守大门定繁荣，大象进门厅多富贵"的传说，以房头为单位出花灯。以毛竹、宣纸为材料，用竹篾扎制龙、麒麟、狮、象、鱼等各式动物纸灯，下面装上手柄，并绘上与纸灯造型相匹配的彩色图案，写上吉利的祈福颂辞。夜幕降临之际，家家户户张灯结彩。人们在喧天的锣鼓声和此起彼伏的爆竹声中，将点燃油盏或蜡烛的各式动物纸灯，用手举着送到祠堂祖屋祭祀后，便沿着山路和村道或游或圈、或摇或舞，祈求来年风调雨顺、五谷丰登。鼎盛期间，曾有八只狮子以及大象和"福禄寿喜"等立体字样的花灯，以示吉祥喜庆。此外，丰莲堂供奉的是"骑龙过海五位真仙"，每年农历十月，村民为敬奉五位真仙均会举行小型庙会活动。

黄宗村还具有光荣的革命传统。在第二次国内革命战争时期，黄宗村民积极支持工农红军和游击队，为革命做出了重大贡献。早在20世纪30年代初，黄宗村就成立了农民协会，积极开展抗租减息斗争、并准备成立苏维埃政府，后因红军撤离，敌人反扑而未果。在三年游击战争时期，黄宗村民曾多次冒着生命危险，为活动在赖源河祠一带岩连宁边区游击根据地的红九团和游击队送衣、送粮、送情报；黄宗曾有10多名热血青年参加红军、游击队，在五次反"围剿"和长征的湘江战役中付出了重大牺牲（该村的曾广球、曾长福在湘江战役中牺牲），在册烈士5人。如今，时光流逝，红军当年留下的标语却还依稀可辨。

近日，本邑诗人姚家辉先生游览黄宗村后，曾赋五律一首——《题黄宗村》，诗曰：

> 孔门曾点后，避世驾孤舟。
> 筑屋翠屏挂，辟田云海浮。
> 时闻茶女笑，未睹牧童讴。
> 且待樱花灿，相期一醉休。

二、历史沿革

从元明清至民国初，黄家寮先后从属汀州府连城县表席里、姑田里（团、图）管辖。1934年，民国政府改"里""图"为"区""保"，黄宗为黄宗保驻地，属第三区（区署驻地姑田）赖源乡。中华人民共和国成立之初，亦曾以黄家寮和宗罗地合为"黄宗乡"，"黄宗"地名即由此而来。黄宗曾为"黄宗乡""黄宗维新村""黄宗管理区"等跨村政权的驻地。1958年成立"赖源人民公社"，成为其属地，改为"黄宗大队"。1984年撤销公社建立乡镇，改称"黄宗村"至今。

三、语言习俗

黄宗的日常用语属客家民系语言，由于新迁地是交通闭塞、与外界接触不多的地方，在保持始迁地的中原古音方面，有着得天独厚的条件。比如说喝酒叫"食酒"，叫公鸡为"鸡公"，客人为"人客"，多吃点为"多食滴子"，再吃点为"食滴子添"，去进城为"来去进城"，完全同于始迁地江西土语。

以孝让家风为传家宝的黄宗村民，一般都具有豁达、大度、自尊、诚实、自强的性格，因此黄宗一贯以热情、礼让、好客而著称。

四、习俗信仰

黄宗是客家古村落，民俗信仰是多元、包容的。

黄宗村内有明清时期建造的古庙丰莲堂、天富庵等宗教活动场所。绝大多数村民都是多神崇拜者，敬天地、敬祖宗，相信多神。在过去家庭厅堂的神龛上，长条形的案桌上往往同时供着神像和祖宗牌位。香炉是分开的，或许是"佛争一炉香"之故吧。

五、文化传承

黄宗在悠久的历史中积淀了厚重的文化，虽斗转星移，但风骨犹存。透过丰莲堂、天富庵、鲁国堂、上达堂、诒谋堂等这些结构精美、古色古香的古建筑，我们依然可以触摸到这个古村落变迁的历史脉络。

居住在这里的曾氏裔孙，很好地传承了中原先祖推崇圣贤、耕读传家的好传统和遵守曾国藩文正公的祖规家训，700多年来他们建书院、置学田，设奖学金，崇文重教，人文蔚起。早在明清时期就有曾昭声（例授五品武德骑尉）、曾纪然、曾传略、曾纪宾、曾广松、曾宪刚等一批先贤（贡生、庠生、监生、太学生、奉祀生等76人）；中华人民共和国成立后，黄宗的教育事业有了长足的发展，不仅黄宗村设有完小，各自然村也有教学点，因此俊彦代出，凤翥龙翔，又有一批博士、硕士、学士、公务员、企业家、工程师、医生、教授等新锐脱颖而出，头角峥嵘。

此外，黄宗村延续了数百年的非遗民俗活动——"正月闹元宵""金秋庙会""春秋二祭"等，都是让人们记住乡愁、认祖归宗的文化传承载体。

六、经济发展

黄宗村民历代以耕田、管山以及手工造纸为主。这里适中的温度、充沛的雨量，极宜各种经济林木和毛竹生长。20世纪80年代以前，黄宗的主要农副产品有谷子、笋干、香菇、草药、土纸、毛竹和木材，现在的主要农副产品是鲜笋、毛竹、茶叶、蜂蜜、靛皮菇和无公害蔬菜等。

目前，黄宗除了少部分老年人留在村里耕田、管山、种菜、发展农家乐旅游业和在茶场帮工外，大部分青壮年都外出陪读、工作。有的人创业成功后，不忘桑梓，成为率领乡亲们致富的带头人。过去七八年以来，村民已逐步迈上了小康之路。2022年，村民人均收入达16800多元。

七、村落建设

据传早在清康乾盛世，黄宗曾有九百多人（后因瘟疫和外迁，人口锐减），地方经济有过空前的繁荣。村中那些结构古雅的古建筑及部分古墓葬都是明证。现在村中遗留的普通古建筑，一般都是五间图、八间图的明清客家民居，主要分布在内外洋、南洋、大明、东寨和上寨。传统民居建筑通常进门为独立的庭院，入正门后中间隔着天井可以看到厅堂，注重天井通风采光，以木梁承重，以土、石砌护墙，以厅堂为中心，以雕梁画栋和装饰屋顶、檐口见长，以宗族血缘关系为纽带，保持着较好的历史发展的真实性和完整性。

古代黄宗有古驿道通往赖源、梅村、姑田等地（至今古道除杂草塞道外，基本完好），自20世纪八九十年代，随着黄宗经赖源通往白石，黄宗经科明通往东梅桥的乡际公路开通后，黄宗的交通条件彻底改变了。从连城到黄宗村有2条线：经曲溪蒲溪村、赖源科明村50千米；经曲溪罗胜村、白石村、赖源上村60千米。黄宗距205国道和莆梅高速仅20多千米，距连城冠豸山机场和冠豸山动车站仅50多千米。特别是20世纪末及21世纪初，黄宗村内的公路网也已形成，黄宗通往上寨、大明、东寨等自然村的公路相继开通（80%已

古建炊烟（吴尧生摄）

硬化），大大方便了村民的生产、生活。

随着交通运输的现代化，黄宗又跨入了第二次经济繁荣的新阶段。村有人口由中华人民共和国成立初的300余人增加到720多人，增加了近1.4倍。村容村貌焕然一新，现在的黄宗村不仅路平、灯明，公路两旁新房鳞次栉比，村属公益建设投资亦多，近一二十年又增加建设高压照明、饮水工程、改厕工程、村办公楼修缮工程、幸福院建设、光伏电站工程、店利潭拦水坝工程、五星桥工程、河堤改造工程及高山茶园和风能发电等项目。现在黄宗村民的生活质量得到了很大改善，全村除五保户外，99.5%的村民都住上了新楼房或农家别墅，汽车、家电进了普通农家，出行、生活都很方便。

此外，黄宗村还着力打造和开发"连城布达拉宫"、樱花人家、高山茶园、丰莲古庙、爱情天梯、坐观云海、发呆石和古驿道等黄宗八景。昔日的偏僻山村，如今已是名声在外的美丽乡村和避暑胜地。

为了更好地贯彻落实党中央、国务院当前的惠农政策，抓党建促脱贫攻

高山茶山（吴尧生摄）

坚和实施乡村振兴战略的一系列方针政策，黄宗村"两委"近期重点抓的工作目标：一是加快美丽乡村建设，打造生态环境优美、村容村貌整洁、产业特色鲜明、乡土文化繁荣、公共服务健全、农民生活幸福的社会主义新农村，提升农民群众的幸福指数；二是依托"连城布达拉宫"、高山茶园和风能发电景区，带动黄宗村的经济社会发展再上新台阶。

黄宗由于三个文明建设成绩突出，获得了许多殊荣：2012年被中共连城县委、连城县人民政府授予"文明村"荣誉称号；2012年被福建环境保护厅评为"福建生态村"；2016年被福建美丽乡村网评为"福建最美乡村"；2019年6月被列入第五批中国传统村落。

文化故里　版筑遗风

——中国传统村落朋口镇池溪村

◎ 傅火旺

一、村落概况

连城县朋口镇池溪村历史悠久，形成于元末。池溪傅氏一世祖仕荣公的两个儿子到池溪、畲部开基。据《傅氏族谱》记载："旧传公之二子当日由朋口沿溪至畲部城里，见水深鱼肥，山势如城，德稳公曰：此处好似一城，决计移居，即名其地为城里。德辉公以溪水许大，前面当有地方，由尾溯源，遂至池溪。"

池溪村位于连城县西南隅，原属长汀县三平区池岗乡管辖。池岗乡辖池溪、黄岗、上村、瑶里、林国、建湖、张屋田、金龙、文地等村。1957年12月，池岗乡划归连城县朋口区管辖。1958年10月，朋口人民公社成立。1984年9月，朋口人民公社改为朋口乡，池溪村设村民委员会。1992年，朋口乡改为朋口镇。

池溪村东北邻鱼潭，西北界黄岗和长汀半溪，西南接瑶里，南靠桂花和新泉赤坑，东南连新泉畲部。距县城43千米、镇政府所在地21千米，交通较为便利。地处高山地带，平均海拔388米。土地总面积3.14万亩，其中耕地面积3400多亩，山地面积2.8万亩。森林覆盖率81%。

池溪村现辖坪水、井屋、余家畲、池溪4个自然村。户籍人口550户1869人。其中，坪水邱姓，井屋温姓，余家畲傅姓，池溪原有傅、饶、黄、滕、涂5个姓，现有傅姓1300余人，饶姓200余人，其他三姓已迁居别处。

池溪村民的日常用语属客家民系语言。由于交通闭塞，在保持始迁地的中原古音方面，这里有着得天独厚的条件。池溪方言里有许多中原古音字词及语法现象。如喝茶叫"食茶"，喝酒叫"食酒"，抬凳子叫"掇凳子"；眼泪称为"目汁"，眼珠称为"目珠"，眼屎称为"目屎"，不断流泪称为"目汁涟涟"；公鸡称为"鸡公"，母鸡称为"鸡母"，客人称为"人客"，热闹称为"闹热"，这是典型的古汉语倒装现象；去赶圩叫"来去赶圩"，这属于古汉语"偏义复词"现象，"来去"偏向"去"义。这样的例子还有很多。

二、传统建筑

池溪村传统建筑众多，据统计，有昭德堂、谦语堂、象山公祠等四十多座。篇幅所限，选取部分介绍。

（一）昭德堂

昭德堂始建于明永乐十八年（1420），距今已有600余年历史。昭德堂是

昭德堂（邱文还提供）

明清时的建筑风格，分为上下厅，占地面积595平方米，坐东朝西。上厅堂左右各一间，下厅堂不设房间，而是三开门，中门稍大一些，两边侧门稍小一点，平常只开侧门，逢大事才开中大门。大门前建有大雨坪，用三合土夯实铺平，为宗族公用空间，功能丰富。该建筑较为质朴，但制式轻巧灵活。昭德堂三字中的"德"字中间少了一横。一说此房是德辉公所盖，乃避"德"之讳；另说是教育子孙后代"缺一点而不成德"。

（二）谦语堂

谦语堂建于清光绪七年（1881），至今已有140多年的历史。大门建筑是以青砖砌墙为主体的石柱结构，上方的横匾有"金玉遗风"4个大字，屋内为雕梁斗拱的全木质架构。占地面积956平方米，共31个房间。有上下两厅堂，下厅前有大雨坪，雨坪外是围屋，左边有两排横屋，右边有一排横屋，屋背

谦语堂（邱文还提供）

后是砖砌围墙。大厅正上方有一横匾"谦语堂",体现了祖先教育后代的良苦用心——警惕"祸从口出"。谦语堂是池溪土地革命时期的红色摇篮,池溪暴动后,在此成立了池溪区苏维埃政府、汀连特别区革命委员会。谦语堂也是傅铁人等烈士的遇难地。

（三）象山公祠

象山公祠建于清乾隆十年（1745）,距今已有270多年的历史。曾是中国共产党项英支部委员会的所在地。象山公祠是典型的闽西客家堂横屋结构,为单门楼式单堂两横结构,悬挑主要为双挑梁。占地面积525平方米,大门入堂,左右两竖小门进直屋。主体为木质结构,雕梁斗拱。其悬挑为双挑形制,上下挑梁单拱连接,素色生漆处理,原木色泽,上挑较下挑略长粗,雕刻线条流畅细腻,布局丰满。窗户有木质直棂窗和槛窗两种形制,简单大气实用。作为外檐装修的门窗配以镂空窗花,透露着族人对美好生活的向往。象山公祠的屋顶上加装山墙头,山墙头由垂脊、腰肚、板线等部分组成,包括4个尖峰角和3个小弯弧,形似火焰形,故称火式。进门顶部有一"福"字装饰,象征子子孙孙避祸就福,顶部盖红褐色琉璃瓦,两端尖角。

（四）元吉堂

元吉堂始建于清嘉庆十七年（1812）,距今已有210多年的历史,为池溪饶氏祖屋。元吉堂背靠山,形似北方的四合院,占地面积约600平方米,进深短而面阔长,主体为一堂两横组成的客家房屋结构。屋顶为木质结构的盖瓦屋面,建筑结构为典型的砖木结构,外围用青砖砌成,房屋内部为木质柱结构,坐东北向西南,院内是三合土地面。门前有一长方形禾坪,禾坪前有一个水塘。水塘内种植了荷花,既供观赏,又有教育功能:"出淤泥而不染,濯清涟而不妖。"

（五）邱氏宗祠

邱氏宗祠建于清雍正五年（1727），坐落于池溪坪水自然村，占地面积540平方米左右。建筑规制别具一格，上下厅结构，左右堂屋，坐东朝西。以中轴对称式布局，中为正厅，是堂屋的主体，两边为厢房，与门厅有走廊相通，厅前为天井。正厅多有楹柱，厅前两侧设通道，旁置边门。其悬挑为双挑形制，上下挑梁单拱连接，素色生漆处理，原木色泽，上挑较下挑略长粗，雕刻线条流畅细腻，布局丰满。有的窗户为木质直钉窗，极具特色。窗户做成网格纹，民间俗称"豆腐格"。网格纹的各个正方形孔洞代表了"处处正直"之意。还有的窗户为"卐"字棂花图案，因卐纹无头无尾，是一种无始无终的形状，寓意着无限循环、万事吉祥、万寿无疆。该建筑的门楼墙别有一番讲究，据当地村民说，先民在宗祠加建如此别具一格的门楼墙，意在改变坐向以"制煞"，祈求风调雨顺，安居乐业。该宗祠派下目前已繁衍至第二十六代，有子孙2900多人。

三、风景名胜

（一）革命烈士纪念塔

纪念塔原位于池溪村东南角，建于1963年。这座青砖结构的革命烈士纪念塔通高约5米，一共7层，表面用石灰粉刷。年长日久，塔身长出了许多蒿草。这座烈士纪念塔，是为了纪念池溪村及周边的黄岗、鱼潭、金龙、瑶里、桂花等10多个乡村在革命战争年代牺牲的218位革命烈士而建造的。塔上镌刻着杨尚儒（鱼潭村人）、傅林标（池溪村人）、黄鹏（黄岗村人）3位将校的题词。杨尚儒少将题词："继承和发扬先烈的革命英雄主义精神！"傅林标大校题词："为革命事业壮烈牺牲的先烈万古长青！"黄鹏大校题词："革命烈士永垂不朽！"2003年，纪念塔移到村尾卫山口重建，同年8月1日新纪念碑落成。

（二）安民寺

安民寺始建于明崇祯十三年（1640）。建筑结构为上下两层，占地面积为510平方米，寺内有大量精美的砖雕、石雕和木雕等。安民寺融合了中国特有的祭祀祖宗、天地的功能，沿中轴线布局，对称稳重且整饬严谨。屋顶飞檐翘角，正中双龙抢珠，盖金黄色的琉璃瓦，金碧辉煌。每当傍晚夕阳西沉，晚霞灿烂，金光四射，景色奇异。安民寺香火鼎盛，香客络绎不绝。

（三）锅头潭

离村三里许，池溪河中有一巨大石壁。由于河水冲刷，石壁上分列大锅、小锅、水缸、砧板等，极似闽西客家人的厨房灶台。石崖下一潭，潭水幽幽，不知其深浅。傅干春《池溪锅头潭记》写道："春夏之时，溪阔水满，山浅林茂，

池溪卫山古木（邱文还提供）

瀑流如柱,撞击石锅,轰轰隆隆。近听若雷霆之声,远闻似锤鼓之鸣。水溅如珠,晶莹四散,前观银帘垂挂;黛色山峦,裹挟雾气,远看紫幕罩潭。"

(四)卫山

卫山位于村尾,池溪河边。此处古木参天,森林保护得极好。傅干春《池溪卫山颂》赞曰:"夹岸古木,牵云挂雾,负势竞上,密不透光;林下凹窝,藤蔓粗壮,攀缠树干,着意争阳。杂木林立,枝嫩叶肥,郁郁青青,宛若翠碧。""卫山兮卫山,天然恩赐。生机盎然,树木古稀。芳草鲜美,流水逶迤。"

四、传统技艺

(一)池溪古法造纸

池溪古法造纸已有几百年历史,生产过程全手工,无化学污染,产品适用于书写、生活用纸以及产品包装。池溪村的草纸闻名遐迩,是闽西圩日(定期集市)的传统品牌。然而随着现代纸业升级换代,市场迅速萎缩,目前池溪村仅剩一家纸厂,生产用于民俗活动的"金银纸"。

池溪村的古法造纸共有17道工序:砍竹;截竹;杀青,入塘水浸百日(自然发酵)后,槌洗去粗壳和青皮;浆石灰;蒸煮八昼夜(封闭皇桶);漂洗竹麻;浆洗柴灰水;蒸煮;淋以草木灰水,沃十多日;春捣;漂洗;入槽与水和匀;加纸药水汁;打槽捞纸;压榨水分;焙干;揭纸。

(二)池溪黄粄

池溪黄粄是客家传统美食。由于工艺较烦琐,一般在民俗活动或逢年过节时才制作。"黄"与皇帝的"皇"同音,寓意吉祥富贵。制作步骤如下:砍下山上的黄粄树(有多种)树枝,将其烧成灰,把灰浸泡水中,过滤而成碱水;将禾米(约占三分之一)和糯米(约占三分之二)淘净后放入碱水中浸泡数小时,后加工成米浆;将米浆倒在锅中用火煮,需不断搅拌,使水分蒸发而米浆不致烧煳，制成粄团；将粄团放在石臼中，用木槌反复捶打，使其柔软又有韧性；用手把粄团捏成长条，用棉线割成小段，佐以白糖或红糖吃。黄粄嫩滑软糯而不粘牙，带着一股特有的清香，味道极好。

五、民俗活动

（一）奉祀公太

池溪村民俗文化丰富，如奉祀公太（即三太祖师，伏虎、定光圆寂后僧众尊崇为神佛，与观音一起合称三太祖师）活动。公太信徒遍布龙岩汀州各县，后传至台湾地区，今彰化有定光佛庙，淡水有鄞山寺，均由汀州移民创建。奉祀公太六年一次，池溪村奉祀时间为一年半。公太入案时，彩旗飘飞，神铳轰天，热闹非凡。还有打醮演戏，亲戚朋友熙熙攘攘，村民忙得不亦乐乎。此外，正月二十日、四月初一日、十月十九日祭公王、游菩萨，也甚为热闹。

（二）打十番

民俗活动或节庆时，池溪村民喜欢打十番。池溪十番属闽西客家十番。闽西客家十番音乐年代久远，其间又不断地吸收融汇了当地畲瑶古乐、汉剧、楚剧、潮剧、采茶戏、木偶戏音乐甚至宗教音乐等，形成十分深厚的艺术积淀和丰富多彩的艺术风格。闽西客家十番乐队无论乐手的人数还是使用的乐器都没有严格的规定，一支十番乐队一般少则五到七人，多则十到几十人不等。客家十番音乐最基本的乐器有曲笛、芦管、琵琶、三弦、二胡、小胖壶、大胖壶、夹板等，笛子为领奏乐器。闽西客家十番音乐的演奏形式分坐奏和行奏两种，掌板者为指挥。

（三）池溪舞狮

客家人南迁后带来大量中原文化。客家舞狮融合了北狮和南狮风格，有黄狮和青狮之分。池溪狮一般为青狮，俗称"青头狮"。青狮表演模仿狮子的坐、卧、行、饮、嬉、戏、跳、扑、斗等姿势，栩栩如生。有跌扑、翻滚、跳跃、过桥、跳台等动作，配以锣鼓、钹等打击乐，合韵合拍，生动活泼。同时，以演示武术基本功为能事。舞狮表演一般在正月或民俗活动时进行。

六、红色故事

（一）傅保英事迹

傅保英，1908年生于池溪，后嫁上村饶仁寿（傅铁人遇害后，饶仁寿继任汀连特别区革命委员会主席，1934年牺牲）。1931年5月被反动民团抓捕，押到曹坊。匪徒要她供出饶仁寿及其他苏区干部下落，她严词拒绝。匪徒剥光她衣服示众，割去她的乳房，她仍守口如瓶。匪徒最后残忍地将她开膛剖腹，剁成肉块。她腹中五个月大的胎儿也一同遇害。英烈不朽！

（二）傅铁人事迹

傅铁人，名开严，乳名观音保，仕荣公第十八世孙。1911年生于池溪，牺牲于1929年12月。小学毕业后上省立长汀第七中学，在长汀求学期间加入中国共产党。入党后，即改名"铁人"，以示献身革命的钢铁意志。1929年3月，红四军解放长汀后，铁人立即回乡，组织贫苦农民，积极准备暴动。4月组织成立池溪农民协会，不久又建立池溪第一个党支部。5月，红四军二度入闽。10月，在连南十三乡武装的帮助下，铁人领导池溪暴动取得成功，担任汀连特别区革命委员会主席。12月25日，赤卫中队叛变，铁人被害，年仅18周岁。

（三）傅林标事迹

傅林标，1913年生于池溪，1929年参加红军，同时加入共青团，1932年转为中共党员。1930年7月参加第二次攻打长沙战役时，为敢死队员，战斗中负重伤。伤愈后留下残疾（二级）。1934年参加长征。1939年11月后与国际友人白求恩、马海德共事，参与了百团大战等战役中伤病员的救治工作。

中华人民共和国成立后，任中南空军后勤卫生部第一副部长兼四五七医院院长等职。1955年，荣获二级八一勋章、三级独立自由勋章、三级解放勋章。1992年5月，在广州逝世。

（四）池溪暴动

池溪村红色文化底蕴深厚，为革命基点村。1929年10月，池溪村举行了著名的池溪暴动，成立了汀连特别区革命委员会，主席傅铁人。建立了赤卫中队，中队长傅发生。12月25日，赤卫中队叛变，傅铁人等惨遭杀害。同时遇难的还有傅志扬、傅福成、傅义春、傅木生、傅三古、傅石璧等6位革命志士。傅志扬是铁人的亲兄，傅义春是他们的父亲。傅福成是傅石璧的父亲。"一门三烈士""一门二烈士"的悲壮故事永垂青史。土地革命期间，池溪区为革命牺牲的英烈有218名。1963年，连城县政府在池溪村建立革命烈士纪念塔。池溪人民为革命付出巨大牺牲，在闽西革命斗争史上谱写了光辉的一页。

党的二十大报告提出全面推进乡村振兴。习近平总书记曾对新农村建设做出指示：注意乡土味道，保留乡村风貌，留得住绿水青山，记得住乡愁。2023年3月，池溪村入选第六批中国传统村落。池溪村将以此为契机，继承传统，推进振兴，建设美丽新农村。

建筑祖地　名扬闽西

—— 中国传统村落新泉镇乐江村

◎ 杨彬芳

　　杨家坊地处闽西连城县新泉镇中南部连南河畔，位于集镇北面5000米，东经116°38′38″，北纬25°23′15″，海拔305.6米，是连城第二大古村落。宋为表正里，明清时期隶属汀州府连城县表席里。杨家坊地名因杨姓先入而得名。乐江一名始见于康熙二年（1663）邑侯杜士晋（顺天府人）题匾落款"善士坊别名乐江"。清末民初常有乐江、杨坊等名，本村与连城及邻近上杭、长汀等县民众习惯叫杨家坊。

　　村庄距连城县城44千米、龙岩冠豸山机场40千米、赣龙铁路冠豸山南站20千米。205国道山广线（山海关至广州）与319国道厦成线（厦门至成都）重合线在村东自北而南穿村而过，G25长深（长春至深圳）高速公路从村西经过，并在村西南设立新泉服务区，赣龙铁路在村东北设立中间站——新泉镇站。

　　1934年6月设联保办公处，亦设连城县第二区署，区署在下坊街龟山祠，以后改儒川区在陈屋坪。1940年2月国民政府撤销联保办公处，设乡（镇）公所，杨家坊划属第二区乐新乡，区属驻地杨家坊，乡署驻地为新泉。1944年改为儒乐乡，乡公所设在大墓塘杨氏义府公祠，全村划分为上、中、下3个保，后来只设乐上保、乐下保。

　　中华人民共和国成立初期，设乐江村人民政府，隶属连城县康乐区，后改为第六区和新泉区。1952年设乐江乡人民政府，辖地包括下罗地、曹屋、赤坑、兰屋凹，共分为6个村，延续至1956年，改为高级社。1958年后，先后为连、管理区、大队。1972年乐联从乐江大队析出，成立乐联大队。1984年9月，全面撤销公社、大队体制，改为乐江、乐联村至今。

杨家坊现有乐江、乐联2个行政村，自北而南有曹地凹新村、黄松岗、张屋坪、溪背屋、乐江、车田坪、大垄坪等7个自然村。2020年，乐江村有924户2878人，乐联村有575户2650人。主要居住杨、李二姓人家，杨姓2800余人、李姓2600多人；黄、胡、林三姓合计不足百人。2023年3月，乐江村入选第六批中国传统村落。

一、地理风貌别具一格

村庄地理位置独特，坐落于武夷山脉南段，属低山丘陵丹霞地貌，最高峰是村西南方的孤魂寨，海拔750多米。村落所在地坐西向东，地势北高南低、西高东低。东邻岭下、良坑，南与官庄、新泉、北村接壤，西接洋梅、赤坑、曹屋，北连畲部、陈屋坪。村域总面积18.7177平方千米，其中乐江村耕地1200.23亩、林地11384.51亩，乐联村耕地960亩、林地10800亩。

连城县第一大河流连南河自西北向南贯穿全村，形成长约4000米的狭长河谷盆地，面积约4.5平方千米。村民沿河而居，且八成以上聚居河西地带，体现古人择水而居的选址理念。村庄四周的原始森林植被茂密，起到天然挡风的屏障作用，森林中野生动物种类较多。"杨家坊，好村乡，大圳水，倒流上；前有笔架山，后有双螺峰；上有禾仓石，下有狮象把水口。"这首传唱数百年的古民谣生动形象地描绘了村庄的地理风貌。

二、众小地名底蕴深厚

村中现存83个小地名，其中乐江村54个、乐联村29个。这些小地名充分展现700多年来杨家坊古村的变化发展，有的以地形地貌命名，有的以建筑物主体命名，有的以历史事件命名，有的以曾在此居住的姓氏命名……它们是古村人文历史的沉淀，是村庄地名衍化的留存，是古村时代变迁的见证，还是在外乡亲惦念家乡、铭记乡愁的具体物象。

现乐联村境内：

曹地凹、壕树岬、曹地凹新村、黄松岗（仁岗）、张屋坪、彭屋街、大树下；

长坝、禾仓滩、邓家坊、峻州洞、庵前坪、上土楼、温坑口、观兰地、春兴店；

曹碓垄、双美堂、寨上、寨脚下、井水塘、陂圻；

坑头垄、三间屋、枫树下；

水文站、溪背屋、月山下、八晡圩。

现乐江村境内：

大宗祠、背头园、田螺凤、下坊街；

大富（屋）下、三老祠、老李屋、圳头门、新屋亭；

蔡兰坑、牌楼下、石菩萨、大林屋、海良祠、大墓塘；

曹屋坑口、西门街、关帝庙、乾头上、铁炉（寨）圻、土楼角头、秧地祠（金辉公祠）；

林亭、黄泥坪、洋圳、甲水口、社树岗（公爹岗）、溪尾垄（公爹下）、油罗潭；

下土楼（大坑垄、土楼坪、下只屋、背头屋、马齐垄）、长塘尾、落角墈、大庵下（太平庵）；

猫头石（云岳山）、厘顶凹、石门山、黄泥墈、八月潭、赤坑桥、下岗圩；

车田坪、大垄坪（大树下、弥美堂、老屋里、外里屋、大窟窿、上只屋、路亭下）。

三、闽西杨氏在此发祥

"迹自铺州发，家从石壁来"，这副刻勒在杨家坊大宗祠（九二郎公祠）

正门石柱上的对联，记录和点明了杨家坊杨氏一族的家族渊源和迁徙路线。杨家坊杨氏一族源自古镛州（今将乐县），是宋代大儒、闽学鼻祖杨时（1053—1135，字中立，号龟山，进士，工部侍郎、龙图阁直学士）之嫡系后裔。时公生五子，四子适公（进士，户部郎中）后裔迁徙到汀州宁化石壁。宋淳祐年间，时公六代孙广义授廉使职派居连城，其儿太一郎是南宋连城的杨氏开基祖，因避乱迁文亨南坑，后其次孙九二郎、三孙九三郎兄弟一路辗转来到连南河畔的杨家坊开基创业，成为该村的共同开基祖。从此，闽西杨氏一族在杨家坊这片土地上繁衍生息、枝繁叶茂、人才辈出，并不断向外开枝散叶，目前已繁衍至第二十九代。闽西7个县（市、区）杨氏绝大部分是杨家坊杨氏后裔，并陆续迁往全国各地及海外，遍及闽、粤、赣、桂、川、湘、浙、港、澳、台及海外，有50多万人。后因杨家坊外迁人口众多，留下了一段路标记号——"石菩萨，迟猪石，下坊街，上七下五两（共十四级石阶）"，作为外

杨家坊大宗祠（杨彬芳摄）

迁杨家坊人认祖归宗的家族密码、家乡记忆代代相传。

淳祐十二年壬子（1252），到连城任职的杨广义在此结婚生下太一郎，这位太一郎后来成了在连城文亨南坑的杨氏开基祖。后太一郎与成人后的长子九一郎迁往江西乐安，现其后裔定居莲峰镇杨屋村、江西省乐安县和新罗区万安镇等地。次子九二郎、三子九三郎兄弟原与母亲白氏酉娘居火烧炉，母丧后住房火毁，在元元贞元年（1295）前后择水而居，来到了杨家坊。

过了些年，应该是人多房少的缘故，于是在元至顺元年（1330）前后，九二郎和九三郎兄弟在此建造住宅，共门出入，各食井水。九二郎居左，面前有园；九三郎居右，背后有园。明崇祯三年（1630），裔孙将此二处住宅改造为祠堂，清嘉庆十五年（1810）前后重修。两座祠堂规模布局相似，豪华宽阔，唯地势（基）高低略有差异。为了便于区别，俗称九二郎公祠为大宗祠，九三郎公祠为三大房。

杨氏大宗祠、三大房两座宗祠在结构和装饰上汲取了许多宫殿建筑的技法，巍峨壮观、气势恢宏、飞檐翘角、雕梁画栋，配以壁画，展现了明清建筑风貌。

这两座宗祠是杨家坊及周边杨氏裔孙祭祀与集族议事的场所。每年农历正月十九日、二十日与杨氏家族重要节日，杨家长者、学子、宗亲都会来这里参加祭祖活动。2017年农历九月十九至二十五日，由杨家坊杨氏裔孙承办的朝天岩八盟圣会在杨氏九二、九三郎公祠隆重举行，来自闽西各县市区的6万多人先后前来参加本次盛会。2018年9月22日，连城县杨家坊杨氏宗亲联谊会成立大会在此举行，闽西七县市区杨氏宗亲代表100多人到会祝贺。

这两座宗祠还是闽西与海内外杨氏裔孙追宗认祖联谊处。

2007年1月13日，《中华杨氏通谱》闽西联络处、闽西杨氏文化研究会筹委会、《闽西杨氏族谱》编修理事会成立大会在杨氏大宗祠隆重举行，全国各地1000多名杨氏裔孙代表参加大会。

2011年12月30、31日，在杨氏九二、九三郎公祠隆重举行客家杨氏恳亲大会暨重建九三郎公祖祠庆典大会，全国各地2000多名杨氏裔孙代表参加盛会。

2012年10月30日，《闽西杨氏族谱》编修理事会、编辑委员会在杨氏九二、九三郎公祠举行《闽西杨氏族谱》发行庆典，来自全国各地的1000多名裔孙代表参加庆典。

2015年国庆期间，第二届客家杨氏恳亲大会暨杨氏家庙建成5周年大会在此隆重举行，来自全国各地2000多名宗亲参加盛会。

2019年1月12日，福建省姓氏源流研究会杨氏委员会龙岩市联谊总会2019年理事大会在此隆重举行，闽西七县市区杨氏裔孙代表180多人参加理事大会。

四、杨李两姓携手同行

元朝中期，李氏杨家坊始祖兴埔郎公由连城东门李屋巷（塔下街）迁至

李氏家庙——缘公祠（杨彬芳摄）

杨家坊溪峡里，后往东搬到石门山定居，其裔孙娶杨家坊杨氏女儿三娘为妻，杨李两姓结为儿女亲家。后来，李家购得杨家坊村中老李屋马寮一座，并在寨上建起一座偌大的古寨，跻身村中心。现在，杨李两姓姻亲交融，渐渐形成两姓人家在村中大杂居、小聚居、和睦相处的居住格局。几百年来，杨李两姓族人团结互助、共谋发展、携手前行，留下了共同修建石门山大圳引水入村、关帝庙秉公断案和三老祠供奉三个不知名老者的壮举、义举、善举。"鼎足三立归蜀汉，丹心一点照乾坤"，"三公千古义，两姓一家仁"等对联就是杨李两姓和睦相处的真实写照。

五、水运发达，商贸繁荣

闽西大山之间，河流纵横交错、水量丰沛，成就了四通八达的水路交通。在连城南部，朋口溪、庙前溪、罗地溪汇聚新泉，经旧县、上杭汇入汀江，进入广东的梅江、韩江，而后流向大海。历史上新泉、杨家坊等地的水运成为与外界联系的重要交通运输方式。

在20世纪中叶及以前，连南河是县内物资进出的主要通道。杨家坊村中有迟猪石、杨发珍、燕诒堂、春兴店、上土楼等五处码头，船家每天通过大小十多只船，把上游与周边村庄的山货、宣纸、玉扣纸、草纸、京庄纸、山贝纸，茶叶、烟叶、烟丝等从这五处码头发出，运往广东潮汕地区，有的还出口至东南亚国家。再把外地的物资，如洋油、洋火、洋钉、食盐、香料、干海产品、玻璃、布匹等运回杨家坊。

杨家坊时为周边乡村的物资中转站和集散地，同时也造就了"悦丰""悦珍""悦兴""悦成""福兴""悦兴""敦兴""春兴""太和春""调和春"等著名的店号。在潮汕乃至东南亚地区，这些店号的货品均属高品质商品，常年供不应求。随着1970年5月村北的东风电灌站和1972年上杭矶头水电站先后建成发电，航道被切断，水运退出历史舞台。

六、书院林立，书香飘溢

杨家坊村中书院、学堂大多是以家族名义所建，杨氏有道南书院、不舍斋书院、燕诒堂书院等；李氏有育贤书院、登龙书院、峻洲洞学堂、早坑学堂等。

道南书院与杨氏九二郎公祠同时建于崇祯三年（1630），位于该祠左前方，三间两廊连门厅，约70平方米，为纪念上祖杨时受尊师程颢、程颐称赞"吾道南矣""道南第一人"而得名。该书院办学至民国年间，有多名举人、贡士在此受启蒙……1975年新建乐江学校时被拆除。

不舍斋书院位于下坊街北边与田螺凤相邻处，面积约120平方米。清乾隆戊午科（1738）举人杨宾在此执教多年，培养了多名学士。清末民初改为愈愚学堂。1936年，李云铭（怀西）先生创办新制小学，把不舍斋书院改为

育贤书院（杨彬芳摄）

国小乐江小学，由其本人任校长。办学期间，多名学子在全县国语演讲比赛中荣获"银鼎奖"。后因办学有特色，教学质量高，学校声名远扬。后因学生激增、校舍不足，该书院于1943年迁往村西南的登龙书院。

燕诒堂书院，由杨氏十六世祖作渭公建于乾隆三十一年（1766），位于燕诒堂左侧50米处，面积600多平方米，有教室、宿舍、食堂、厨房、花园、鱼池等，设施较为齐全。主要由本族未仕裔孙或落榜学士任教，最多时一门延三师。该书院先后培养了族内27位举人、贡士、邑庠生、国学生及亲戚子侄多人，清末停办。

育贤书院，原系李氏旺公祠，位于圳头门，建筑面积约100平方米。连南十三乡暴动领导人、革命烈士李云贵幼时在此启蒙。现为杨家坊保存最完整的一座古书院。

登龙书院，为杨家坊李氏所建，位于蔡兰坑。民国时期由春兴店李远记捐资扩建二层教学楼一座。内设土木结构二层四间教室和中间的上下两间教师办公室。兄弟同科的李云霄、李云峰曾在此受启蒙。该书院1943年改为国小乐江小学，1976年搬迁至大宗祠。2019年1月，因建设省级标准化公办乐江幼儿园拆除。

峻洲洞学堂，明末清初由李育斋倡议修建，位于村西北园墩山的峻洲洞半山石崖中，风景优美、空气清新，是读书的好场所。文人雅士将峻洲洞八幅美景命名为雨呈峻洲、云墅听莺、登朝南岩、北华朝旭、洞口烟霞、灵台晚钟、危岩策马、夜听松涛，并吟诗加以赞赏。清末民初曾有杨孟龙、张海怀、邓登瀛、黄济蛟等许多名士到此讲学、作诗、答对、赏景……该书院开办后，"峻洲洞岭弯弯，先有学堂后有庵"的民谣流传至今。

村中除了以上书院、学堂，还有不少家族自开学馆招门徒，有家塾延师的，如李佛恩（光铎）在家招生教学，杨汝鹤在宪诚公祠开办私塾等。

自古以来，杨家坊村民崇尚耕读、望子成龙，期盼子孙仕宦有成，培养了一百余名邑庠生（秀才）、二十多名贡生和十余名举人；民国初期有多名北京大学、朝阳大学的毕业生。他们先后任知县、教谕、法官、民国议员等职。

在崇文尚武、耕读传家的传统影响下，造就了文武双全的李木桂、李世显，诗文典丽、秉性高洁的杨宾，民国议员杨树璜，汀龙学校校长杨葆球，连南十三乡暴动领导人李云贵，矢志不渝、血洒赣土的李云鄞，兄弟同科的李云霄、李云峰，乐善好施的杨作渭，亦商亦儒春兴店，连南儒医杨孟龙等。

1949年后，书院结束了它的历史使命，由政府主办的乐江小学替代了古书院的功能。杨家坊教育事业得到长足发展，累计培养出博士10余人、硕士20多名、大学本科生超100人、专科毕业生100多人、中专毕业生150多名。

七、建筑祖地，名师荟萃

太平庵位于杨家坊村南，由村中名流杨前溪、李环溪倡导建造，始建于明万历年间（1600年前后），属宫殿式建筑，整体建筑材料大多是木料。屋顶结构为"福海式"，所有的梁柱骑桐、穿枋游枋，长短高低大小尺寸统统划在一根六个面的竹篙上。

建庵之初，当地村民从江西请来木工师傅设计架造。开工后，本村车田坪自然村小伙子杨各朝当炊事员，他炊事之余观看师傅干活，偶尔也上前摆弄工具，暗自学习木匠手艺。到了年底，师傅回江西过年，当时正厅的"福海"架式有四根檐柱是重要大件，已造好两根。各朝趁此机会学着师傅的样子，把另外两根造好。来年正月，江西师傅回来看见四根檐柱整齐摆放着，经查另外两根非常合格。师傅很惊奇，一问原来是各朝所造。面对如此聪明好学的小伙子，师傅感叹道："杨家坊人如此聪明能干，我今后将不能继续在这里挣饭吃了。"此后，杨各朝将"偷学"来的技艺，在家乡广为传授。经过数代徒弟的努力，杨家坊成为远近闻名的建筑之乡、闽西名副其实的客家建筑祖地。

在传统的建筑业中，杨家坊人凭着吃苦耐劳、勤于动脑、善于动手的精神，能工巧匠人才辈出。村中现存1座古寨、1座书院、3座大夫第、4幢"九厅十三井"古民居、46座古宗祠、160多座明清古建筑。

古往今来,杨家坊不仅从事建筑行业的人多,而且出名的行家里手也不少。近现代的木匠名师有杨佛九、李炳荣、杨佛通、杨鉴先、杨日生、李佛水、李水源、李海昌、李开旭、杨佛涛、杨庆生、杨佛保、杨登龙……泥水名师有杨石养、李福元、杨广隆、李太阳生、李群生等几十人。在连城境内,甚或龙岩的万安、上杭、长汀,三明的清流、宁化、明溪、永安、沙县等地,有建筑的工地,往往就有杨家坊师傅。村中现存的大部分祖屋、祖祠和庙宇,都是他们建造的。杨家坊周边的三隘村、连城城关的罗家祠、童家祠、李屋祠堂以及华姓的几座祠堂、家庙,还有许多新式老式的大堂屋宇,都是他们的杰作;甚至外县的不少古建,如蛟洋的文昌阁也是杨家坊的师傅所建、所修。

20世纪60年代初,乐江大队成立建筑队,在整个连城大有名气。后来,新泉人民公社成立建筑队,大部分师傅都是杨家坊人。那时,国家倡导超英赶美、发展工业,连城县好多地方烟囱林立。如原县城的造漆厂、林化厂和李屋瓷厂、庙前火电厂等几十米高的烟囱,都是杨家坊师傅的杰作,为当时的工业发展发挥了巨大的作用。1964年建成的连城北门影剧院也是当时县领导指定由乐江大队建筑队建造,20世纪80年代所建的新泉影剧院、宣和影剧院、连城锰矿职工俱乐部也都是杨家坊师傅建造的。

杨家坊人杰地灵、人文荟萃、民风淳朴,具有坚韧不拔、一往无前、不怕牺牲的光荣革命精神和优良传统,七百多年来历经无数的艰难困苦,创造了辉煌的业绩。

福建省传统村落

客家山寨　古朴瑶里

—— 福建省传统村落朋口镇瑶里村

◎ 黄汝荣　黄树生

瑶里，是一个古朴又有特色的村寨。

村寨四面环山，东面入村，中部凸起一座小山帽，村庄依小山帽而建。瑶里的房屋是土房、木屋、吊脚楼的组合，依次从山脚垒向山腰，蜿蜒盘至山顶，一座座民宅顺着山势参差错落地分布，户与户之间以石阶相连，房屋白墙黛瓦、鳞次栉比，透着浓厚的古朴山寨气息。

瑶里村位于连城西南边境，东邻池溪村，西南接上杭南岭村，西北与长汀塘背村相接，南连桂花村，北与黄岗村毗邻，位于连城县、上杭县、长汀县三县交界处，面积6.9平方千米，海拔680～1284米。全村姓黄，明正统年间（1436—1449），祖先由宣和科里迁徙至此，见此地土地肥沃，森林茂密，毛竹丛生，又有瓷土，确认是可以开枝发叶的好地方，便在这里开基繁衍，至今有近600年。目前全村总人口500多人，山地面积5800多亩，耕地面积450亩，竹林3800多亩，阔叶林1000多亩，主要种植有水稻、毛竹、香菇、红菇、兰花、中草药丁香罗勒等。1957年前隶属长汀县南阳三平区（今上杭南阳镇）管辖；1957年12月划归连城县管辖，与池溪村共一个大队；1981年析置瑶里大队，现为行政村建制。

穿行在村寨里，就像在山间漫行，山中有村，村中有山，分不清是在山里还是在村里，宅边古树参天，小溪潺潺，长年空气清新，没有一点尘土气味。

瑶里村民居（黄汝荣提供）

村庄的风貌古朴，依然呈现原始风貌的村落聚居形态。传统建筑成片完整，一种是客家合院为主的，在横向各增建一列或两列护厝的合院式建筑，另一种是山地建筑，利用木架柱来支撑，形同"吊脚楼"。这里没有高堂华屋、深宅大院，有的只是就地取材、依山就势而精心搭建的房舍，它们与小山帽融为一体，相得益彰，呈现出村庄独有的山寨特色。

振裕堂，是一座比较古老的祖厝，位于村庄中部便民服务点西南侧，是村庄内最具特色的一座传统民居。建筑面积258平方米，建筑层数一层，房屋间数10间。外墙砖土混结构，入口门楼造型独具个性，石材门框，门头是一块青岗岩板，模仿牌楼，雕成几个长方形的凹陷的排列，想来是要在此处刻上堂号或祝福语，再上面是翘角顶盖，看去有一种威严的感觉；门的左右两边各有一个镶嵌着双喜图案的窗户，屋内木结构，门窗镂花精美，屋脊翘尾独特。

16号古厝，位于瑶里路16号，建筑层数一层，建筑面积425平方米，房屋间数10间，由于山坡地形限制，以木柱支撑，形成木结构架空的态势，非直接建在地面。由于建筑年代久远，整座建筑通体黑色，凸显历史沧桑感。房屋一层有半封闭木架走廊，用于房舍与地面的连通，也可作为观赏屋前美景的平台，近处一条古道从村里蜿蜒而出。在屋前拾级而上，延伸到密林深处，让人顿时感觉到"曲径通幽"这一词语的妙处；远处参差错落的房屋，翠绿的树林草地，小村风貌尽收眼底。

远清公祠，是瑶里村最古老的祖厝，位于村庄中部小山帽的山顶上，占地面积389平方米。该祠于民国时期修缮，2018年又重新修建。建筑层数为一层，上下厅结构，屋顶为黛色瓦片，檐口瓦当垂挂，瓦当上带有规则的花纹，美观耀眼；外墙一色青砖，下厅墙上以砖精心砌成双喜图案的窗，左右各一，既通风采光又便于观赏；门头一块条石，雕刻"远清公祠"字样，屋内柱、梁、桁条等全为杉木，粗大的立柱下是雕刻成莲花状的石础，大梁上刻有龙凤图案，形象生动传神，栩栩如生。上厅内墙加镶木板，显示主人的用心。1929年成立的农民协会会址就在这里，后为苏维埃旧址，外墙有一块《热血写春秋》的专栏，写的是瑶里革命基点村简史，告诉人们这里曾经发生过惊天动地的故事。

瑶里村山清水秀，海拔最高的山有1280多米高，由南到北横穿而过，高山的上部是原始森林，有700多亩。这里物种丰富，有100多种树种，有500多年的阔叶林。这些阔叶林涵养着瑶里村400多亩农田和人畜饮水，是天然的氧吧。

村口有一片300多亩俗称"水口"的树林，已有400多年的历史，这片森林里有80多种树种，其中20多种是珍稀树种。树林里野生金线莲、灵芝随处可见，瀑布小溪、小桥流水、参天大树、古韵水车、蜿蜒小道、密林木亭交织在一起，行走其间，如同进入世外桃源。

树林里有一挂落差近30米的瀑布，远看像一位仙女，她裙裾飘飘下凡到瑶里。走到瀑布跟前，风吹过来，把银白色的水流吹成轻雾洒在脸上，凉丝丝的；飞入口里，甜滋滋的；撞在岩石上，水花四溅，如飞珠碎玉般晶莹。瀑布上有一座石廊桥，建于明末清初，民国时期重修过一次。桥身全是木料搭建，桥内供奉观世音菩萨，是整个村庄的守护神。从远处看，屋桥被绿丛遮掩，只露出顶部，屋顶翘角若隐若现。

石廊桥（黄汝荣提供）

瑶里的山上盛产瓷土，明末清初曾大量烧制瓷器，是十里八村闻名的"瓷村"，当时叫"窑里村"显得名副其实，后来村里不烧窑了，当地人便把村名中的"窑"改成"瑶"。

古窑址已有500多年历史，现仅存一角。1436—1449年间，先祖从宣和科里迁徙至瑶里开基，就开始垒窑烧瓷，大量生产制作瓷器，这里曾家家户户烧制瓷器，产品销往汀州各县。现村庄还有大量遗址遗迹，从灌木丛底大量的碎瓷弃渣、残片上的古老青花图样和裂纹，可以想见五百年前瑶里烧瓷的盛况。

至于瑶里全村突然不烧制瓷器之因，当地流传着一个凄美的故事：皇帝爱好瓷器，汀州府要求瑶里进贡。当地人怕质量达不到要求，皇帝怪罪下来，那就是欺君之罪，于是全村不敢再生产瓷器了。至于停产的具体年代，现已无从稽考。

石砌梯田（黄汝荣提供）

瑶里的石砌梯田也十分古老。瑶里停止烧瓷后，约在400年前开始开山造田，种粮食谷物之类。别处的梯田都用泥土堆砌，这里则是就地取材用石头和旧瓷片堆砌而成，十分奇特。瑶里村的300多亩粮田都是用石头砌成的梯田。一排排、一层层整齐的石砌梯田，雄伟壮观，实为罕见，从下往上望，如道道坚实城墙，乌石垒砌，坚固齐整，蔚为壮观，令人无比钦佩先人的伟大，专家称之为"天下最美石砌梯田"。

瑶里虽然是个偏僻的小山村，但一点也不闭塞，在古代交通便利，有古道两条。一是三县交界的登山道，现在成了一条休闲、养生和探险的奇道，山顶就是三县交界处。站在山顶，一览众山小，心旷神怡；极目远眺，三县尽收眼底；放声高歌，三县尽有回音。二是村里所保留的经水竹洋到长汀南山塘背村的古道，这是明清时期的石砌官道，是过去漳州通往汀州的必经之路，那时瑶里村有客栈、小商店、卖铺，给过往的客商官员提供方便。

现今三县交界的碑石依然耸立在海拔1300多米的山峰上，上面分别刻着"连城""长汀""上杭"。有人还杜撰出一个笑话：说是游客到此地时，掏出手机，幽默地向家人报告他所在的位置，当一只脚跨到长汀碑面时，说他在长汀；把脚跨到上杭碑面时，说他在上杭；把脚跨回连城碑面时，又说他在连城。"一脚跨三县"，在瑶里成为现实。

瑶里的村民是淳朴的，不管时代如何变迁，仍然恪守"孝悌忠信礼"的祖训，并将祖训化为村规民约，影响着一代代的人。

瑶里村在1929年农历十月二十五日在今天的远清公祠（老屋里）成立农民协会，由黄南生（又名三利古）任农会主席，黄奋生任文书，还有黄水林、黄华生等，成立了红色赤卫队武装，后来编入池溪区游击大队。1930年瑶里成立中国共产党瑶里支部，黄佛元（烈士）任支部书记，黄佛元牺牲后，黄华生继任支部书记。革命战争年代，特别是第二次国内革命战争时期，全村30多名青壮年积极投身革命，这些人大都在战争中牺牲或失踪，为人民的解放事业献出了自己年轻的生命。1949年后，被评为烈士的就有18人，评为"五老"的残疾军人15人，这些还不包括没有亲属的烈士和女烈士，其中比较典型的就是烈士黄奋生，号李广，曾任中共福建省内务部科员，后任红四军三十四师三十四团政治委员。

在和平年代，瑶里人不忘遥拜先贤，河源十三坊轮流的祭祀闽王王审知为主题的"入公太""游公太"民俗活动，瑶里人踊跃参与，这是相当盛大的活动，车辆、马队、旌旗、鼓号，还有其他队伍，得有多少人手？尽管人口不多，但瑶里全村男女老幼齐上阵，显示出对闽王的崇高敬意。同时还举办祭祀庙会等，以祈求国泰民安、风调雨顺。

现在的瑶里人正在规划村庄的发展蓝图，以石砌梯田为主景观，辅以古瓷古窑为载体，打造"古瓷村"文化品牌；以原始森林、古廊桥、瀑布为依托，打造清新养肺路线；以地处上杭、长汀、连城三县交界处的地理位置为依托，打造"一脚跨三县"的独特体验等。这样的"一村""一园""一窑""一道"的建设工程正在实施中，瑶里也已获得了好多响亮的名号：

2012年被福建省环保厅评为省级生态村；

2013年被连城县列为最美乡村试点村；

2015年被福建省林业厅授予"森林人家"称号；

2016年被龙岩市委、市政府评为市级"美丽乡村"；

2016年被龙岩市委授予"全市先进基层党组织"称号；

2016年被福建省农业厅评为"最美休闲乡村"；

2017年被福建省建设厅评为"省级传统村落"；

2017年被龙岩市政府评为"乡村旅游特色村"；

2017年被福建省民政厅评为"省村居（社区）先进示范单位"；

2018年被龙岩市委、市政府评为"平安村"；

2018年被龙岩市委、市政府评为无邪教示范村；

2019年被福建省林业局评为"森林村庄"；

2019年被福建省文旅厅列入"金牌旅游村"目录库；

2020年被龙岩市农业农村局评为"乡村振兴先进集体"；

2020年被国家林业和草原局评为"国家森林村庄"；

2021年被龙岩市政府评为市级文明村；

2017—2022年连续六年被龙岩市政府评为市级"平安村居"。

相信明天的瑶里村将更加美丽。

豸后花园　满塘芙蕖

——福建省传统村落塘前乡塘前村

◎ 江仁铭　陈永洋

塘前村位于塘前乡中部，为塘前乡政府驻地所在村。塘前村北连上琴村、南接水源村，西靠揭乐乡，东邻张地村，南侧为连城冠豸山景区，区位条件优越。它是福建省第二批传统村落、连城县"美丽乡村精品村"，村内有散布的文物古迹，价值特色鲜明。

一、村落布局

塘前村为丘陵地形，西、北、南、东北、东南有五座山体环绕，形成半围合之势，形似交椅。村落布局风貌体现出依山就势、临水而居的特点，形成以中街为主要东西向道路，多条不规则小街巷串联的街巷格局和肌理。村落建设呈现由西向东、中心向四周发展的趋势，逐步由山脚周边向塘前溪方向扩展，用地紧凑密集，形成以中部道路为主要街巷、居民点沿山环水塘建设的村落格局。

由于村庄坐落于山丘环抱之间，又有塘前溪绕村而过，位于山清水秀、环境宜人的藏风聚气之场所，体现出"枕山、环水"特色，拥有自然和谐的人居环境，合乎中国传统村落选址所追求的"理想空间模式"。

二、历史脉络

塘前村历史悠久，始祖化龙公于南宋期间从汀州府上杭县迁到清流驿堂前坊居住繁衍，为塘前张氏始祖，至今有800余年历史。

塘前乡，原名小塘前，在宋朝与灵地、李家同属北里。明成化十年（1474）始划入清流版图。1949年后属清流的灵地区，为塘前乡。1959年由清流县划入连城县，并设塘前公社，1984年改乡。1996年，面积96平方千米，人口0.5万人，辖塘前、上琴、水源、张地、罗地、迪坑6个行政村。塘前村内外设有28口池塘，村名由此而取。

三、建筑艺术

建筑是文化的凝聚与象征，它反映了不同时代人们的文化理念、审美情趣和生活习惯。塘前村拥有4座高堂华屋、1座祠堂、1座寺庙和1座土楼。古民居厅高堂阔，其设计构思秉承"先后有序，主次有别"的传统观念，纵主横次，厅、厢配套，主体、附房分离，梁花、枋花雕工精美，工艺令人叹为观止。每一座古建筑都布有暗沟，用来排泄家家户户的天井雨水、生活污水。天井将民居屋面流下的雨水汇聚一处，顺沟而出，流入石砌水池。排水路径讲究宜暗藏不宜显露，宜弯曲而去不宜直泻而出。

（一）民居

围龙屋是民居的主要形式之一，是客属地区的特色建筑之一。组成部分由内而外依次为合院、横屋、围屋。合院由上堂、下堂和左右两侧厢房组成，下堂多为三开间，正中为大门，左右次间为敞廊，三间通敞；上堂三间，正中为香火堂，供祀祖先，左右次间为卧室。横屋位于合院外侧，前后走向面对中央的部分，其功能或为居室，或为厨房、杂物房、粮仓和鸡舍等。

塘前仅有一个围龙屋，即寨上民居，始建于宋代，在横屋外有一重弧形建筑。整体布局以中庭为中心组织空间，主轴线上依次分布有：外雨坪—照墙或者门楼—内雨坪—下堂—天井—上堂—围屋；主轴建筑两侧加建对称横屋，以过水屋和巷径与主体相连形成整体。

塘前村贻谷堂（江仁铭提供）

（二）砖堡

　　塘前村的现存砖堡仅一处，即有积堂，是福建明末第一砖堡。古堡采用特制青砖砌成（青砖长约35厘米、宽13厘米、厚12厘米，呈长方形，据传是仿北京八达岭长城青砖而特制的），共二层，为砖木结构，总建筑面积约500平方米，整体平面呈正方形。第二层四面有高约1米、宽约0.8米的半月形瞭望窗，每面3个，约2～3米的间距，共12个，上下层另加多个小侧窗（亦称枪眼）。整座土楼仅一处位于南面的圆顶小门，上下两层共计40余个大小木构房间，房间为6～10平方米，整个建筑可容纳600多人。古时可用于躲避战乱和居住之用，是闽北山村地区村庄防御体系的重要组成部分。曾作为学堂，是塘前教育设施的遗存点之一。

（三）宗祠

宗祠为供设祖先神主牌位，举行祭祖活动的场所，又是从事家族宣传、议事的地方。

贻谷堂建于清光绪年间，由张群玖建造。属晚清时期典型的南方客家民居，上下厅，两边厢房再加两边外厢房，几十间木屋，占地面积2000多平方米，建筑面积1000多平方米。屋内雕梁画栋，结构合理，甚是美观，是塘前保存比较完好的宗祠之一。

宝鉴堂建于清光绪年间，属于徽派建筑，坐北朝南，倚山面水。布局以中轴线对称分列，面阔三间，中为厅堂，两侧为室，厅堂前方称"天井"，采光通风，亦有"四水归堂"的吉祥寓意。民居外观整体性和美感很强，尤其是装饰在门罩、窗楣、梁柱、窗扇上的砖、木、石雕，工艺精湛，形式多样，造型逼真，栩栩如生，讲究自然情趣和山水灵气。房屋布局重视与周围环境的协调，自古有"无山无水不成居"之说。

张氏祠堂礼贤堂始建于南宋，由塘前四世祖所建，礼贤堂的建筑结构耐人寻味。这是一间三面木板壁的祠堂，椭圆形的前坪倒是开阔，左右空间极为舒展。这种"前面开敞，背枕靠山"的螃蟹形，寓意"螃蟹游湖"，子孙越往外越能发展。

四、山水风光

塘前村山清水秀，空气清新，气候宜人，资源丰富，自然景观有高山密林、水库、山涧溪水、峡谷瀑布和田园风光等。山体层叠，树木繁茂，以围合之势将村落环抱，林地覆盖面积达85%以上，村落周边山体更有多处百年古树群，以樟树、松树为主。

水库位于村庄东北侧，由数十个山谷溪流汇集而成，惠及塘前乡多个村

塘前村美景（江仁铭提供）

庄的农田水利和生活用水。村落内水系发达，中部蜿蜒曲折，清澈见底的溪水静静地流淌在遍布的溪石之间。村庄西部和东部有成片完整的田园，阡陌交通、层层叠叠。此外在村域东北侧深山之中有寺庙一处，名为艳林寺，富有传奇色彩，至今香火绵延。

村内水资源丰富，塘前溪从村庄西侧穿过；村内坑塘众多，部分水塘已种植荷花，形成荷塘景观。

五、物产资源

（一）自然资源

塘前村林木茂盛，森林面积912平方千米，其中省级生态公益林468.67平方千米，森林覆盖率91%；植被以针叶林为主，主要有马尾松、杉木、毛竹等，还有一定数量的阔叶林和杂木。

（二）矿产资源

主要有丰富的花岗岩、硅石、稀土矿、磷土矿、叶蜡石、钾长石等；土壤主要有红壤、黄壤、水稻田、草甸土。

（三）土地资源

村落面积13.2平方千米，有林地面积1.66万亩，耕地面积1900多亩。

（四）旅游资源

塘前村为"冠豸山后最美乡村"，村内已建设荷花生态观赏园，园内设有水车、木栈道、钓鱼台等休闲观光设施。游客既可以尽情观赏荷塘美景，又能进行垂钓、品茶等休闲娱乐活动。这是全县美丽乡村建设一大亮点。每年仲夏时节荷花绽放，吸引了大批游览冠豸山的游客前来。

六、传统技艺

（一）民间刺绣

民间刺绣是一种用针引线在绣布上绣出各种图像的手工艺术，包括真丝绣、线绣、珠绣和钉金绣等四大类绣种，具有构图饱满、形象传神、纹理清晰、色泽富丽、针法多样与善于变化的艺术特点。

（二）塘前京剧

塘前京剧团是全省唯一的农民业余京剧团。起初由几个热爱京剧的人聚集演奏，后规模逐渐扩大。演出形式也逐渐演变成古装京剧，并配套戏服、戏帽等演出道具。

塘前京剧团演出阵容整齐，上演的剧目丰富，富有时代特色。每年春节期间排演优秀剧目，到周边地区演出。演出绘声绘色、形式多样、明了易懂，

民间刺绣（江仁铭提供）

深受百姓欢迎。闽西北一带票友，若觉得"年年闹春节，年年唱地方戏"不过瘾，就会慕名来请塘前京剧团前往唱戏。

七、民俗风情

塘前村作为客家人聚居地，现今仍保留着诸多客家人特有的风物民俗，有迎赖五公王、游龙灯、新丁祭祖、建醮等习俗，体现着塘前村悠久的人文历史和丰富的传统文化，是闽西客家文化的再现与传承。

（一）赛春联

改革开放以来，兴起赛春联的新风尚，以新形式传承着塘前乡的深厚文化底蕴与淳朴的乡土民风。最能反映赛春联文化韵味的是每年大年初一日，家家户户都要在大门、厅堂等处贴上春联。虽然这一习俗全国各地都很盛行，但这里的春联别具一格，几乎全是本族、本村的文化人亲自书写的乡土春联，龙飞凤舞、原汁原味，乡土气息十分浓郁。借助正月喝年酒的机会，人们对联句、字体品评一番，为春节增添了不少高雅的文化气息。

（二）龙灯

每年正月十三至十五日连续三个晚上，合族各祖分开游龙灯庆祝元宵佳节，祈盼合族兴旺。每村都有一条甚至好几条龙灯，且各具特色。龙灯也分为龙头、龙身、龙尾三部分，其之所以远近闻名，独特之处就在于它精湛的制作工艺、逼真的龙体造型、鲜明的色彩图案、丰富的文化内涵。红龙（用白纸染红褶皱后糊制而成），全身通红，不画鳞片，显得简洁明朗。龙灯工艺精湛，绘以日月星辰，题材丰富，内涵深刻，饱含着人民群众祈求天下太平、物阜民丰，追求幸福生活的深远寓意，具有很高的历史文化和艺术价值。

（三）迎接赖五公王

正月初一日早饭过后，全村村民一起迎接赖五公王到总祖堂背山顶，安好香案，各家准备好酒食，焚香祭祀后，送公王回庙。

（四）新丁祭祖

每年在"春社"前，按合族当年或旧年所生男孩为新丁，由新丁家长集资办祭，祭扫从始祖到十二世祖的坟墓，使祖先获得馨香祀典。

（五）建醮习俗

每年在农历二月间，迎接罗公真仙建秧苗醮一日两夜，各家各户做艾粄敬真仙，祈保秧苗毓秀；农历四月间，往大丰山朝欧阳真仙、迎镇武祖师等，建送船醮三日四夜，祈保合族清吉；农历十月间，迎定光古佛建醮一日两夜，做艾粄敬古佛，蒸老酒祈保吉利。

八、名人轶事

（一）历史人物

张龙耀，乃文程公之长子。清雍正年间，迁居闽北建阳麻沙东山村。大力开垦茶山，发展茶叶生产并从事经营，由广东出口到南洋等国际市场。他奋发图强，与当时广东总督厚交，曾一度代任其职，后蒙圣封赐赠四品朝议大夫。

张群玖，字曲坡，号上华上人。幼岐嶷，年十九应童子试，冠其曹，补博士弟子贡。逾年岁试一等，饩于廪，名噪一时。素有大志，每以帖括之学不足济世，致力于经济有用之书。生平好饮酒，善吟诗，兼工隶书。中年始学画，其笔法力仿元明大家，长于山水。晚年尤好金石，与所作隶书，均为时所珍重。曾受聘连城旧制中学教席。其子张英奇，为人乐善好施，爱国爱乡，深明大义。抗战期间，鼓励儿子参军抗日，后人多参加革命工作，为中国革命和建设做出贡献。子孙后裔现散居海内外，创办实业，均有所成，秉承祖训，捐资助学，美誉远扬。

（二）历史事件

1933年红十二军进驻塘前村，至今多处塘前民居墙壁上仍保存有当年的宣传标语等。在宝鉴堂的房墙内壁，完整保留着"打倒帝国主义""打土豪分田地"等标语口号，是塘前村的主要红色史迹。

九、发展前景

塘前村的产业发展以第一产业为主，主要种植水稻、烤烟和地瓜。随着塘前乡全域旅游的发展，塘前村依托荷塘景观、文物古迹和塘前溪的漂流体验吸引众多的游客，乡村旅游发展已具雏形。

在文旅产业方面，塘前村内有石槽坑瀑布、荷韵新塘主题公园等景观，保留着有积楼（古堡）、贻谷堂、宝鉴堂、围屋、艳林寺等文物古迹，其中有积楼（古堡）、贻谷堂、宝鉴堂被评为连城县第八批文物保护单位。塘前村先后被评为龙岩市传统村落、省级特色景观旅游名村，目前已完成荷韵新塘主题公园、莲溪产业园建设，建成游客服务中心、神龙客栈、豸下莲乡文化广场、知青食堂、知青文化馆、奖状馆、民间技艺馆、"福"文化馆等基础配套设施，鼓励扶持特色漂流、知青文旅、研学教育、田园民宿、露营、夜色经济等旅游业态。目前正在推进"豸下莲乡"国家 AAAA 级景区建设项目和特色文化展陈项目，主要针对现有的"豸下莲乡"AAA 级景区的基础设施及相关旅游产品进行改造提升，打造红军北上抗日先遣队旧址、莲台文化馆等。

在休闲农业方面，目前已种植荷花100亩，种植圣女果、火龙果、脐橙、红柚等休闲采摘农业120亩。实施富硒大米深加工项目，打造富硒饮品。通过龙头企业的示范带动，有效丰富乡村旅游业态。正在推进塘前乡现代农业产业联合体项目，流转土地种植现代大棚有机蔬菜、种植生态蔬菜20亩，建设农耕体验区、"自找苦吃"区、农业观光游览区、动物观赏区、富硒餐馆等。

近年来，塘前村充分发挥区位、生态、文化等优势，大力发展以旅居康养、研学教育、知青文旅、农耕体验等为主的乡村旅游新兴业态，推进农业与旅游文化、养生健康等产业融合发展。在每年的市、县项目拉练中，以典型样板在全市、全县推广，在产业融合创新方面，形成多种"休闲旅游+"业态，为乡村振兴提供有力保障，先后荣获国家 AAA 级旅游景区、国家森林村庄、省级特色景观旅游名村、省级传统古村落、省级"一村一品"示范村、省级乡村治理示范村、省级文明村、福建省金牌旅游村、福建省休闲美丽乡村、福建省乡村振兴示范村等荣誉称号。

溶洞草场　秀甲闽西

—— 福建省传统村落赖源乡下村村

◎ 罗道佺

一、村落概况

下村村地处连城县境东端、梅花山自然保护区腹地，海拔860米，距县城56千米，行政区域51.28平方千米，是赖源乡政府所在地。东与牛家村接壤，南与新罗区万安镇相连，西与上村、黄宗村毗邻，北与黄地村相依。辖4个自然村、9个村民小组，共305户1145人。

下村村属县级革命基点村，其中黄土敢自然村属省定革命基点村。曾先后获得"县级文明村"（2007—2012年连续三届）、"县级先进党组织"（2012年）、"省级生态村"（2012年）、"市级平安和谐模范村"（2013年）、"省级人民调解先进单位"（2013年）、"县级先进党组织"（2016年）、"合格行政村"（2021年）、"七五普法先进单位"（2021年）等荣誉。2017年8月，下村村被列入第二批福建省传统村落。

二、人居环境优良舒适

下村是赖源乡最大的行政村，境内有廖天山草场，是一个集放牧、休闲、旅游及避暑度假于一体的好去处。此外，下村还有历史悠久的参天古木，古石桥、古戏台和革命旧址等。

深山、良田环抱的下村（吴健衡提供）

下村的基础设施完善，有公共厕所、老人活动中心、中小学校和农村文化广场等。自来水管网、电线都接入家家户户，通信信号覆盖全村。村庄设有垃圾收集处理点，村庄整洁，人居环境优良舒适。

三、村落布局山水相映

下村处在山环水绕之中，风景秀丽，气候宜人，具有良好的"山—水—田"格局，拥有丰富的农田、林地资源，自然生态环境良好，植被茂盛。村子三面环山，两条溪水交错环抱，似一双巨大的手掌将村庄托起。

下村的新建民居沿着村子主干道分布，整体呈"L"形带状布局。古民居主要集中在村庄的东南，成片状布局，整体保存较好。村后紧靠着廖天山，海拔1200米，有万亩草场，山脚接连着成片缓坡梯田，景色秀美。

四、村落形成曲折复杂

下村村民以徐姓为主，约占全村总人口的85%。黄姓约于宋末元初自李屋南坂迁入，早于徐姓，一直被徐姓称为"老大哥"，现黄姓人口约50人。后有兰姓、李姓等姓氏陆续迁入。建村历史近800年。

赖源及其下村的村落形成有点复杂。

赖源原名濑源，包括现在的上村、下村，历史上原只有上濑源、下濑源之称。据康熙版《连城县志》"官师志"所载，当时县令杜士晋上报朝廷奏章写的是"濑源"，民国版《县老区域图》写的也是"濑源"，何时变更为现今的"赖源"不可考。至于一些人认为赖源因由赖姓人居住而得名则是一种误解，因为赖源历史上并无赖姓人家居住。

上濑源（上村）居民主要是吴姓，散居于老屋洋、冷溪、拱桥头、满公头等地；下濑源（下村）主要为徐姓，散居于夏坪、上营、中营、下营、故溪、丰笃等地。徐姓于宋末元初（略晚于黄姓）自江西大石壁村（现属江西省吉安市泰和县桥头镇）入闽定居于下村，原定居的地方分别称百家凸、屋场圫、丙岭凸等。赖源徐姓共有6个始祖：一甲始祖徐一郎公上世代表祖为定春公，四甲始祖壬秀郎公代表祖再声公，九甲始祖庚四郎公上世代表祖宏德（碧泉）公；徐姓五甲，原住地名竹园下，因与上、中、下三营距一个山冈，与张姓仅隔一小溪，所以竹园下徐姓五甲被统称为张家坪；华园太徐姓二、三代时分房代表祖称隆满公，老屋七甲厅（地名坑兜），七甲坑兜徐姓10余户40余人于民国初年一次性迁往连城县北团镇山下村。现赖源五、七甲无人传下。目前赖源徐姓人口分布为：一甲祖人口约有320人，四甲祖人口约有280人，九甲祖人口约有300人。

据传，元代时共有张、余、黄、徐四姓人在此居住——张姓明初前已外迁或绝嗣；厦坪余姓称八甲，民国初年三四十口人迁徙姑田上、下余，史称"余门村"；黄姓六甲祖虽为本地"老大哥"，但脉传人口一直不多，历来仅有五六十人；九甲、一甲徐姓比邻相错而居，二甲徐姓居住在水尾称濑坑坪，后叫赖家坊，这脉徐族人已于明初外迁，无考。

五、建筑风格颇具传统

下村传统民居成片集中在村庄东南，整体保存良好。整个村落坐落在山林环抱中，与周边自然要素巧妙融合，是理想的聚居地。传统民居建筑多为木结构，夯土外墙，乡土建筑特色明显。

六、溶洞草场风光无限

下村年平均气温16.7℃，林地面积53908万亩，森林覆盖率达93.39%，环境幽静，空气清新。登上廖天山山腰，可见村内云绕雾飘，雾随风逸，云丝轻舞；山峰连绵起伏，村庄宛如仙境，好一派水墨画卷。

（一）赖源溶洞

赖源溶洞距乡政府所在地2000米，是集天地之精气经亿万年孕育而成、华东地区目前已发现的规模最大的地下溶洞群，有大量的钟乳石形成各种奇特形状，实乃闽西山川间一处绝色景观。洞中有洞，盘旋曲折，奇景环生，宛若置身迷宫。溶洞海拔在760～900米之间，长年笼罩在山岚雾霭中，吸引了各地众多索隐探幽者。在近2平方千米的石灰岩山丘中有大大小小13个溶洞，其中以仙云洞、幽琴洞和石燕洞最为壮观。

1. 仙云洞

以一年四季都有仙山云雾从洞中涌出而得名，当地人称之为"出气洞"。洞中怪石嶙峋，地形崎岖，洞中有洞，洞洞层叠，洞道内岔道密布，弯弯曲曲，深浅莫测，迷宫回旋。道路时宽时窄，如同进入陶渊明的"初极狭，才通人。复行数十步，豁然开朗"的世外桃源——窄处，一人须侧身而过；宽处，十辆卡车亦可并行。洞内石厅、石室、石门应有尽有，钟乳石、石笋、石柱更

溶洞风光（吴健衡提供）

是应接不暇，只要你展开想象的翅膀，动物人物无所不有。而且所有这些都被似云非云、似雾非雾的暖气所笼罩，恍惚而让你如同行走在梦幻中，抑或漫游于天上宫阙。屏声静气还可以听见淙淙的泉流，那是条清澈见底的地下河，尚无人知其源头，也不知其去向。沿河深入数百米，不觉来到一块巨大的钟乳石壁前，叩之石壁铿铿有声，声音极清晰，如鼓似钟，这也许便是石鼓或石钟吧。若是冬日游洞，洞内颇为暖和，实乃冬游佳境。

2. 幽琴洞

离仙云洞仅一里，低卧山脚河畔，以"泉"见长，洞内甘泉从岩缝喷涌汇集成河，泉声叮咚，韵律悠然，如宫女在拨弄古琴，音韵幽幽，因而得名。洞口一巨石如水牛卧溪，故当地人又称之为"水牛洞"。相传古时有头水牛精不时兴风作浪，让洪水淹没粮田，贻害百姓，后被观世音菩萨镇于洞中，才使此地平安。平时，清泉透明清澈，可见水中浮游的小鱼小虾。但有时洞外虽天朗气清，洞中却偶有浑水涌出。相传过去曾有孩童放鸭于洞外山溪，不留神，鸭群循水入洞觅食，鸭童燃起火把进洞追寻十余里仍未到尽头，又怕火把燃尽，只好怏怏而归。不料数日后，鸭群竟从三四十里外的龙岩万安松洋游出。可见该溶洞的规模之大、暗河之长。由于洞顶的水滴含有大量的钙，长年累月不停地沉积，形成滴水成柱、滴水成林、滴水成田、滴水成画的奇妙景象。还有那一年四季永不停息的地下河，河水清澈透底、汩汩而流，坐在小河边聆听变化无穷的河水声，任人产生无限的遐想。

3. 石燕洞

以洞中群居的石燕而得名，与幽琴洞遥遥对望。洞内石燕成千上万，形似蝙蝠，倒立悬挂于洞壁上，一旦游人惊动，成群结队的石燕便惊飞盘旋，争先恐后飞出洞外，嗡嗡之声不绝于耳，别有一番情趣。石燕洞里如蜂窝，洞中有洞。洞中一大厅供有观世音、土地诸神像，善男信女求神拜佛者络绎不绝。

（二）廖天山草场

地处梅花山区域，连片草场面积12000亩，海拔1200米，为南方海拔最高的草场之一，被誉为"客家香格里拉"。该草场开发于1973年，1983年被省列为牧草改良试点，1984年被列为南方高海拔地区牧草改良示范场（全国17个牧草示范场之一），引进国外优良牧草红三叶草、地三叶草及黑麦草进行种植。草场四面环山，抬头仰望主峰，山体雄伟壮观，余下山峰四周环绕都在1700米以上，高耸入云，与天相连。大片草场似人工修剪平整，植被茂盛，绿草青青，成群的黄牛自在地甩着尾巴啃草，肥美的水草把它们滋养得浑圆健壮，这是一场黄牛云集的盛会，是草的世界，更是牛的天堂。流传数百年的"天牧"，在这里表现得淋漓尽致。

（三）南天山

又名南山顶，因倚南而名南天山。山顶是一片平整的草甸园，在微风的吹拂下，犹如蓝海微波向你涌来。现存庙宇八座，从山脚分布到山顶，特别是坐落在山顶的庙宇，底部由不规则小石块砌成，顶部铺满泥土，长满青草，再加上海拔高，周围几乎没有树，只有少许矮尾松和小草。

南天山风光（吴健衡提供）

南天山海拔1753米，为闽西第五高峰、连城第二高峰。可远眺梅花山三峰，观云海日出，山体雄伟、奇峰耸立，有仙海神龟、仙人洞、棋盘石、山海之恋、神祜石等奇石。

相传，南天山鼎盛时期曾有108座庙宇，故称"百庙神山"，为当地庙会主要聚集地，庙会期间邻近乡镇村民跋山涉水，也来这里敬神上香，场景蔚为壮观。虽时过境迁，仍依稀可见古庙残垣。

（四）神掌瀑布

位于下村丰笃碧潭前，落差60米，宽20米，如同飞席，陡挂崖壁，令人叫绝。

（五）上地湖水库

库容124万立方米，水域面积12万平方米，四周青山环抱，湖面波澜不兴，重重山影倒映在水中，清晰亮丽，风光旖旎。

七、物产资源丰富多样

下村林业资源极为丰富，盛产竹、杉、松和阔叶木，尤其竹木资源更为丰富，现有四家竹制品加工厂，生产竹地板砖、竹香棒、竹凉席等竹制品。此外，反季节蔬菜、笋干、山药材、野生红菇、黄殿菇、高山茶、苦丁茶等也是当地珍贵特产。目前正在开发万亩高山茶基地。

八、传统技艺熠熠生辉

2009年5月被福建省人民政府列入第三批省级非物质文化遗产名录的连城提线木偶戏，是连城县最具特色和最有影响的民间艺术形式。它源自赖源下村的汀连老福星堂木偶班社。

连城提线木偶戏，也称"傀儡戏"，融合了浙江、江西的提线技法，结合连城当地流传的唱腔和民间小调，经过100多年几代木偶艺人的改革创新，形成了以提线为主，杖头、布袋、皮影为辅，闽西汉剧唱腔的独具特色的木偶艺术剧种，深受广大群众的喜爱。

清光绪二十四年（1898），上杭县木偶戏班社艺人李如意与连城县赖源乡人徐象球艺趣相投，结拜金兰，并将二子李金铃过继给徐象球，易名徐传华。他们一起在赖源乡创办"老福星堂"木偶戏班，徐象球任班主，李如意为师傅，培养了本乡弟子三十余人。自此，提线木偶艺术传入连城。

1930年，赖源创立了汀连老福星堂木偶班社。1952年，组建连城姑田木偶剧社。1956年3月，正式成立连城县木偶剧团。徐传华曾先后率团赴龙岩、永安、漳州、福州、北京等地演出。1955年正月，木偶艺术大师徐传华被选派晋京到怀仁堂为朱德委员长、周恩来总理等国家领导人演出。同年9月，他被文化部选派参加国家出访团，赴波兰、捷克斯洛伐克、苏联等国家做访问演出。同年，由徐传华主演的《大名府》"过关"一出戏被拍成电影，广为放映。徐传华被誉为"中国木偶表演艺术大师"，应聘到中国木偶艺术剧团任教，并被吸收为中国戏剧家协会会员。"文革"期间，木偶戏被定为"封资修"而终止演出。

1978年4月，剧团复办，仍由木偶艺术大师徐传华任团长；同年，徐传华收木偶艺术表演新秀李明卿为"闭门弟子"。之后，李明卿在全面继承传统木偶技艺的基础上，独创了"木偶书法""木偶绘画""木偶拉京胡"等绝技。其"木偶书法"曾为党和国家领导人江泽民做过专场表演；参加过文化部、省文化厅等访问团，赴新加坡、印度尼西亚、西班牙、葡萄牙、瑞典、挪威、丹麦等国家演出；获得过上海吉尼斯总部授予的"吉尼斯世界之最"证书。

每逢正月及民间喜庆节日，赖源木偶戏都有在当地或到邻近村庄演出，自编自演，讲述民间故事，宣传有关政策，是连城县一大民间艺术。

木偶戏在下村广为流传，深受村民的喜爱。村里青年学习木偶技艺的热潮不断高涨，在传统技艺的基础上，融合了现代元素，推出更多木偶戏的新颖别致的技法，颇受好评，成为一种时尚的文化活动。木偶戏经久不衰，艺人人才辈出。

曾氏古村　大美祥和

—— 福建省传统村落曲溪乡大东溪村

◎ 罗道佺

一、村落概况

大东溪村位于东经116.55度、北纬25.33度，平均海拔1200米。隶属连城县曲溪乡，距离曲溪乡政府所在地25千米。村落群山环抱，东倚将军山，南靠赖源乡黄宗村，西接蒲溪村，北邻冯地村，境内总面积约13.4平方千米，其中耕地面积110亩，山林面积17200亩（其中竹林7000亩，天然林、生态公益林10200亩），森林覆盖率高达98％。全村共有户籍人口568人。

大东溪村内一条溪流自东向西穿村而过，两岸茂林修竹，风景秀丽；溪流两旁民居依山而建，错落有致，古朴典雅。清光绪年间当地秀才梦北先生因此而命名该村为"大东溪"。

大东溪村是九龙江源头的重点村落，也是传统的手工造纸基地。曾氏祖先自定居大东溪以来，靠无穷的智慧和勤劳的双手建房修路、耕山种竹，世代以造纸为业。改革开放后，村民以管护竹山为主，以出售毛竹和竹笋为主要经济收入来源，2022年人均收入达15000元。

近年来，大东溪村先后获得2017年福建省"美丽乡村百村示范村"、2017年福建省旅游特色村、2018年龙岩市森林体验基地、2018年龙岩市级文明村、2019年连城县"美丽乡村精品村"、2020年福建省森林村庄、2021年连城县"垃圾分类示范村""基层党组织先进单位"、2022年龙岩市金牌旅游村等荣誉。2020年2月，大东溪村被列入第三批福建省传统村落。

大东溪村村口（大东溪村"两委"提供）

二、村落布局依山傍水

明末清初，曾氏先祖见这里雨水充沛，溪流清澈，土地肥沃，便定居于此，开垦农田，管护山林，耕读传家，繁衍生息。

大东溪村选址极具特点——讲究避风朝阳，依山傍水。村庄选址于闽西武夷山脉南段、世界A级自然保护区梅花山北麓、闽西高峰将军山脚下、海拔1100米的高山溪谷之中。村落四周群山围合，沟壑纵深，呈现出周边高、中间低的向心之势。大东溪自东向西从村中蜿蜒而过，水量充沛。村落位于大东溪两岸的冲积盆地上，两侧的山体形成天然的屏障，具有较高的安全防御性。村庄四周梯田、山林环绕，水源充盈，气候温和，生态环境优良，人居环境优美，是理想的传统人居环境的典范。

大东溪民居依据地形而建，地势整体南北高、东西低，各类建筑沿溪流两岸顺地势而上，整个村落形态呈狭长带状，错落有致。当地先民一般选择在小山丘的山麓缓坡上修建住宅，且住宅又多朝向家族田地，形成了背山面田的状态。这样既便于耕作，也因民居沿着河岸分布，便于取水、用水，形成房屋夹溪的空间格局，深合中国古代提倡的"因法自然""天人合一"的自然哲学观。

大东溪村整体依山而建，蜿蜒而上的石磴四通八达，呈之字形、人字形、楼梯形等各种形态，摆布各具特色，连接着村内各条巷子和民居。

三、建村历史悠久绵长

大东溪村辖2个自然村（上村、下村），3个村民小组，人口共计568人，皆为曾姓，是曾子（曾参）裔孙、三十四派珪公长子宽公之后，属东宗派。五十六派祖长公于元至正七年（1347）迁徙万安涂潭，五十八派祖八四郎公于明天顺七年（1463）迁徙黄家寮（即赖源乡黄宗村），后六十五派贞实公于明末清初迁徙大东溪上村，六十六派尚荣公迁徙大东溪下村，繁衍至今有十五六代，建村历史近400年。

四、明清建筑古朴精美

大东溪整体风貌保存较为完整的传统建筑主要是清代建筑，不仅数量众多，而且基本完好。村内还保存着少量明代建筑。民居大多是一层木构建筑，多以穿斗式为主，以木构架承重。大多柱子小、无柱础。外墙底部一般用条石或毛石砌筑，既利于防潮防湿，又利于排水。大东溪古民居大多讲究装饰，现存有许多精美的木雕、石雕。

传统建筑平面形制多以中间厅堂为中轴线，两侧辅以横屋的"堂屋式"布局；中轴线上空间层层递进，由次到主，形成"步步高升"之态，多分为上、下厅，并以上厅作为全宅装饰的重点，两侧横屋主要用于生活起居。厅堂和横屋均设有天井、檐廊作为过渡，利于通风、采光。

（一）上村祖厝

闽西地区传统建筑样式，坐北朝南，始建于明代，保存较好。建筑构造以土木结构为主，悬山屋顶，天井式庭院，占地面积约150平方米。上村祖厝内供奉着大东溪村曾氏开基始祖的牌位，是大东溪村建村和过往的重要历史见证。

（二）下村祖厝

位于村中的大东溪路35号，坐北朝南。清代建筑，属于传统三堂屋土木结构平房，悬山式屋顶，面积约100平方米。整体建筑平面呈不规则形状，天井式庭院。天井由主体与院墙围合而成，供人们日常开展祭祀活动。围合成天井的四周建筑屋面均为向内坡，雨水沿着屋顶面下流向天井。下村祖厝是村中曾氏祖先六十六派尚荣公迁居大东溪村下村开村繁衍的重要见证，至今已有近400年历史。

大东溪村祖厝（大东溪村"两委"提供）

（三）吊脚楼

位于下村大东溪路24号，坐北朝南。建于民国时期，占地面积约180平方米。吊脚楼以地基上的木柱为支撑，以夯土、石块为壁，这是最基本的结构。内部空间分为三层，最下层的空间一般用来畜养家畜和堆放杂物；中层的空间高悬于地面，既可以保持室内干燥，又能防御毒蛇和野兽，一般用于居住；通过木梯可以达到上层，通常是不足人高的储物空间，用来放置粮食和农具。小户的结构一般为三合院，讲究朝向，坐西向东或者坐东向西。中间为正屋，也称为"堂屋"，为祭祀先祖、迎接宾客、婚丧嫁娶的主要场合；堂屋的两旁是厢房，也被称为"人住间"；正屋后面为司檐，也称拖檐。大户人家将建筑建造成四合屋的形式，宅院四面闭合，环绕天井，较三合院增加了一栋门楼子，正屋面积和厢房数量随之增加。这种吊脚楼形式极具闽西山区客家人特色，富有建筑学研究价值。

（四）造纸厂旧址

位于下村大东溪路33号，为一层土木结构建筑，保存完好。建筑四面围合，中间留有大面积的广场。鼎盛时期曾是主要造纸场所。

（五）下村书院

位于下村大东溪路34号，清代建筑，典型的悬山屋顶，天井式院落，面积约260平方米。全屋采用木结构，穿斗式木构架，外墙为闽西建筑中常用的夯土墙，整体风貌、形态、装饰、构件保存完整，体现了闽西独特的传统建筑风格。

（六）下村5号民居

位于下村大东溪路16号，清代建筑，保存较为完好。"四合天井"的合院式住宅，悬山屋顶，平面布局为五开间加双护厝，面积约255平方米。两边护厝与大厅之间以过水廊连通，保证了建筑的使用方便以及防御功能。该建筑部分构件经翻新或维修后，目前仍在使用。

（七）上村书院

位于上村上村上村路19号，清代建筑，典型的悬山屋顶，天井式院落，面积约180平方米。全木结构，穿斗式木构架，外墙为闽西建筑中常用的夯土墙，建筑整体风貌、形态、装饰、构件保存完整，体现了闽西客家传统民居独特的建筑风格。

（八）上村5—1号民居（"勤贻堂"祖厝）

位于上村路5—1号，建于明末清初，四进五开间四天井，两层土木结构建筑。整体布局呈"回"字形，除前面部分建筑已经倾塌消失外，其他建筑保存基本完好。左侧为吊脚楼，右侧为入口大门。

（九）曾七发故居旧址

位于上村，为清代建筑。屋主曾七发因造纸和经商使得家族兴旺发达，他的纸产品一度供不应求，所产土纸、连史纸一度远销日本、越南等国家，鼎盛时期造纸作坊有30余家，纸槽150余槽。后因发生一场火灾，现仅存一堵墙，其余部分已坍塌。墙体现存精美的石雕、石楹联等，内容丰富，被列为连城县历史建筑，亟须保护。

（十）公王庙

坐落于上村的古树林中，明代建筑，为一层土木结构，屋顶样式为庑殿顶。庙宇右侧为古树林，左侧为毛竹林，后方有一棵冠幅饱满的参天古树。整体基本完好。

（十一）上村纸厂

位于上村上村路11号，建于民国时期，为一层土木结构建筑，屋顶形式为硬山顶。

五、山水秀美物产丰饶

村庄东面有海拔1665米的将军山、北面有海拔1420米的铜锣地顶；南面海拔1620米的四公村山，也是风电场厂址。风景秀丽，有如世外桃源，生态环境极佳。

大东溪茂密的原始森林（大东溪村"两委"提供）

福建省第二大河九龙江源头之一的大东溪穿村而过。大东溪雨水充沛，长年流水潺潺，溪水清澈见底，游鱼历历可数。

境内动植物资源丰富，有红豆杉、柳杉、红枫、长苞铁杉、华东黄杉、白楠、楮木等多种珍稀古木，其中树龄不低于500年的有60多株，胸径80厘米以上的有10余株。林中有猕猴、野猪、山羊、山狼等哺乳动物；有蟒蛇、眼镜王蛇、竹蛇等多种蛇类；有老鹰、山鸡、白鹤等鸟类；有香菇、灵芝、铁皮菇、红菇、铁皮石斛、金线莲、银线莲等闻名遐迩的天然特产。

大东溪村依靠得天独厚的自然资源，"靠山吃山"，历史上曾富甲一方。如今，仅靠自然资源和地方特产，也能让大东溪人温饱无忧，日子滋润。其中，年产竹材2000吨，收入约130万元；冬笋24000斤，收入约30万元；笋干1500斤，收入约30万元；其他林下产品（香菇、灵芝等）收入约5万元。

六、传统技艺鼎盛一时

从明崇祯初年始，大东溪历代以造纸为业。

大东溪村庄两边都是石壁山，溪流从两山之间的山涧流过，水质清澈透明，味甘可口，当地人称"石缝水"，所造出的纸张洁白如玉；加上道道工序从严把关，以至刀刀无烂纸、张张无瑕疵，纸品发运到广东潮州、汕头后人们往往争相购买，一度供不应求。清同治三年（1864）大东溪产纸达到鼎盛，纸槽发展到140多槽，每槽年产60余担，全年达到8400多担。村民曾万金一户开槽20多个，产纸1200多担；一般的村民也有一两个纸槽。本村造纸原料一度不足以供给，所需竹丝要从周边乡村购进；工人达400余人，日常生活所需的大米、肉类、蔬菜由外地商人贩运售卖。据老辈人讲，当时三天杀一头牛、每天杀一头猪，可见造纸业之兴盛。特别是上村的七发公、下村的贵伍公除造纸外，做纸生意也很突出，曾红极一时。当年的七发公凭着一手造纸工艺和商业头脑而走南闯北，累积家产百万。

大东溪全盛时期生产的熟料纸（当地人称水料纸）的品种有：六四贡纸，一担4032张，重102斤；广东贡纸，一担4032张，重110斤；洋庄八十刀，一担5040张，重100斤；等等。

大东溪所产之纸绝大部分由梅村的福源兴、莒溪人沈祥、连城老板江金星、谢象梅等商号、纸商由陆路或水路发运到龙岩、漳州、福州、潮州、汕头、广州、香港一带销售和出口。到了民国初期，全村仍有造纸作坊50余家，纸槽150余槽，所产福贡纸远销广东、汕头、潮州一带。

1949年后，大东溪生产的土纸有201纸、202纸、203纸以及连史纸，主产漂白201纸，以外贸收购出口销往日本、越南等国家。1983年6—7月间，日本造纸专家还远道而来，参观了大东溪的201纸的生产过程，并对此赞赏不已。之后手工造纸由于市场行情的变化，逐渐萎缩直至终结。现在上村、下村还存纸厂各1座，面积约2000平方米、残存造纸作坊遗址上村10余处、下村5处，总面积约5000平方米。

七、民俗风情尽展风采

（一）宗圣曾子文化研讨会、曾子诞辰祭拜会

大东溪村曾姓的始祖是曾参（前505—前435），以修身和孝行著称，又颇多著述，是一位很有学问的儒家大师。曾子十六岁拜孔子为师，他勤奋好学，颇得孔子真传。他积极推行儒家主张，传播儒家思想。孔子的孙子孔伋（字子思）师从曾参，子思又传授给孟子。因之，曾参上承孔子之道，下启思孟学派，对孔子的儒学学派思想既有继承，又有发展和建树。曾参与孔子、孟子、颜子（颜回）、子思子比肩，共称为五大圣人。

每年大年初二日，大东溪曾氏裔孙欢聚一堂，在村委会三楼礼堂举行"宗圣曾子文化研讨会"暨"曾子诞辰祭拜会"，全村曾氏子孙一百余人参加。研讨会和祭拜会活动在理事会的主持下有序进行。理事会成员行跪拜礼，全体裔孙行鞠躬礼。礼毕，由村"两委"负责人及理事会会长、其他成员一一讲话，弘扬曾子文化，重温曾氏忠、孝、仁、义的家规家训。

曾氏家训以忠、孝为本，孝以德为本，百善孝为先，就是要孝敬长辈，不忤逆父母，尽赡养父母的义务。同时，要做到仁爱宽厚、父慈子孝、兄弟

和睦、邻里友爱；要靠勤劳振兴家业，诚信待人，本分做事。这些家规家训的传承，深深影响着曾氏后人。受其影响，大东溪村人孝敬父母、家庭和睦、邻里团结的典范数不胜数。

（二）正月十五日游花灯

每年的元宵节，是连城客家人一年一度开展游花灯民俗活动的日子，大东溪村也不例外。村民以宫灯为主灯，外围配上花篮、纱灯、牡丹灯、鳌鱼灯，画上字画或装制罗汉、古装人物等，用特制玻璃杯装入蒸过的茶油、花生油，灯盏处放入煮晒精选过的灯芯，形成纸做灯、油点灯、纸包火的地方特色民俗。制作好的花灯会在村中或乡里进行游行，热闹非凡。

（三）打平安醮

每年农历九月二十八日至十月初一日打平安醮，庆祝丰收及祈愿来年风调雨顺、国泰民安。其间村民会邀请亲朋好友前来观赏、游玩、饮乐，甚是热闹。

八、民间传说美丽动人

将军山位于梅花山腹地，海拔1665米，是连城第三高峰，由于海拔较高，山上杜鹃开花期较晚。每年5月中旬至6月上旬，将军山上杜鹃才次第开放，色彩缤纷，漫山遍野，犹如广袤的锦缎华章铺山盖岭，百态千姿。

将军山原名"见头山"。相传很久以前，一名山野村夫挑了一担银子行至山顶，放下挑担休息，一会便睡着了，醒来时发现自己升到天宫，留下的一担银子变成了今天山上的"一担银石"。后来一冯姓将军率部队路经此地，听村里老人提及此事，便好奇上山寻那"一担银石"，果然看到了银光闪闪的石头。为纪念这位冯将军，见头山更名为"将军山"。

如画村色　清正家声

—— 福建省传统村落朋口镇文坊村

◎ 项如海

文坊（原名温坊），一个坐落在松毛岭山下的千年客家古村，位于连城县西南面，地处丘陵地带，平均海拔380米。国道319线、赣龙铁路和赣瑞龙高铁穿境而过，距冠豸山动车南站8000米、冠豸山机场28千米、高速公路入口6000米，是闽赣边区的交通枢纽。全村面积26平方千米，辖19个村民小组，现常住人口800多户4000多人，耕地面积2800亩，林地2.2万亩，盛产烟草、仙草、水稻、笋、竹等农特产品。

文坊村于2019年列为国家级、省级森林村庄，省乡村振兴示范村，省传统村落，市旅游乡村试点村；2020年列为省级美丽休闲乡村；2021年列为国家级、省级乡村治理示范村；2022年，文坊村党支部被评为市级先进党支部。

文坊村四面环山，绿树成荫，一湾河水清澈见底，是依山傍水的秀丽山村。村庄外围山林绿意青葱，形成天然的生态屏障。位于村口的田野土地肥沃，视野宽阔，形成村庄重要的景观基底。

文坊，是先祖项氏四六郎公开基创业的发祥地，项氏历经740余年的繁衍生息，已传25代，现孕育项氏后裔子孙近万人。为追寻美好生活，后裔子孙中有一部分迁徙到周边的村庄、邻近的长汀、本省的武夷山、浦城及浙江、江西等省发家立业。

文坊，地灵人杰。这片神奇秀丽的土地哺育出了无数的优秀儿女：有明朝年间任广东新兴、程乡和江西龙南等两省三县的县令——项德辉；有在建宁府力除虎患的武术高手项希宏（号七妹）；有"连城一支笔"美称的书法家——项朝钦；有黄埔军校毕业，成为优秀将领的项信任、项信楷；有燕京大学毕业的项信昭、北京大学教授项梦冰、福建师大化学与材料学院院长项生昌；有国内革命战争年代的红色特工项与年（化名梁明德），还有被誉为改革八贤之一的人民公仆项南……

项德辉，文坊项姓五世祖，在500多年前，明天顺七年（1463）任广东肇庆府新兴县知县，后又转任潮州府程乡县知县、江西省赣州府龙南县知县，后升赣州同知，享六品官戴。在赣州任职期间，为民解困，减免劳役，疏通航道，政绩卓著，又为官清廉，深得民众拥护，有"三邑甘棠"之颂匾，和州太守康诰书赠颂联："清白世传，作吏还从冰上立；廉明性秉，讼人都在镜中行。"由此，项氏后人自诩"清廉家风"，为之自豪，并沿袭至今。

项际科，民国时期在福建省境内曾先后任永定、邵武、武平3个县的县长，去台后又任台北县县长。在两岸从政40年，一向推行以"新、速、实、简"为原则的革新处事作风，清正廉明，深得民心，在武平任职期内百姓送有"惠我烝民"的颂匾，以表彰他战鼠疫、抗天旱，开国库、赈饥民，保一方平安的功德。他两次返乡探亲，尽其力捐资助学，并重修文坊文昌阁古建筑。

项南，福建省委原书记。在担任福建省委书记期间，排除万难，勇于创新，不断推进改革进程，使福建各项事业得到长足发展，既勤政爱民又清廉节俭。他担任中国扶贫基金会会长期间，曾在华侨、友人中筹集资金数十亿元，支持西部地区和革命老区建设。他政绩卓著，廉洁奉公，一身正气，两袖清风，习近平总书记曾评价他"长者风范，公仆榜样"。

文坊，是著名的革命老区，革命基点村之一。1929年成立了苏维埃文坊乡政府，组织赤卫队打土豪分田地，发动青年参加红军，妇女们做草鞋、送粮食蔬菜慰问红军，帮助红军队伍运送军需物资。1934年9月中国工农红军在长征出发前，林彪、聂荣臻指挥的温坊战斗和朱德总司令指挥的松毛岭战役正是在文坊这片红色的土地上发生的。当时仅有2300多人的村庄，就有500多人参与了战斗，其中有50人为革命献出了宝贵的生命。

松毛岭战役纪念碑（项贤洲提供）

文坊，是省级传统村落。村内至今存有古祠堂古民居50多幢，这些古建筑沿着古官道和文坊溪的东西两岸布局。建筑类型丰富，有牌坊、祠堂、戏台、书院、庙宇、亭阁等，建筑风格均为青砖黛瓦木梁柱结构，采用对称院落式布局，从格局到装饰无不诠释着儒家文化的理念。其中比较有特色的有项氏家庙、南谷公祠、克纯公祠、怀岗公祠、天度公祠、慈瑞公祠、辑瑞公祠、杰山公祠、盈吾公祠、裕庵公祠、文凤公祠、鸣水公祠、志仁公祠、会仁公祠、镇华山寺、东山庙、云峰寺、文昌阁等。

项氏家庙敦本堂：建于明成化年间，已有500余年的悠久历史，祠内奉祀文坊肇基始祖项四六郎公神主牌。祠门口竖立着代表文举的石桅杆和代表武举的木桅杆各一对，还有石狮子、石鼓立在门口。建筑面积800平方米，外墙为青砖空心斗砌，内部为木梁川枋结构。装饰吸取明代宫殿式建筑技法，屋顶飞檐翘角，巍峨壮观，气势恢宏，大门顶上三层翘檐门庐，天棚斗拱垒撑，非常精巧华丽。大门槛外有走廊，外边有木栏杆围护，内有上下大厅，中间大天井，滴水瓦口用桃形寿字琉璃瓦封口，厅内光线充足，可容几百人集会、庆典、祭祀，每年亚岁（冬至节）在此举行隆重祭祀大典。家庙从民国初年起一直用作校舍，1930年曾是列宁小学校址。项南曾在此校担任少年先锋队队长，并接受启蒙教育。

项氏家庙（项贤洲提供）

志衍堂：建于清代，有270多年历史。建筑历时8年，占地面积3000平方米，费资几十万两白银，以正厅（上、中、下三厅）成一条中轴线，左右两侧各有三直与中轴线平行的横屋，各设有花厅、私厅与正厅，合成九厅十八井。正厅的屏风壁板可以卸下，正好铺满大天井，这样一个室内广场便形成了。建成后曾大宴宾客，可以摆120桌酒席不用出门。如此宏大规模的宅院，被村人称为"屋王"也当之无愧。

静轩公祠：建于清康熙年间，至今已有300余年。祠为四合大院，木质穿斗结构，有上下正厅、厢房。五厅六井，左右两侧有横屋，还设有舂谷、碓米杂用房共24间，三幢厅宽敞。晚上是子孙练武强身的好场所。在温坊战斗、松毛岭战役期间，这里是群众给红军提供粮食、蔬菜、干粮、草鞋的集中地，也是为红军煮饭和收集情报的地点。1934年松毛岭战役后，"无祀会"正是在此祠成立，他们为红军收殓及掩埋遗骸，建红军无名烈士墓，每年七月十五日中元节进行红军英烈祭祀活动，都是在这里组织并延续至今。

文昌阁：建于清同治年间，为文坊八景之魁，依文坊溪畔，有蛇鱼戏水，耸立南山之巅，直指苍穹。左有园墩瞧月，右有华山鸣钟，俯视东山夕照，远眺笔架奇峰。阁成之后，物华天宝，人杰地灵。这里也是温坊战斗的主战场阵地遗址之一。

文坊，是文墨之村。村民崇尚习文练武，健身防暴，耕读传家，历史上涌现出文举人31个、武举人6个、贡生9人以及许多秀才、文人学士。村里办学历史悠久，古有文溪、崇正、六翩堂学堂，现有完全小学一所，学校多媒体、电脑、班班通等现代化教学设备一应俱全。至今为止，全村已有留学生、博士、硕士和大中专毕业生共500多人，分别在各行各业中为实现繁荣富强的中国梦而添砖加瓦。村中书画氛围浓厚，有项运三的甘泉书屋、项运洪的书画培训中心及文坊村怀南工笔画创作基地。2016年8月成立了文坊村项南教育基金会，并对17位考上研究生、本科及连城一中的文坊籍学子进行颁奖。基金会成立的目的在于激励项氏四六郎后裔子孙奋发努力、多出人才，到2017年5月底累计已有148人向基金会捐款近27万元。

　　文坊，是传统武术之村。村中习武之风历史悠久，至今流传着项三妹、项七妹兄弟俩少林学艺、练武强身防暴匪的故事。每天晚上都有一些老少在项氏家庙或其他祖祠中传习武术，因而习武之风得以传承和延续。文坊村派出的武术代表队，在台湾地区、厦门、九江等的各类武术比赛中分别获金、银、铜奖多人次。

文坊村一角（项贤洲提供）

　　文坊，是省级美丽休闲乡村。古有"华山鸣钟、园墩瞧月、东山夕照、北野观农、南岭樵歌、西岗听松、双陂垂钓、茂林枕石"等八大景观，今有"三园一带"，上有松毛岭战地遗址主题公园，中接项南公园，下接明德公园，含仿古建筑景观桥——胜樾桥等红色旅游景点，文坊溪两旁长达2公里、宽3.5米的景观绿化带，是村民健身休闲散步的好去处，每当夜幕降临，文坊溪两岸五颜六色的彩灯辉煌，游人络绎不绝，村民们活跃在村中各处，进行广场舞、腰鼓、盘鼓、威风大鼓、十番等丰富多彩的娱乐活动。每逢春节、元宵或民间庆典之际，村里都会举办歌舞晚会、球类比赛、民间舞狮、武术表演、游龙灯等群众喜闻乐见的活动。

文坊，是美食之村。驰名海内外的纯手工制作"文坊原丝酱油"是人们调味的佳品，"炆盆肉"是周边十里八乡独一无二的精美食品，还有鸭公炆粄子、灯盏糕炒牛肉、鳝鱼炒血结菜、盐酒鸡、涮酒、捆粄等传统美食，让人垂涎欲滴，回味无穷。每年农历七月初一日的"做糍粑"庆丰收，更是吸引了大量的周边村民。

往事如过往云烟，现实如画卷铺开。文坊人民继承和发扬革命前辈勇敢拼搏、勇于进取的精神，把新农村建设与红色旅游结合起来，如今这里发生了翻天覆地的变化。正如退休教师项如海所写："新建楼房几百座，夜晚路灯亮堂堂。河清路洁环境美，安居乐业喜洋洋。""门前停放小汽车，出行不用十一号（指双脚步行）。手机人人身上挂，彩电冰箱家家有。""人畜饮用自来水，卫生健康有保障。电饭煲并液化气，煮饭不用烧柴灶。"

文坊地灵人杰、钟灵毓秀、物阜民康，随着美丽乡村建设的步伐，村民生活蒸蒸日上，呈现欣欣向荣的景象。

忠孝文化　孰比阁康

——福建省传统村落庙前镇芷民村

◎ 黄瑞铭　杨天佑

芷溪历史文化名村是个大村，位于连城南部，为东南丘陵丹霞地貌，呈葫芦形盆地。芷溪名村范围包括芷溪、芷红、芷星、芷民、坪头、芷联6个行政村，下辖黄屋、杨埔、阁康、店背、华屋、邱坑、草坪、寨上、背园、坪头、长坑、李坑、禾塘、崩山下、大路背、水井背等自然村。村落面积约10.8平方千米，主要聚居黄、杨、邱、华四姓族群，均为客家人。

芷民村就是阁康自然村，全村人均为邱姓，其祖上的忠孝故事远近闻名，影响深远。

一、御题"孝友祠"

坐落在阁康桥头的孝友祠，是芷溪诸多祖祠中最简朴的一座，建筑面积也只有200平方米左右，前面没有雨坪、月池，背后没有围墙，祠堂的外表也没有华丽的装饰。走进祠堂，只有上厅、下厅，中间有天井，上厅两侧有大屋间，下厅原来也有大屋间，但现已不见了。

孝友祠是清雍正皇帝恩准修建的，动工于雍正三年（1725）冬月，竣工于次年春月。

建此祠堂是为了弘扬孝子邱瑾（字子美，号振南）与其妻杨氏三十年如一日，不辞劳苦，从无怨言，精心护理瘫痪母亲张氏的纯孝美德。当年，雍

"乌台奖孝"杯（黄广焱提供）

正皇帝倡导以孝治天下。县主黄琬便将孝子邱瑾夫妻尽孝的感人事迹申报督抚咨部。雍正皇帝闻知此事龙颜大悦，特批修建孝友祠，并御笔题写"孝友祠"。所以，孝友祠正厅还有个"旨"字。

孝友祠修建后，声名远扬，曾先后有省府和四位县主赠送奖匾，还保存有乌台奖给的"乌台奖孝"杯，成了三村八隘孝道文化教育基地，如今仍有不少游人慕名到此。

二、御赐"节孝"牌坊

邱在陆，讳朝安，芷溪阁康人（芷民村），生于清康熙末年，卒于乾隆年间。邱在陆从小喜欢琴棋书画，尤爱习武。他的父亲觉得儿子是可塑之才，便聘请一名武师传授武功。在陆经过多年苦练，十八般武艺样样精通，且练得身强力壮，耍起132斤重的青龙关刀就像普通人挥舞扁担一样。乾隆七年

205

壬戌（1742），朝廷招考武官，在陆手上的青龙关刀舞得有声无影，叫人眼花缭乱，博得在场考官和观众阵阵喝彩。突然，关刀一下失手掉落在地，在陆的应变能力很强，一脚又把关刀撩起一丈多高，随即又用肩膀接下关刀。考官见状甚喜，即问："此乃何招式？"在陆急中生智，一口答道："姜太公钓鱼，渭水访贤。"考场又响起一阵掌声。考毕，邱在陆中了武举人，被调往浙江任教官。

后邱在陆回乡完婚，婚期未满，朝廷又传令在陆回岗。返回浙江后，朝廷令其跟随两江总督，多年不假。乾隆三十九年（1774），邱在陆奉命北上山东抗击白莲教王伦部，不幸牺牲在战场。

邱在陆捐躯之后，朝廷派钦差通报其家眷。此时，在陆家中仅剩其妻一人。钦差查明，在陆贤妻邓氏不仅是贞节之妇，而且非常孝顺老人。婆婆生前腿上长毒瘤需切除，切除后邓氏悉心护理，一如亲娘。邓氏事迹感动朝廷钦差，钦差特为邓氏上书请封。后来皇帝封邓氏为"一品夫人"，并赐建"节孝"牌坊一座。

三、文官下轿，武官下马

邱作训，芷溪阁康（芷民村）人。邱氏开基祖丙一郎第十七世裔，生于清雍正初年，卒于乾隆三十九年（1774）。

邱作训从小喜欢学文习武，被父亲送至本村仙高崇学堂学习。16岁时，他慕名到福清南少林寺习武。乾隆十七年壬申（1752），赴省府参加考试，得了武魁。先任英德守备，后升任湖北宜昌镇前营水师游击，再擢升施南协摄宜昌彝陵总镇，后因忠于职守晋升为都督府大将军。乾隆三十九年（1774），山东白莲教王伦教徒起义，邱作训受命出征，并担任先锋。邱作训率部与白莲教徒展开多次拼杀，最后在坚守府城战斗中不幸以身殉国。白莲教起义军被消灭后，邱作训部下纷纷将邱作训清正廉洁、体恤民情等事迹上书朝廷。皇上特封作训为"振威将军"，并赐"忠臣"荣誉，圣旨传至家乡，族人为其树起华表。从此，文官到此下轿，武官到此下马。

芷民村的忠孝文化故事，历来为芷溪及周边村镇的长辈所乐道，如是代代相传，滋养了一代又一代人的善念。其激励后人积极向上的意义非同凡响，值得广为传播。

民俗多姿　非遗焕彩

—— 福建省传统村落庙前镇芷红村

◎ 黄瑞铭　杨天佑

芷溪的民俗文化是丰富多彩的，这包括十番音乐队、锣鼓队、立春犁春牛、游船灯、腰鼓方队、扛菩萨等。尤以花灯文化和红龙缠柱及十番音乐表演最为突出，这三个项目都是非物质文化遗产项目，花灯及十番音乐属国家级，红龙缠柱属市级。制作基地就在芷红村。

芷红村以黄姓开基祖庚福公裔孙为主，人口约4500人。其花灯文化和红龙缠柱表演等非遗项目精致典雅、令人陶醉，凸显非遗文化的独特魅力和艺术价值。

一、花灯文化

（一）制作基地：澄川公祠

芷溪花灯基地，是"文化大革命"后仅存的两座磅礴大气的石门楼之一的澄川公祠，其建筑特色主要体现在厅堂门口的石牌楼的石雕艺术。门楼以两圆两方的四根大石柱支撑，从下向上分六层：第一层是双狮戏球，中间刻一个凸出的球，内有一个可滚动的球胆，两旁雕刻狮子，"文革"时红卫兵要拆此牌楼，先把球打破后想再拆其他部分，幸被群众制止，才保存下来；第二层是一块大石板，中书"澄川公祠"，左边为天官刻像，右边为寿星刻像；第三层是五块雕刻吉祥故事的石板；第四层雕刻着八朵牡丹花；第五层有五块

澄川公祠（黄瑞铭提供）

雕刻山水的石板；第六层用六块雕有山水的石板镶成。最上层是用大石条压顶，两端有翘角，状似鱼尾，中用石板做瓦盖，向前伸出，雨檐两端刻鳌鱼形。第三层以下左右各有与各层中心相应的石雕，起衬托作用。中间两石柱联文为"承芳垂燕翼，继序起龙纹"。左右两石柱联文为"秀接桃源开庙貌，芳流芷水荐溪毛"。厅内四点金也是石柱，整座石牌楼设计独具匠心，雕刻技艺精湛，宏伟壮观。

（二）花灯构造、制作技艺与出游

芷溪花灯，2005年正式入选国家级非物质文化遗产保护名录。根据芷红村非物质文化遗产花灯制作技艺传承人黄世平先生介绍，芷溪花灯主要分上下两部分，共九十九盏火。上部分称"宝盖"，为里外、上下各三层的六角一体阁楼，阁内为各类人物造型，绘花鸟鱼虫，写吉祥祝语，盖顶镶玛瑙。花灯上半部外围由六盏鳌鱼灯、六盏凤鸾灯、六盏小宫灯构成；下半部以六角宫灯为主，配置莲花灯、牡丹灯等，五盏为一联，共十二联，六十盏；最底部为金丝裙摆，莲花轻移间摇曳生姿，雍容华贵。内里又分上下两层走马灯。走马灯上绘有亭榭楼台、戏文典故、花鸟鱼虫、木偶佳人。双层走马灯的顺时针、逆时针运转是整个花灯的点睛之笔，转轮与转轴的契合要张弛有度，转轮下点燃的琉璃杯要提供充足的热能，引起空气对流，热空气上升才能使走马灯转动，才子佳人才能随之起舞弄清影。

主体部分小灯均由细铁丝上下提调组成，宝盖用11根粗红棉线（9寸6根、7.5寸2根、4.5寸2根、4寸1根）系于弓形竹竿顶端，端口一般用大红纸花或插花装饰。

花灯配件：（1）火螺子：细铁线弯成螺旋状作为灯芯支持架，150个左右。（2）琉璃杯：必须透明，150个左右。（3）灯芯：细红棉线，150个左右。（4）灯油：无烟植物油，主要用棕榈油，茶油或花生油亦可。（5）花灯雨伞1把。（6）挡风草席1番。（7）领路提灯1对或2对。（8）牌板灯若干。

花灯游经渔溪公祠（黄广焱提供）

芷溪游花灯叫"出案"，轮到某姓游花灯就叫某姓"出案"。轮到"出案"的姓氏，以房族为单位由几户人合出一个花灯。出花灯的具体日子，在前一年正月准备好三牲祭品抬到洪福公王神坛前，"起神"拈阄定夺。一个花灯需要三四千元，加上玻璃杯、油等的费用，共同分担。

游花灯的主要目的是敬奉安民庵的洪福公王和水尾庵的天后圣母，农历正月初一到初六日，主要敬奉洪福公王及天后圣母，只要擎到两处神庙就行。

花灯队伍的前面，由机灵的小伙子清道，防止闲人闯入；接着是两个提灯笼的人，红提灯上，一个写姓氏，一个写屋堂名，使人一望而知是哪一房族的花灯。接着是锣鼓队（或鼓号唢呐队，或十番音乐队），后面就是花灯，擎花灯的人蹲腿、挫腰、挺胸，眼望前面，双手上下擎着花灯，走着碎步，徐徐前行，使花灯稳定行进。其他人簇拥在花灯后面跟进护卫。为防风雨，一人拿草席，一人拿特制的花灯伞，最后一人提着一篮备用的玻璃灯，如有小花灯内的火熄了，可以很快换上。这样一个花灯至少要动用三十人。如逢黄姓"出案"，参加游花灯的达三千人以上。

游灯时夜幕已降临，花灯如火树银花，五光十色，摇曳多姿。九十多个小花灯通明透亮，互相辉映；宝盖头上的凤凰灯展翅欲飞，嘴上的细串珠子晃来晃去；鳄鱼灯张开大嘴好像在企盼什么；走马灯不断旋转，使人眼花缭乱；还有小木偶装扮的各个剧中人物栩栩如生，有的笑脸迎人，有的仪态庄严，姿态各异，妙趣横生，动静相配，红绿相间，素中衬艳，浓淡相宜，远观近看，各有情趣。

2019年轮到芷红村背园自然村杨姓值案，央视九台的记者闻讯前来采访芷溪花灯文化，向全国展播——火树银花，人潮如涌，景象热闹辉煌。

二、红龙缠柱表演

芷溪的红龙缠柱独具一格，着重在舞，始于乾隆年间。龙身共有五节，直径一尺多。龙腰两边用长长的红布围着，每节相隔一米。龙头与第一节龙腰两边留有两丈多长的红布条,以便龙头跳腾得很高很远。龙珠有四个,直径一尺五寸。舞龙表演时,先舞单珠。舞龙珠的双手不断将龙珠滚动,引逗龙头,龙头总是想要噙住龙珠,舞龙头的就单手高举着龙头摇头晃脑地向龙珠奔去。龙珠时而高时而低,时而转身旋转,时而海底藏珠,龙头就跟着龙珠,有时腾空,有时纵跳,有时急退。在单珠逗龙头的过程中,形态逼真,最足以表现出艺人的武术功底。

舞双珠时,双珠时合时分,逗得龙头一下想吸这个珠,一下又想吸那个珠,双珠绕过龙颈时,龙头急得掉转回追。舞三珠或四珠时都是在上述套路中不断变换,锣鼓声更加紧促,只见龙头在龙珠中穿来穿去,张开大口,跳跃追逐,到处龙头翻滚,显得兴高采烈,场面十分壮观。

红龙缠柱一般要在大幢房子或祠堂里才能表演。表演时,在"四点金"的屋柱上,先左后右,这时舞的是单珠,多用龙头吸珠、催珠、空中寻珠的套路,龙尾高高举起缠在"四点金"的屋柱上,只见龙头在"四点金"的屋

芒溪红龙缠柱表演(黄广焱提供)

柱上或随着龙珠上下翻腾,或者绕来绕去。这时高升炮、串炮齐鸣,表演进入高潮。表演完毕,主人就会送上红包答谢。

三、十番音乐

芷红村的唢呐演奏家黄荣生是龙岩市"闽西客家十番音乐"代表性传承人,擅长演奏扬琴、三弦、二胡、小胖壶、大胖壶、笛子、唢呐等十番乐器,而尤以唢呐演奏技艺见长。他能用唢呐演奏仿汉调、西皮二黄、生旦净末丑行当的唱腔,同时掌握吹奏多把小筒(最高纪录20把)、唢呐,吹茶壶,鼻吹横笛等绝技。

黄荣生擅长演奏《连城大乐》《闹花堂》《南词》《北调》《过江龙》《百家春》《赏花》《铁断桥》《双美人》《红绣鞋》《将军令》《万年青》《步步高》《瓜子仁》等传统民乐。曾先后任连城县庙前镇芷红村十番乐队队长、传习点负责人、连城县十番协会副会长,常年在传习点授徒传艺,在连城县实验小学、隔川中心小学、芷溪中心小学持续开展十番音乐进校园活动。在芷溪及周边村镇每逢民俗活动、婚庆、乔迁等场合,都能看到他的十番乐队,听到他和队友们演奏的优美乐曲。

除了以上这些非遗文化活动外,其他民俗文化如锣鼓队、立春犁春牛、游船灯、腰鼓方队、扛菩萨等,在芷红村也都可以看到。

进士门第　海军世家

——福建省传统村落庙前镇芷星村

◎ 黄瑞铭　杨天佑

　　芷星村是芷溪下辖的6个行政村之一，现有人口2600多人。2020年3月，芷星村被评为福建省传统村落。

　　芷星村有一著名的古建筑——草坪老屋。草坪老屋的围墙边有一对花岗

草坪老屋（黄广焱提供）

岩桅杆，上部雕龙下部雕虎，这与芷溪其他所有的桅杆都不同，是独一无二的。

左边的桅杆座上刻着"嘉庆庚辰科进士杨簧"，右边的桅杆座上刻着"嘉庆庚辰科进士杨际春"。杨簧和杨际春为同科进士，又是亲兄弟，这在芷溪也是独一无二的。

草坪老屋是个发祥地，自杨济始，传十八代，后裔数百人，分布芷溪、福州、上海、厦门，广东、河南、北京、香港、台湾等地，以及美国、荷兰等国家。第九代孙杨有略家族，外迁福州200余载，绵延11代，更是人才辈出，声名远播。

有略公是芷溪杨氏九二郎世系杨仕荣公第十代孙，是九二郎公第十五代孙。有略公于清康熙五十九年（1720）偕妻儿旅榕谋生，客居侯官县长汀乡（今福州市台江区宁化街道长汀村），以卖笔为业。有略公至今已传11代，裔孙遍布全国各地，还有的播迁海外。

有略公家族人人读书，入仕为官，忠于朝廷，清正廉洁，颇有政声。有略公迁入福州时只有一家三口，从第二代起飞黄腾达，200余年间，先后荣获"书香之家""进士门第""海军世家"等美称，成为满门文武的旺族。

一、芷溪"进士文化"

（一）重金办学，遍聘名师

芷星杨氏"进士门第"是芷溪"进士文化"的一个缩影。杨氏有略公家族有12名进士（杨发浩、杨簧、杨际春、杨镛、杨惠元、杨维培、杨延传、杨廷纶、杨仲愈等）、16名举人；芷溪全村共有23名进士，51个举人，300多名贡生、秀才。其中，突出的有集鳣堂两根矗立的石桅杆镌刻的清代父杨进、子杨梦麟称父子进士，草坪老屋有兄进士杨簧、胞弟进士杨际春等著名的兄弟进士，这些都是芷溪仕宦界的佳话。

芷溪"进士文化"得益于芷溪先祖不惜重金大办书院、学堂，遍聘名师，发展教育。先后创办了6所书院（桃源精舍、种石山房、蹑云山房、琢玉山房、北溪草堂、仙高崇书院），还有数十所私塾遍布全村，较大家族做到学不出院，使大多数子弟都能接受教育，甚至有部分女孩也有受教育的机会。民国时期，又先后创办了"作人学堂""崇实学堂""萃新学堂""成美小学""育德学堂""工农子弟小学""贫民学校""文虎小学""私立连南中学"等，1949年后兴办"芷溪中心小学""芷溪中心幼儿园"等。

余庆堂高祖杨德庵公创办种石山房，"四方客有好读书者，君揖之入室"，聘其为师。内阁大学士、福建学政朱理，吏部考功司郎中兼翰林院编修孟超然，礼部仪制司主事伊秉绶，兵部左侍郎、江南道监察御史初彭龄，著名书法家何绍基，福州才子邱振芳，晚清举人邓光瀛等都在芷溪讲过学，并留有多处题词墨宝。

峻亭公祠——办学场所之一（黄广焱提供）

（二）奖学机制

为鼓励学子读书，芷溪许多家族均设置义仓和学田等奖励机制。各姓义仓多至数十个。据《连城客家情》第八辑记载："清代以来此地的学田、尝田和义仓，其中黄氏义仓万担谷田以上者有笃本仓，拥有千担谷田以上者有华平社，拥有数百担谷田以上者有云义仓、荆玉义仓、四文仓、永义仓、长义仓、臣义仓、孝义仓、滋兰社等；拥有数十担谷田以上者不可胜数矣。连南境内20余个村落（包括上杭县界的陈坑、下车）、80％以上的土地都归芷溪黄氏义仓所有。"凡有功名或学绩的子弟，均有学谷或学田奖励。如杨云岩（百万公）的后裔杨子峰，于清咸丰年间中秀才，获奖300担谷田，供其一辈子享用。到民国后，各姓大学毕业，奖10～20担谷，中学奖5～10担谷，小学奖1～2担谷。有的坚持到土改前。又如1937年，芷溪各义仓为芷溪小学捐产，定息折谷3038斗，折值国币为7709元，所得年息1494.60元作为办学固定资金。还将"公安仓"（黄姓）、"培风仓"（杨姓）产业全部变卖，所得之款弥补文虎小学建校差额。尤其是以黄姓的华平社和杨姓的笃本仓为首，捐足300担谷田作为私立连南中学建校立案保证金。芷溪的文化教育和人才培育就是这样发展起来的。

二、杨氏"海军世家"

自清代至民国期间，杨氏有略公连续六代子孙投身海军，成为中国近代海军的中坚力量，并被誉为"海军世家"。

据《连城文史资料》记载，鸦片战争以后，中法马江海战和中日甲午海战，激发有略公家族投笔从戎、保家卫国的热情，一大批裔孙投身海军。清同治十三年（1874），爆发牡丹社事件，日本铁甲船进入福州和台湾水域，福州、厦门海防吃紧，身为福建水师副将的杨廷辉（有略公后裔），一面择闽江口要塞处修筑炮台，一面招募闽安周边渔民组成一军，奔赴台湾驱除日寇，获授钦加二品衔，赏戴花翎。在中法马江海战中，杨廷辉统率漳泉陆勇千名及闽安水师抗击法军。

此后，又有一批杨氏家族裔孙参加海军，如：杨用霖加入北洋水师，从炮舰"船生"升至护理左翼兼署镇远舰管带（舰长）；杨建洛于光绪九年（1883）考入天津水师学堂，任北洋舰队济远巡洋舰帮带二副。此外还有致远舰枪炮三副杨澄海、来远舰三管轮杨春燕、靖远舰升火杨振鸿等。1894年中日甲午海战爆发，这批杨氏子弟踊跃参战，抗击日寇。杨用霖、杨建洛、杨澄海、杨春燕、杨振鸿、杨龙济、杨辉发、杨辉耀、杨细等九位烈士在海战中英勇杀敌，为国捐躯。杨用霖获朝廷优恤赏银治丧，赠提督衔，予骑都尉兼云骑尉世职。杨建洛牺牲尤其惨烈，中炮后，碎身多处粘挂在炮舰的烟囱等处，光绪皇帝为表彰英烈，授予其嗣子杨树庄世袭顶戴花翎。

特别值得一提的是杨簧。杨簧，字竹圃，原名笙，因避讳改簧。杨簧祖父杨兰起虽已入仕为官，但坚守清白家风，仅靠俸银养家，加之先后生了六子，家境并不富裕。四子杨发泗（杨簧父亲）只好弃儒改商，从福州回到祖籍连城，小本经营。杨簧生于连城芷溪草坪老屋，幼年就读于芷溪杨姓创办的种石山房和琢玉山房。据传，他家贫无午餐，一天两顿饭，中午放学后常坐在书院旁的一处泉水塘边，流着眼泪以泉水充饥（故乡人称此为"目汁塘"）。后来，恩师发现，愿供其午餐。杨簧感激涕零，发愤读书，十九岁考取府庠第三名，二十五岁考取一等一名拔取贡元，二十六岁朝考第一，四十四岁进士及第。当年考中进士时，杨簧填报祖籍为汀州府连城芷溪，为官后才到福州。由于忠君勤政，杨簧从七品主事、三品京卿升至二品封疆大吏（两江总督），兢兢业业，忠君报国，颇受道光皇帝赏识。但到六十余岁时，终因无银奉送皇帝派来的考绩官员，而被诬告退老还乡。

根据芷溪杨氏济公房族谱记载，自杨兰起开始，共产生四位二品大员，具体是：

杨兰起，举人，甘肃宁远知县、陕西延榆绥兵备道、江宁布政使加一级，为二品大员。

杨履春（簧），举人、进士，刑部浙江司主事、陕西延榆绥兵备道、湖南按察使、江南布政使、江苏巡抚、两江总督，为二品大员。

杨际春，进士，刑部河南司主事、山东司郎中、湖南按察使、山东布政使、光禄寺卿，为二品大员。

杨廷传，举人、进士，户部主事、江南道监察御史、马尾船政局提调、总办，为二品大员。

又据《连城文史资料》第42期记载，民国时期，杨树庄（1882—1934），杨簧后裔，中日甲午海战烈士杨建洛嗣子，字幼京，原籍芷溪草坪。光绪二十四年（1898）入广东黄埔水师第八届驾驶班，1904年毕业后，在萨镇冰部下任湖鹰快艇艇长。1911年辛亥革命爆发，时任舰长的杨树庄目睹清军屠杀民众，激发反清意识，不执行上司命令，拒绝向武昌民众开炮，并率湖鹰等三舰起义，巡护江面，阻断清军过江。

自清末以来，杨氏"海军世家"连续6代先后有100多人参加海军，在抵抗外敌战斗中，杨氏"海军世家"成员有数十人光荣牺牲。如：中法马江海战，水手副头目杨宝和、练习生杨兆楠等阵亡；中日甲午海战中，杨建洛等9人为国捐躯。据记载，杨氏"海军世家"先后有数十人任海军官佐，其中一级海军上将1人（杨树庄），海军中将3人（杨廷英、杨庆贞、杨才尧），海军少将12人（杨廷纲、杨廷枢、杨敬修、杨建全、杨则德、杨树仁、杨铣元、杨益铮、杨益昆、杨益干、杨才舜、杨熙龄），准将1人（杨济成），上校1人（杨逾），中校1人（杨树翰），少校4人（杨起、杨之祥、杨之铨、杨树端）。在海军部门服务的还有福州马尾船政提调（主管财政副局长）、总办（船政局长）杨廷传，马尾船政学堂海军学校监督（校长）杨云栏，烟台海军学校教官杨景祁，海军军法处长杨廷枢，海防司令部杨廷基，江防司令杨廷培等，是名副其实的"海军世家"。

三、芷溪商业文化

芷溪是连南山隘的商业重镇，商业网络发达，物品丰富，处处青砖瓦房，一派繁荣景象。据记载，清康熙年间，朋口至新泉，经矶头至上杭、永定峰市直下广东潮州的水路开通，即有不少商人由汀江而入潮州贩运木材发家，再加上陆路有官道通向连城、长汀、上杭、龙岩，便有了芷溪巨商"二代三个百万公"。

百万公豪宅之一为九厅十八井的万斯堂，整栋建筑非常气派。外大门是石门楼，内大门进去为三进厅，在一、二进厅之间，还有一个可以放一张大猪腰桌的议事厅，左右各两排横屋，构成完美的九厅十八井格局。

芷溪杨姓十八世云岩公，字书萃，讳登台，是"两代三个百万公"的奠基人，生于雍正七年（1729）十一月二十六日。他长期在福州一木材行当伙计。老板看他生性忠厚，勤劳俭朴，能说会算，视为得力助手，年年增加工资，每年还分些红利给他。日积月累，云岩公也有了一些资本，便自己买些木材托老板代销，后期云岩公有了经验，便自己做起木材生意来。

有一次，云岩公购买的木材全部扎成木排放运到闽江下游。适逢洪水猛涨，木排只好暂时搁在江边，否则会冲倒福州洪山大桥。此时，福州知府出来巡视，即出告示，要木材老板逐一登记木排数量，并亲自查问登记。此刻，仍大雨倾盆，水势不断上涨，再涨几尺，大桥势必被木材冲毁。重建这座大桥需耗资百万，谁也承担不起。因此，许多木材老板都不敢认领，只有杨云岩挺身而出，承认都是他的木材。待洪水退去，木材全归其所有，他也一跃成为百万富商。

据长者介绍，在芷溪还有十多家用谷仓装光洋的大商户，多以经营木材、纸业为主业，也有织造洋布、经营烟叶等销往广东潮汕地区及上杭、连城、武平等地。旧时，芷溪人在上杭矶头有数间过驳行。广东潮汕一带的盐油、布匹等杂货经水路运到上杭矶头，再由矶头过驳行转运到芷溪赤树墩码头或陆路挑运回芷溪。如留法青年黄鸣谦其三哥向兴（斗隆）掌管大商号笃兴店，还兴办联丰、德隆商号，经营布匹、盐油、海产、糖类等杂货，出口木材、草纸、土特产等，由水路运到广东潮汕，从潮汕运回布帛等杂货到矶头过驳行，再由过驳行运回赤树墘码头，在芷溪一带批发零售，生意做得很大，物资很丰富。

再从芷溪地理位置看，东邻本县庙前，西连新泉、官庄，南通丰图。芷溪又是新泉、庙前、杨家坊等地的大圩场，上杭的古田、蛟洋、南阳、旧县，长汀的南岭、中复，本县的朋口、莒溪等较远的乡镇，也时常会有人到芷溪赶圩。芷溪还建有拱桥店、凉棚街、三角坪、十字街和土楼街等街道，以及神树山、七期圩等牛市。芷溪商品经济发达，从事商贸活动、外出经商的人，在三村八隘中是最多的，因此芷溪是近代以来贸易繁荣之地。

芷溪在近数百年间创下的业绩，与芷溪林立的宗祠是息息相关的。每座宗祠都是族人的精神家园，凝聚了一个个家族团结奋进、共谋发展的精神力量。正是这种宗族的精神力量，激发族人在学海、商舟、仕途中奋勇搏击，涌现出了众多的佼佼者。

崇文重教　悫著爱存

—— 福建省传统村落庙前镇庙上村

◎　江初祥

一、村落概况

庙上村地处庙前镇之东南，地势南高北低，由东而南，依次有荷山、后龙山、将军山环抱，呈半圆形。境内有两条小溪涧。一是从伯公寮流出向西北，由水渠导入庙前溪；一条自将军山流出，自南向北，经涧头流入庙前溪。两条溪涧，水流量都不大，但足以灌溉农田。庙上村的经济是农业经济，土地资源有耕地面积1100亩、山林面积8160亩。农田主要种植水稻、烟草、芋子、地瓜。村南之后龙山，具有丰富的锰矿，品位高达70%以上，由国有开采，已历经65年，连城锰矿有限责任公司即坐落于庙上村。村落面积2.6平方千米，人口3450人，分布在塘背、大圳、杉树下、小康几个自然村。现有村民中，最早入迁的是罗姓，时间是元至正七年（1347），此前有萧、龚、童、邱、叶、樊诸姓居于此。从罗姓始开村至今有670多年，是一个历史悠久的古老村落。2020年3月，庙上村被评为福建省传统村落。

二、历史脉络

早期因萧姓迁入，故称萧坊，范围即现在的庙上村及庙前街以东。方志所载，称自芒园经桃坪流入的溪为萧坊溪。明朝有官员自莒溪而来，过朝天岩岬，一路古木参天，遮天蔽日，及至出口，只见一派平川，豁然开朗，便名此处为朗村，含吕坊、阙坊、权坊（水北村）、萧坊，乃至坪头。朗村之名与诸坊并用。《连城县志》（乾隆版）之南乡即有朗村、萧坊并列的记载。明成化年间后，萧坊定二、七为圩期，设圩场于关帝庙前。人有来赶集者，都说：到庙前赴圩。于是，便有了庙前的地名，初时仅指称关帝庙前的一席之地，后来指称范围不断扩大，则庙前地名又与朗村并存。大凡是官方称朗村而民间称庙前。方志中是不见有庙前地名的，而朗村的地名却一直沿用到民国。民国实行保甲制，庙上村称为朗南保，庙前称为朗西保（含坪头）。中华人民共和国成立后，废朗村地名，改作庙前村，后改村为大队。1972年，以319国道为界，分为庙前大队和塘背大队，塘背大队地处庙前大队之上方，于是改为庙上大队，后来改大队为村。

连城建县之前，隶属于长汀县古田乡表正里，建县后改属于连城县表正里。明初，表正里与席湖团合并为表席里，则隶属于表席里。民国期间，为崇溪乡，隶属于第六区。一度成立乡苏维埃政府，隶属于新泉县。中华人民共和国成立后，为乡的建制，隶属于新泉区。1958年，为大队建制，隶属于新泉公社。1972年，改属于庙前公社。1984年改为村的建制，隶属于庙前镇至今。

三、传统建筑

庙上村的传统建筑主要是古民居和古宗祠。建筑是有时代性的，不同时代有不同的特点。庙上村的古民居有的为明代所建，分布在塘背的俞屋、吴屋、罗屋和杉树下，保存完好的八九幢大都是土木结构，其共同特点是低矮古朴，不尚雕饰。门楼没有飞檐翘角，也没有花草鸟兽的雕饰。以江氏祖屋为例，它建于明弘治年间，至今有500余年，土木结构，门楼高才1.7米，没有任何装饰；大门内雨坪不大，长9米，宽7米，与大门相对的厨房膳厅低矮窄小；两进厅，下厅宽9.8米，进深2.8米，上厅宽4米，进深7米，顶高4.6米。

古民居比较堂皇的是清代建筑，数量不多，保存完好的就那么五六幢，以全国重点文物保护单位采陔公祠为代表。其建于清道光年间，特点是规模宏大，富丽堂皇。总占地面积4865平方米，总建筑面积4311平方米，共有用房134间，12厅27井。其建筑工艺之精湛，表现在石门楼上，门楼飞檐翘角，鳌头斗拱，一律以洁白的大理石为构件。门前两对石柱，内石柱承载石雕的"采陔公祠"匾额，其下所雕是狮子戏球，狮子神形逼肖，球体镂空。左右两边则雕以吉祥花卉。内外石柱都雕刻楹联，联文古典高雅。门内的屏风是精细的木雕，内容是古典传说，壁画是二十四孝图。

采陔公祠正面照（江达摄）

还如省级文物保护单位江氏家庙，坐落于庙前镇庙上村杉树下，丁山癸向，是九郎公后裔庙前始祖永宗公之祠。始建于明万历年间，扩建于清顺治年间，1942年再次重修，建筑面积约为600平方米。门面外观仿西方教堂格调，顶高约9米，雄伟壮丽。上题"江氏家庙"，是厦门大学著名教授、闻名遐迩的一代书法家虞愚（1909—1989）所书。现为江一真陈列馆。

江氏家庙（江发扬提供）

四、传统文化

庙上村的传统文化是多元的，以儒家文化为主流，杂以释家和道家。

（一）儒家文化

儒家文化表现在古民居的堂号、门匾、楹联上，大都渊源于古典，都有出处。如采陔公祠之堂号"斯馨堂"，即出自唐刘禹锡之《陋室铭》："山不在高，有仙则名；水不在深，有龙则灵。斯是陋室，惟吾德馨。""斯馨"取末句首尾二字，此二字也是全文的中心，颂扬居室的文雅与高洁，借以表达屋主的品性。"聚欢堂"的门匾是"满抱阳春"，含义高雅，又具诗意。楹联内容则更为丰富。以江氏家庙为例，其正厅上联是：毡充卧席石载归舟想当年臣节儒风留贻后嗣；下联是：论著徙戎诗传谕学缅先世经济文章彪炳来兹。在一副楹联中引用了两位江姓名人典故，上联"毡充卧席"说明江革出身贫寒，"石载归舟"赞扬他一生廉洁；下联"论著徙戎"是赞扬江统具有远见卓识。

正厅"克开厥后"一语,出自《诗经·周颂·武》。吴启迪所题"笔花世泽翰墨香,谏草家风声望远",上联典自江淹梦笔生花的故事,寄希望于江姓后裔能赓续江淹文脉,永为文明世家。下联讲的是光绪三十年(1904)进士、监察御史江春霖直言敢谏,清正廉洁,指名道姓地弹劾庆亲王勾结党羽、盘踞要津、独揽大权;八次弹劾直隶总督兼北洋大臣袁世凯,把袁世凯开缺回籍,被慈禧太后称为戆直御史,体现了江春霖在国家危亡和个人荣辱面前刚正不阿的高尚品质。

儒家倡孝道,而族谱正是孝文化的体现,庙上村诸姓都有族谱,尤以江姓五修族谱最为完备,有序言、凡例、图谱及各种志书。俞姓自乾隆五十八年(1793)始修谱,一直延续至今,共24代,用毛笔书写,由专人保管。

儒家重礼仪,视"三礼"为经典。庙上村诸姓每年正月都要到宗祠中行祭礼。本地称之为"拜图"。

(二)释家文化

庙上村人多信佛,佛寺也多。主要有:

曹家山寺,坐落于曹家山谷,建于明朝中叶。鼎盛时期有寺产、农田几十亩,僧众上百人,至清末逐渐衰败,至1932年被毁。

福寿庵,坐落于荷山下,建于清乾隆年间,占地面积1000余平方米,有上下两厅,两横屋。正殿有三宝菩萨等10余尊。常年有僧尼住此,至1958年,因锰矿建厂而拆除。

清凉寺,坐落于庙上村小康将军山北麓,清咸丰年间建,原为"蕴玉山房"书院。至光绪末年为一僧人所居,安上菩萨,扩建禅房,改为寺院,名曰:寿安山。1983年,募资扩建,有中华山僧人到此住持,更名为清凉寺,至今香火旺盛。

心安寺,坐落于庙上村宝华山,距村两千米许。1980年,性海寺住持慧瑛法师到庙上村弘法,有释光维、光声等捐募资金60余万元在此建寺,建筑面积2000多平方米，有大殿、中殿、禅房、厨房、膳厅。常年有僧尼住此。

福安寺，坐落于小康北鸡仔树下，20世纪80年代由僧尼募捐兴建，由小而大，渐成一座完整寺庙。常年有僧尼住此，香火不断。

（三）道家文化

庙上村有"三公"，即江姓福权公，上官姓得龙公，俞姓子兴伯公。"三公"的生活年代大约是明成化年间，他们都信奉道教。相传他们都有"法术"，即不过以斋醮符箓役使鬼神的方士小技，然而在民间却有深远的影响。江姓人以福权生辰之日为纪念，行醮事，在老屋中设醮堂，起幡竹，延道士，做法事，祛病消灾，已延续数百年。得龙、子兴公也同样如此。得龙公的符箓方术，代有传人，其与人无争的思想也传之后代，有上官大鹏者，一生为人恂谨安分，不妄取锱铢，终其生不与人争。其事迹载之于《连城县志》（民国版）。

五、历史名人

庙上村地灵人杰，历代名人不少。

江一真（1915—1994）：出生农家，自幼失怙。1929年参加红军，1932年，选送红色卫生学校习医，1934年随军长征。1937年任野战医院院长，次年任军委卫生部保健科科长。1941年调任晋察冀军区卫生部部长，其间曾创办白求恩卫生学校并任校长。解放战争时期，随军南下至福建，先后任福建省农协主席、省农村工作部部长、省委书记、省长。1962年调农垦部任副部长。1965年任农业部代部长兼党组书记。1977年担任卫生部部长，1979年调任河北省第二书记、省人大常委会主任，1982年选为中顾委委员。

江上舟（1947—2011）：江一真之子，毕业于瑞士苏黎世联邦理工学院，为高级工程博士。曾任海南三亚市副市长，洋浦开发区党委书记兼管理局局长，上海市政府经委副主任、政府副秘书长，中芯国际董事长，中国芯片奠基人，C919大飞机和探月工程项目的启动者，后调任中国残疾人福利基金会

江一真故居（江发扬提供）

理事长（副部级）。

　　江连钦（1898—1951）：庙上村人，出生于莒溪，少年失怙。在亲友的资助下读完县旧制中学，1924年以优异的成绩考入集美师范，1926年又考入黄埔军校（第六期），毕业后，历任至团长。抗战期间，镇守潮汕及诏安海防，又奉命署理诏安县事（诏安县县长）。在诏三年，政声卓著。1949年，特受邀参加闽西起义，任闽西义勇军司令部特派员。

　　江子芹（1913—1987）：出身农家，家境贫寒，仅读三年私塾。1929年，即参加苏区少先队，次年转为共青团员。1934年往上杭蛟洋，参加傅柏翠领导的工农游击队，为连长。1942年出任崇新乡乡长。抗日战争时期，为创办私立晨光小学而奔走呼号，并任校董事会董事兼教员。1949年参加闽西起义，任义勇军第一团副团长兼第四大队队长。10月，再次率部进驻连城，成立行动委员会，宣告连城解放。中华人民共和国成立后，历任附城区区长，建设科副科长，松香厂厂长。县人民代表大会代表，连城县政协第一、二届常委。

官健平（1912—1999）：上官得龙十二世孙，出生于龙岩雁石。少年时，在厦门求学，抗战爆发后，投身于抗战。1946年3月，加入中国共产党，先后担任潭湘宁中心县工委书记、湖南人民解放军总队湘中第一支队政委。1949年调任益阳军分区，任政治部副主任。1950年转地方工作，先后任中共益阳地委委员、宣传部部长、组织部部长。1952年10月，任邵阳地委副书记，次年任中共湖南省委副秘书长兼省直机关党委副书记。同年12月，任湖南省委统战部副部长。1962年选为湖南省委委员。1962年2月，始任省委农村工作部部长、第二届湖南省政协副主席。1964年11月，任湖南省委统战部部长。"文革"后拨乱反正，恢复工作。

罗先明（1909—1935）：出身佃农之家，从小丧父，只读两年私塾。1929年秋冬参加农会，选为分田委员。次年，参加共产党，任乡苏政府文书。1933年，被任命为乡苏军事科长。1934年，国民党李玉堂部进驻庙前，乡苏转入地下。是年冬，罗先明奉命组建游击队中队，隶属于上杭北四、北五区游击大队。次年，国民党加强了对游击队的"清剿"，游击队的生存环境更加险恶，上级决定令游击队员各自返乡，隐蔽分散活动。罗先明为筹措粮食，到阙坑坝亲戚家"借粮"，被出卖而被捕，惨遭杀害。

六、民情风俗

庙上村民风淳朴，崇文重教，孝风浓厚。

（一）崇文重教

村民普遍尊孔子为先师先圣，立牌位以祀奉。尊重文人，称之为先生，礼遇有加，相遇要让路，宴席必请上座。典型人物有罗开亮，他以裁缝为业，一生勤俭，未有家室。他崇拜孔子为圣人，将一生积蓄悉数捐予孔庙。其事迹动人,载于《连城县志》(民国版)。村民重视教育,各姓氏房族都广设私塾。有《朗村隘学田记》《崇儒通隘拔帖》传世,从中可知自明嘉靖年间许尚静知县推举4位秀才到此任教,而后斯文渐兴,仅以江氏粗略统计,明清两朝,考上国学生以上的人数达40人。尤以十四世祖耀香为典型,他父亲是贡生,他本人是恩进士,他以诚信文明经商,致家境殷富,于是广开私塾,免费让族中子弟入学,他的孙辈就有尔德、尔莲、尔玉、尔梁、咸钦、咸惠、咸坤等7人均为邑庠生,享有"父子双贡生""一门七秀才"的美誉。俞姓有成培、贤佐一文一武两秀才;上官姓有官珩为拔贡。

庙上村民重教之风一直延续至今。1972年大队刚成立,集体经济十分困难,队部以烤烟房做办公室,众人一心,捐资96万元,创办塘背小学(现庙上小学)。民间自发捐资建立奖学基金会的,有大圳和采陔,奖励考上大专以上的族裔。

(二)孝风浓厚

江氏家庙大门在上方书"愿著爱存"四字,语出《礼记·祭义》"致爱则存,至愿则著",意思是应以至爱至诚之心祭祀,践行孝道。这是江氏族训,也是江家门风。也以耀香公为例,他自号"采陔","采陔"取自《诗经》:"循彼南陔,言采其兰。"采兰于南陔,以供养父母,乃是尽孝的代名词,以此自号,表明心志。采陔祠内,孝文化气息浓厚,文为孝道之文,画为二十四孝图。更为可贵的是,他以孝道治理家政,几十年来四代同堂,一起用餐,内外有别,长幼有序,几十口人雍雍穆穆,兄弟无芥蒂,妯娌无雀角,欢聚于一堂,可谓至孝之风范。

七、红色交通站

1934年10月,中国工农红军主力开始万里长征,留下闽西红军游击队,至1938年,2000多名红军游击队员改编为新四军,开赴抗日前线。新四军第二支队在龙岩白土设留守处，继续领导闽西革命斗争。为了传递上级指示，接送同志，恢复和整顿党的组织和地方武装，必须建立地下交通站。中共闽西站长、总支书记游荣长为在庙前建立交通站，率领钟德标、李斯元、黄孟伊、罗子仁等，由陈寿生、杨福蛟领路来到庙上村杨土生家中。经过考察，认为杨土生家适合建立交通站，理由是：一、杨家世代务农，家境贫寒，有参加过革命的经历，政治上可靠；二、单家独屋，周围两里并无人家。就此确定，并命杨土生为交通员，负责上杭塔里、白砂至新泉大寨头路段的联络任务。杨土生动员全家参加。白天要转送文件，由他父亲负责；晚间护送同志或传要件，则由他弟弟荣生负责。土生本人则负责侦察掩护、引领等。交通站自建立后，多次出色地完成任务。

龙腾虎跃　坚毅林垱

—— 福建省传统村落林坊镇林垱村

◎　林金才

如果我告诉你林坊有个林垱村，你一定不觉得自己孤陋寡闻。

如果我说它是福建省传统村落，你一定会大为惊讶：只听说林坊大龙林坊武术，何时有过这崭新的林垱？

是的，林垱村是1993年开始有的新名字，这一年，林坊实施体制改革，将旧属林坊大队分为林垱、林塘、塘垱三个行政村，才有了林垱村。

宋末，林坊林氏始祖伯八公先居剑州（南平）虞栏阁，因避战乱隐居清流螺村南山下，后徙居清流李家林家城。南宋景定五年（1264），伯八公裔孙六十郎迁入连城南顺里水西半径堡定居。随着林姓人口的繁盛，外姓居民的迁出，先祖以姓名地，取名为"林坊"。再后来，五世祖旺生公生四子：章旻、子长、文长、满全，四宗屹立，分居林坊岗尾岭、大梨门、井头门、塘丘门，曰"林坊四门"。

林坊1264年属莲城县南顺团，明清至民国初期改为南顺里。1973年林坊组成林坊、林联、岗尾3个大队，归城郊公社管辖。后来城郊公社改为文川乡，林坊分设为林一村、林二村、林三村、林四村、林五村、陂桥村、岗尾村。1993年设置林坊乡，林坊四大门分设为岗尾村、大梨村、林联村、林塘村、林垱村、塘垱村、陂桥村，林坊乡还辖庐屋、上寨、五寨、横坑、张坊、魏坊、李丰、有福等，共15个行政村。

林坊村坐落于林坊镇集镇区范围内，位于林坊镇中部，与大梨、林联、林塘等村庄连接成片。距离镇政府500米，距204省道1000米，门口溪穿流而过。北有县道江林大道，南与文亨镇隔田相望，西向紧邻五寨水库，且省道环绕，东与连城城区紧紧相依，区位条件优越，基础设施相对完善。现有辖区面积1平方千米，居民292户，在籍人口891人，常住人口500余人，土地600亩，山地300亩。主要产业是种植红心地瓜800余亩。2020年3月，林坊村入选福建省传统村落。

村庄选址遵循传统的理论，以宗祠为村落核心，溪流为玉带，山—水—田—居和谐共生。古村就处于镇区中部，周边都是延绵的良田沃土，直达山麓。整个古村以高大的群山为靠，村四周有地势较低且连绵起伏的山体，山势逐渐抬高。

村内巷道走向曲折蜿蜒，保留了村落的自然传统形式。屋宇间呈线形连接，与各类新建筑协调分布，建筑错落有致。村落整体风貌保存较为完整。

林氏宗祠：建造于清康熙十一年（1672），至今已有300多年，择地连城县林坊镇老街，现林坊村、大梨村境内，堂号"崇本堂"。土木结构，始建时规模较小，称林氏家庙。光绪二十一年（1895）重建而成，改称林氏宗祠，总面积达4.4亩（合2928平方米）。其中总祠面积535平方米，公局（宗祠横屋）面积176平方米，后院面积687平方米。戏台坪面积1360平方米，戏台面积170平方米。总祠坐北朝南，砖木结构，64根木柱立地，分上、中、下三厅，左右建走廊。上厅有神龛三阁，中龛为始祖伯八公至六世祖神主，左为长房神主，右为二房神主，左侧厅为三房神主，右侧厅为四房神主。中厅"宿人亭"建筑别具一格，六柱耸立地面，飞鳌斜阁装饰，雄伟壮观。檐下木雕云衣，雕刻各式精巧图案，具有客家古建筑特色。前面栏杆上端配有一对小石狮，左右两侧配有懒人椅。天井两旁栽有桂花、茶花树，艳丽清香。大门上端门楼构建更具有古建筑特色，木雕三山，斗拱重叠，巍峨屹立，两翼燕尾高翘，十阁鳌头气凌霄汉。"林氏宗祠"烫金大匾悬挂中央。大门左右设置石雕扁圆户对，台阶下立着一对大石狮，瞠目相望，颇显威严。大门口有历代建树功名裔孙所立石木桅杆，可惜在1954年拆除。祠堂内栋梁上挂有历代名人金字匾70多块，也惜在祠堂改学校时拆除。照墙外建有广场、戏台、公王亭、半月池等建筑，祠堂右侧建有厨房、公局一座。公局有上下厅厢房，上厅有议事厅，供乡绅耆老议论决策、处理乡村族房事务。

林氏宗祠门楼（林金才提供）

天后宫：离林坊村部仅一千来米的天后宫兴建于乾隆元年（1736），占地面积2800多平方米，坐东向西，面向森林覆盖的林坊后龙山。庙前是宽敞的大坪，前面小溪横流，渐闻潺潺的流水声。庙宇构建高而宽，建筑雄伟，风景如画，内设正殿，两侧厅、两厢横屋、殿宇轩昂而有灵气。门楼高大，三山巍然屹立，六阁鳌头耸立云霄，雄伟壮观，石刻"天后宫"3个大字镶嵌在大门前。雨坪宽广，红墙画屏（一左一右）与门前红墙相对更显肃穆。上厅两边悬挂着鼓与钟，每日晨昏钟鼓齐鸣，以示吉利。正殿内安放着高1.5米金身圣母（妈祖）塑像，左右铝合金罩护，金光灿烂。圣母塑像身着锦绣龙凤衣冠，坐在特制的花轿内，栩栩如生，赫显神气。下厅天井边有一尊高1.5米、长1.3米的石雕大香炉。庙宇殿内共有26尊菩萨，又有楹联28副歌颂圣母，诗意风雅，如正厅联语曰："圣母显赫沐泽恩，默姑风灵沾福泽。"中厅联语曰："圣隆慈祥普度三千界，母施仁爱长叨亿万年。"1998年旅台裔孙捐资鼎力支持，众裔孙发奋努力，现庙容面貌焕然一新。左边新建观音寺，右边新建膳堂，为四方弟子参加圣母庆典活动膳食之用。庙宇佛教、道教合一，观音寺内有佛教菩萨：释迦牟尼、阿弥陀佛、十八罗汉、四大天王；正殿大厅内有道教师尊、关老爷、财神爷等塑像。大雄宝殿内36尊菩萨金光灿烂，琳琅满目，还有楹联曰："法镜交光六根成慧日，牟尼真净十地起祥云。"如来佛前楹联曰："自在自观观自在，如来如见见如来。"

林坊族众历代拜谒圣母，求吉利保平安，每年三月二十三日圣母诞辰之日，从二十二日夜至二十四日共两天半时间，族人在天后宫打醮、诵经叩拜。为永怀不忘圣母之功绩，林坊林氏家族家家户户神龛中堂皆置有"天上圣母"神位，敬仰圣母之深，可谓难能可贵。

镇武庙：始建于明朝，总面积670平方米，坐东向西，土木结构，外墙是砂灰墙，里面梁柱枋桁一律漆成红色，与门楼的红色一致，显得威武庄严。门前是宽敞的大坪，左边小河直下，近年又在河上建成一座长10米的廊桥"崇民桥"，古式为主，现代为辅，与镇武庙相互交融，使文化遗产更完善、更雄伟壮观。

叶清公祠：建于同治十二年（1873），占地面积561平方米，建筑面积382.5平方米。青砖土石结构，木板隔墙，古木柱承重，抬梁穿斗混合式，屋檐飞檐斗拱，地面为砂糖黏土打制而成的三合土地板，门口立有旗杆。1930年7月，红十二军三十四师进驻林坊开展革命斗争，在此成立林坊乡苏维埃政府和赤卫队。1931年4月，成立林坊区苏维埃政府，叶清公祠为林坊苏区苏维埃政府办公场所。

忠茂公祠：又名显亭公祠，建于1942年九月初八日，由族裔伦尹公倡建，坐落于塘坵门梅树下。坐北朝南，青砖土木结构、抬梁穿斗混合式建筑，占地面积200平方米，门楼三山、斗拱重叠，巍然屹立，两翼燕尾高翘，十阁鳌头气凌霄汉。1943—1947年为连城第十临时教养院、林坊临时抗日伤兵疗养处，八字影壁上"忠党爱国"标语为抗日伤兵所题；1950年为解放军二五三团土地改革办公场所；1958年为林二大队办公场所。2021年，列入连城县历史建筑。

此外还有满全公老屋、关帝庙、台南祠等古建，不再赘述。

这些古建筑除了实现住所、祠堂、供奉等功能外，还在向人们展示艺术价值。聪明的林坊人对其布置一番，以发挥其教化作用。

林氏宗祠：正厅张贴"林氏家规"，让子子孙孙都能记住祖宗的叮咛，牢记嘱托，不负期望。

叶清公祠：作为苏维埃政府展地，让后人记住革命不易，珍惜成果，捍卫果实。

满全公老屋：有老屋史实和满全公为人的介绍，作为族人效仿的榜样。

不止于此，林坊人民还在代代相传的民俗活动中，加入自己的特色，譬如游大龙和尚武习俗，不仅是一种文化的传承，其中表现出的勇敢和坚毅还影响着一代又一代人。

游大龙习俗：林坊林氏家族游大龙习俗滥觞于明初，清朝年间，四房桐德在湖南洪江做工时，潜心学到了扎龙的制作技术。后经过几代先辈对龙制作技术进行改进，林坊大龙别具一格，彰显特色。整条龙的组成有9种动物特征：牛头、驴嘴、虎鼻、鹰爪、鹿角、猫耳、虾眼、蛇身、金鱼尾。龙头高2.7米，长4.9米；龙尾高2.3米，长4米；龙腰直径0.58米，每节长3米，连板4米。每年游龙活动从正月十三至十六日4个晚上，正月十四日晚游往县城。林坊大龙名扬遐迩，龙游所到，热闹非凡，家家户户焚香燃烛，堆火摆品。游龙队伍浩浩荡荡，场面壮观。大龙腾挪起伏，人群追逐欢呼，鞭炮震耳欲聋，焰火映红夜空。1962年，4条大龙共有465节，长达1860米，为历史之最。

1999年林坊3次出龙，其中正月林坊大龙109节游于本镇；9月连城县举办"九九金秋节"，林坊出大龙99节，在开幕式上表演；12月，龙岩市在古田举办纪念古田会议70周年大会，中央"心连心"艺术团慰问演出，林坊出大龙90节应邀现场表演，受到中央领导和与会嘉宾的连连称赞。

林坊大龙（林金才提供）

尚武习俗：连城武术源远流长，始于宋代，盛于清朝，有近900年历史，历代武馆兴旺。为推动民众习武，康熙四年（1665），县令杜士晋曾建有演武亭，可见当时习武之风甚盛，不仅有练武之地，还有切磋技艺场所。直到1948年，林田乡还成立梨井保国术研究社（林坊武术协会前身），研究武术。

数百年来，该县尚武之风世代相传，永不间断，练拳使棍者常年不辍。

林坊林氏家族尚武之风历史悠久。到清朝年间，林坊武术进入鼎盛时期，科举武进士、武举人和武术界知名人士比肩继踵，人才辈出，为国家培养了一批保疆卫国的中高级军官。如，林朝辅，字国佐，乾隆五十五年（1790）武进士，钦赐"果勇巴图鲁"称号，诰授武翼大夫；林明纪，字冠军，光绪十六年（1890）武进士；林占圭，光绪十一年（1885）武举人；林占彪，光绪十一年（1885）武举人；林如彪，光绪十七年（1891）武举人；林建勋，光绪二十年（1894）武举人；林仲萧，光绪二十年（1894）武举人。

林坊武术属泉州少林派系。乾隆年间，四房十满公投师于泉州少林寺，学艺五年后回籍，把少林武术与林坊原有的武术套路相结合，同时汲取连城

武术表演（林金才提供）

各派武术优点，自成一派，逐步形成林坊武术。林坊拳、齐眉棍二十八宿、大刀、钩刀、钯头和短兵具双刀等。林坊武术讲究攻防结合，以柔克刚，以虚掩实。拳、刀、棍各有一套要诀，并经一代代武术人推广传承，炉火纯青。本族历代知名的武术名师有十满、赤老、献孜、老笔头、堂保、德映、良钦。他们在刀光剑影的武术平台上叱咤风云，留下许多美谈。乾隆年间，汀州府摆擂台比武，有一瑞金武师善用钯头，无人可敌，林坊赤老等人前往参加，赤老用钩刀与瑞金武师对阵。比武中，瑞金武师使出狠招，用钯头把赤老的钩刀绞住动弹不得，赤老侧身倒地，用诈死套路开绞出击，打败瑞金武师。此绝招叫"黄牛脱枷"。

林坊青狮属北狮武功狮，俗称公狮。其狮动作灵活敏捷，狮头内可藏兵刀做盾牌使用，可攻可防。掌狮头和掌狮尾两人动作配合默契多变，模拟雄狮的各种姿态，惟妙惟肖，展示力与美的艺术结合，是客家人原生态传统武术文化遗产。

1989年林坊林氏成立林坊武术协会，是连城县最早成立的武术协会。林坊武术协会成立后，设有狮队12个、龙队10个。曾组队参加全国和省、市、县组织的各项比武活动，多次获得奖牌。

2001年，连城县被命名为"全国武术之乡"，林坊作为当时的一个验收现场，为验收合格做出重要贡献。

龙山福地　天生地载

—— 福建省传统村落莒溪镇铁山罗地村

◎ 罗小林

从莒溪镇出发沿蜿蜒曲折的林区公路向东南方向行走约20千米，有一座顶上圆形状若屏镜的山迎面而来。山上翠竹浓密，当地人把这座山叫作屏峰山，山下的村庄叫屏山罗地，又因有人在此发现铁矿开工炼铁，故又名此村为铁山罗地。

村里有两道小溪从不同源头朝东奔流，汇合于水尾，从空中俯瞰而下，村庄地形就像古时大将军用的三角令旗，而祖屋就处于旗中心"令"字的位置。祖屋现名豫章堂，始建于明代，建筑面积400平方米，中堂神龛上供奉铁山罗地开基祖七十郎公及二世祖胜二公神主，供后代子孙瞻仰祭拜，缅怀祖宗隆德，祈愿祖先护佑，追思700余年的兴衰曲折。

在村庄水尾北面有一座山，山的走势犹如一条青龙盘旋，人称青龙山。青龙山上有一座仿古风格的八角楼庵庙，年代久远，上下两层，第一层正中供奉的是青龙山三大祖师观世音菩萨、定光菩萨和伏虎菩萨，二楼正中为神农五谷仙、关圣帝、天将军、地将军，左侧放置麻公三圣，右侧为福德正神土地伯公。这里供奉着集佛道于一体的神灵，反映了铁山罗地人传统的信仰崇拜。

自先祖胜二公于宋朝末期到此开基创业始，罗姓家族人丁兴旺，人口发展迅速，到清乾隆时已有360多家，2000多人。谱载，由于人口剧增，土地资源有限，雍正时期有大量裔孙相继外迁，近的迁往周边的上岩、下岩等地，远的迁往四川成都、广西桂林、浙江龙泉、江西瑞金、福鼎霞浦等处。现全村有225户1016人，常住人口681人，耕地面积1246亩，山林面积62977亩，是莒溪镇主要林区，森林资源丰富。

铁山罗地让人印象深刻，缘于村庄有几点突出之处，可以说是绝无仅有：一绝是四个字的村名，在本地是独一无二的；二绝是村庄虽然处于崇山峻岭中，但有一块方圆五里的盆地，让村民在此休养生息，这么大的盆地在此处大山中也是唯一的；三绝是村庄形如大将军令字旗，这在周边也没见过。

还有一绝，就是村里有一本祖传的由本地秀才自编的读物——《天生地载》，这是一本启蒙读物，供本村子弟在私塾识字读书用。用自编读物供本村私塾使用，也是绝无仅有的。读物全文都是四言形式，共894句3576字，内容涵盖了生产生活、佳节民俗、山水风光、道德要求等，内容通俗，文字朴实，既是对生产生活秩序的记载，又有对后裔的教诲和对文化的传承。在这里，有山有水有乡愁，充盈一纸烟火气；在这里，你能领略到此地的风土人情，见识名不虚传的传统村落。

一、农时农事

《天生地载》全文，按一年十二个月的时序展开，每月分布两个节气，从正月立春、雨水到腊月小寒、大寒，二十四节气有序排布，其中穿插耕作安排，惊蛰浸种，四月插秧，芒种耘田，九月打谷，直至腊月时收，春播夏种秋收冬藏井然有序。

文中呈现的农事活动，是农耕时期本地村民田间耕作场景的再现，但不单是当地水稻生产的全程展示，也不单是村民世世代代经年累月的劳作记录，透过这些农事活动的后面，我们分明看到了一种顺应自然的秩序，看到一种不慌不忙、不徐不疾的生活节奏，有一种闲适平和，有一种乐天知命，有一种自然和谐。

二、手工造纸

手工造纸的兴起，标志着村民走进了农作和手工业并举的时期，这是铁山罗地的一大创举。《莒溪镇志》(《莒溪镇志》编纂领导小组编，1996年版，第75页) 记载：明嘉靖年间，铁山罗地人罗李崇从浙江学习造熟料纸技术，开始在青石坑建厂生产京庄纸。这是一件大事，跟农耕生产的简略介绍不同，《天生地载》描述手工造纸则用了很大的篇幅，从春雨潇潇在陡峭湿滑的竹林间杀竹、溜竹、削竹始，到凛凛冬日仍在山居纸寮里抬帘、踏浆、焙纸结束，包括设施的维护、山地的管理等都有详尽的表述，落笔千言，洋洋洒洒。

昨日纸寮依稀在 (罗昌恒提供)

这样详尽具体的全程记载，可以说是不惜笔墨不厌其烦，原因大致有二。其一是为了彰显本村先民不满足于现状而采取的新举措。七世祖罗李崇跋山涉水历尽艰辛，千里迢迢到浙江学习熟料造纸技术，使毛竹资源得到更好的利用，开辟了一条新路，给村民生产生活带来了根本性的变化，这是可以大书特书的。其二是因为生产发展和生活富裕。在罗李崇带回了熟料造纸技术以后，手工造纸作坊在铁山罗地遍地开花，至清嘉庆、同治年间，村里手工造纸业的发展到了鼎盛时期，全村共有手工造纸厂三十多家，制成京庄纸或粉连纸，销售到广东兴宁及东南亚一带。京庄纸色泽粉白光滑，是书写绘画的最好纸张，闻名全国。造纸业的发展带动了一方经济，因参与造纸或销售经商，成就了很多富商，带动了周围村庄共同致富，这也是可以引以为傲的。

三、节庆民俗

至于节庆民俗，《天生地载》也记得极为详细，不仅有今天依然热火朝天的元宵、端午、中秋节庆活动，还有已经快被人们遗忘一空的节日，如正月初七日的人胜节、三月的上巳节和寒食节，还有六月六、乞巧节、下元节等，也都一一列出。还记载有民俗、典故，如正月："初一元旦，进酒颂椒。人日初七，剪彩镂金。元宵十五，灯月交辉。"

伴随着节庆佳期开展的民俗活动，营造出喜庆、祥和、欢乐的氛围，传颂着敬老孝亲、追远报本的美德，表达了祈望平安、追寻福报的意愿。老辈人讲，每逢佳节来临，村里人都非常重视，精心准备着。比如，每年七月的打醮，在六月初就要出门恭请菩萨到位，尔后全村老少沐浴斋戒，不得屠宰牲畜，不得提网捕鱼，早晚还得到菩萨前祀奉，一直到七月打醮结束，才可开斋吃荤，虔诚至极。正像书中所言，"吾乡古例，迎佛临门。除屠禁纲，洁志虔诚。香灯祀奉，朝夕勤心"，表现出对传统的敬畏之心。

四、道德教化

《天生地载》记载有对个人、对家庭、对社会的具体要求，反映出先人对德行的重视。有"幽闲贞静，妇德堪钦。丈夫志气，扬名显声"的个人要求；有"光前裕后，耀祖荣宗，父作子述，善继善承"的居家责任；有"我侪良民，粒食布衣。闲人乐事，笙箫琵琶。……天时地利，不如人和。忠奸异道，史册垂名。作恶遗臭，为善流馨"的处世信条。

这些凝练出的为人处世之道，是家族先辈对个人发展、家庭和睦、社会和谐的愿望和寄托，不仅在孩提时进行启蒙教诲，还体现在宗祠悬挂的联匾及家中张贴的对联中，让族人举目能及，更是在大型活动如祭祖、打醮之时付诸实践中，让大家亲身体验。

五、山水风光

《天生地载》对山水风光的描绘，着墨颇多，准确传神。地形、山寨、巨石、深潭、溪流等，随着你信步前行，一一呈现在面前。

村庄的水尾，原来有天然的大石，有的像人，有的像马，把村口把守住，后来石人、石马被洪水冲走了，这里就建起了桥亭，取名"兴隆桥"，以把水口。

在溪流的上游，就是梅花山。梅花十八洞，蕴藏着宝贵的资源。王母点

青山田园迎客松（罗昌恒提供）

兵处，峰峦叠嶂，犹如千军万马罗列阵前。而从山涧白云仙洞吹出的气流，甘甜又清爽。

村庄周边有屏峰寨、火夹寨、南山寨、鸡岑寨围合，而扛鼓石、圣筊石、出米石、棋盘石这四块巨石，惟妙惟肖地耸立在大山上，平添了伟岸雄姿；还有观音岩下的石室飞燕，笠嫲石边如深渊般的马尿礤，襄衣岩畔长年流淌的山涧清泉，屹立在蛟潭、园潭水口的天然石狮子，无不为这个村庄增添着灵气。

如此龙山福地，如此宝山美景，无不使人流连忘返。

六、传统建筑

对村庄里传统建筑的介绍，《天生地载》极为简练："棋桐花插，花窗园门。雕墙峻宇，碎地磨砖。"仅用16个字，就表达出其神韵：结构显大气，墙面描彩绘，地面细磨光，园门带花窗，内饰求雅致。这样的古民居全村有18处，包括敦笃堂、发铺堂、素行堂、孔曼堂、义行堂、罗氏祖屋、李崇公祠、李诚公祠、永宗公祠、松旺公祠、发苗堂、留余堂、其士堂、孔福公祠堂、建九公祠堂、维湘公祠堂、纬龙公祠堂、罗九生故居，另外还有青龙山庵和水尾兴隆桥等两处古建筑。现仅举其中4例。

（一）敦笃堂

敦笃堂建于清咸丰年间，坐落于村西南部，占地面积1200平方米。因祖上振岩公家族在村经营开发京庄纸，时常来往广东，其建筑风格与广东客家古建筑相似。整体布局特别，按单层中式四合院改良设计，设上、下厅左右两横屋为九厅十八井，左右两个"转面私厅"，前廊通道1.6米，比一般通道要宽0.4米，设内外雨坪，内外正大门；大厅高度约6.5米，上厅宽5米，深6米。以砖、木为材料，以木架结构为主，梁柱用料以硕大的百年树龄木料为材，横梁中部略拱起，两端刻有双龙戏珠等雕饰，吊柱花篮雕饰工艺精细，门窗

敦笃堂（罗昌恒提供）

以木条格饰，花纹栩栩如生。地板用三合土铺设，屋瓦采用黑色陶瓦，主屋及横屋两端尾顶有飞檐翘角，上下厅壁上和内门楼左右悬挂官衔牌匾（登科、岁进士、奉直大夫、奉政大夫）等匾额共10块。外门楼高大宏伟，飞檐翘角，青岗石门框，两扇厚木包铁门扇，上有铜环门把一副，两围青灰砖砌风火墙。门楼左右竖立两对龙虎桅杆，分别刻有清同治癸酉科（1873）中式武举人罗镛立和同治末年岁进士罗世续立字样。"敦笃堂"，敦笃之意为敦厚笃实，体现振岩公对家族子弟的要求，训导后嗣子孙为人要诚朴宽厚，做事必须踏实。

（二）发铺堂

发铺堂又名"火夹塘"，是一座明清客家民居古建筑，建于清光绪元年（1875）。占地面积1700平方米，建筑面积1200平方米，建筑结构为土（土墙）、木（柱）、石（地板）、瓦（灰色陶瓦）结构。按客家民居九厅十八井建筑风格，整栋房屋成一字形排列，设中厅、联横屋设计，以中厅中轴线左右平衡布局，左右边各两排横屋。中间为长形大天井，天井内以小河卵石砌成福鹿（禄）图。天井左右两边各有厢房两间，下厅角间各一间，厢房门扇为条木花窗。下厅设大扇柱两支以承接下厅月梁和直接回廊月梁，月梁两头有花纹浮雕，屋内木柱隔板门均为优质杉木，做工精细。大门设在大厅正中，大门为青岗石条架设，门外为大坪，用三合土铺设，大坪面积500平方米。横屋设有上下厅、长天井、靠单边开间（每间约12平方米）并排5间，作炊沐起居之所。发铺堂为铁山罗地第十八世裔孙罗金宝所建，罗金宝即为发铺公，清代国学生，善经商，以开发生产京庄纸远销广东梅县、兴宁一带而获盛名，成为当时连城三宝（即三大富商）之一。

（三）孔曼堂

孔曼堂建于清同治年间，主体建筑面积为450平方米，分上、下厅八间头结构，两边均有横屋。另有后院400平方米，内置花坪和8个房间。主厅全部用木料构成，柱与梁之间有斗拱起承上启下作用。造型美观，每根梁柱都有精细雕花，下厅除雕花之外顶上还雕了一个八卦图，增添了许多神秘色彩又起到画龙点睛的作用。此屋是清同治十八年丙寅（1866）由十八世百镇公建造的。百镇公家族能文善武，他是清同治年间武秀才，弟弟百时公是文秀才，饱读经书。为了勉励后人，他把建筑取名"孔曼堂"，并制成牌匾悬挂中堂上方，两边联文"孔焕规程思鲁颂，曼延孙子课周南"，既有对家族世代兴盛的希冀，也有对子孙读书报国的教诲。厅堂上下厅及左右间廊挂着牌匾，其中一块是光绪二十二年丙申（1896）百镇公制的"泮治生香"牌匾，融书法、雕刻、绘画于一体，其内容是歌颂鲁国公在泮水文治武功的德行，表达效法前人的意愿。罗百镇考中秀才后，隐居桑梓，经常用经营纸业所获来做修路、搭桥等善事，比如他在铁山罗地往上杭县步云乡方向的蛟罗古道处就建了两座凉亭，供过往行人歇息。

（四）松旺公祠

松旺公祠始建于明代，位于铁山罗地村溪坝屋，为六世祖松旺公所建。建筑面积200平方米，坍塌后于2017年在各地裔孙倡捐下重建，以现在砖混结构建设，屋顶用琉璃瓦，地面铺设大理石，大门框以大理石包边，雕刻门联"松林茂郁常荫福地，旺水源长永惠族人"。目前，全村罗姓都是六世祖松旺公后裔。

上文所述，不是铁山罗地的全部，也不是《天生地载》记述的所有，只是让人大致了解铁山罗地这一传统村落的风貌。在此开基以来的700多年间，不管是早期先民以耕种为业时期，还是造纸技术成为重要产业支柱时期，耕读传家的优良传统一直在传扬。

在造纸业兴旺发达的几百年间，有更多的族人读书习武考取功名。据统计，明清时期有罗廷卫、罗镛二人考取举人，有130余人取得秀才、贡生、太学生等功名，他们获取功名后又反哺家乡，促进经济的进一步繁荣发展。

直到现在，耕读传家的观念仍然深入人心，村民们在发展生产的同时，不忘教育子弟读书学习。据不完全统计，自中华人民共和国成立以来，全村有大学本科学历及以上者180余人。

品读《天生地载》全文，漫步于村庄的青石板路上，不由让人感叹天地造化的神奇，感念先人留存的功德，让文化根脉得以延续，并成为生生不息的力量源泉。

大山深处　别有洞天

——福建省传统村落莒溪镇梅村头村

◎ **罗道佺**

一、村落概况

梅村头村位于连城县东南部、莒溪镇的东部，为莒溪镇所辖行政村，地处梅花山腹地，距县城70多千米，东与新罗区万安镇的梅村村、竹贯村及连城曲溪、赖源等乡镇交界，南与上杭相连，西及西南与莒溪镇的厦庄、太平僚等村相邻。梅村头村地域广阔，面积约40平方千米，辖7个自然村，村部所在地宗罗地自然村，户籍人口近千人。以宗罗地为中心，周围6个自然村形成一个弧形，犹如月初的一弯新月。

这里民风淳朴，人们吃苦耐劳，热情好客，朴实憨厚。2005年，梅村头村被省发改委评为省生态村，被列为连城县革命基点村。2006年，评为省级文明村和省级园林式村庄。2011年，再次荣获省级文明村称号。2020年，被评为省级传统村落。2021年，荣获县级文明村称号。

二、自然环境清爽宜人

梅村头村属亚热带海洋性季风气候，夏天凉爽，冬季温暖，雨量充沛，光照充足，年均气温20.1℃，年均降水量1400～1800毫米。植被多为亚热带常绿阔叶林，常见的乔木层有红豆杉属、杉木属、铁杉属、罗汉松属等；常见的灌木层为山茶科、杜鹃花科、紫金牛科和茜草科等；常见的草本层有蕨类和莎草科、禾本科的草本植物等。

村部所在地为宗罗地自然村。走进宗罗地，村落错落有致地布局在河两岸的狭长地带，东西两侧山脉连绵、山峦重叠，溪流穿村而过，溪水清澈见底，鱼儿成群；传统民居沿溪而建，依山傍水，白墙灰瓦，一派宁静祥和的景象。周边峰峦叠翠、山清水秀，一派南国田园风光，环境十分优美，青山、绿水、村道、小桥、农田共同构成了一幅统一和谐的水墨山水画。村头是一片挺拔高大的参天古树；对面山涧一条瀑布从数丈高的石壁上奔流而下，飞珠溅玉，气势磅礴，让人不禁感叹造化的神奇。村尾的山谷里是一片红豆杉群，大大小小的红豆杉有一百多株，大的树龄达五六百年。

由无数道山涧细流汇聚而成的梅村头溪，水面清澈，溪中大大小小奇形怪状的石头或犬牙交错，或散落隐没其中，千姿百态。淙淙流水被石头挡住了去路，变得湍急起来，发出哗哗的响声，有落差的地方，更是轰隆隆作响。

常年云雾缭绕的梅村头村（吴健衡提供）

梅村头村所属的七个自然村都呈现出一派青山碧水、蓝天白云、空气清新的山区景象，颇有"采菊东篱下，悠然见南山""小桥流水人家"的风韵。夏季凉爽宜人，是绝佳避暑胜地。

三、村落布局蕴含文化精髓

梅村头村境内山峦起伏，树林茂密，是人杰地灵之宝地。梅村头村的7个自然村村落大多坐落于地势较高、海拔在810～1050米之间、具有优美独特自然景观的山坳里，周围群山环抱。新旧民居蜿蜒分布于青山绿水之间，各具特色。在宗罗地，梅村头溪绕村而过，溪的两岸散布着规模壮观、样式不一的传统民居群，不少保存完好。古民居依山就势，布局合理，巧妙利用山间狭小的平地，用当地原生态建筑材料和传统建筑技术，形成了一种独特的、自成体系的建筑形式。各种样式的古民居与现代建筑错落有致、交相辉映，村庄、梯田、竹林、红豆杉群构成了一幅独有的山区风景画。村庄道路阡陌纵横，存留着多处古老的青石板路面，无不显示着过往的流金岁月。

梅村头村的传统民居（吴健衡提供）

梅村头村古民居的平面布局主要可分为内通廊式和单元式两种。同时，古民居内中心位置还多设单层祖堂建筑，整体呈外高内低，体现了客家人高度重视家族内部和睦团结，在维系家族纽带的同时，也注重满足各家各户居住的私密性、独立性与舒适性的要求。可见，梅村头村古民居蕴含了丰富的传统文化精髓，其产生、发展与成熟反映了客家人在特定的自然地理环境条件下的生存发展状态，是中国聚族而居文化传统的历史见证。

四、建村历史各有千秋

梅村头村由店头坑、宗罗地、吉坑、枧坑、梅村头、定光、香树前7个自然村组成，户籍人口986人。其中：

店头坑自然村：赖姓村落，户籍人口175人，建村历史约320年。

宗罗地自然村：樊姓和曾姓村落，户籍人口300人（其中樊姓约260人）。

吉坑自然村：罗姓村落，户籍人口44人，建村历史300余年。

枧坑自然村：赖姓村落，户籍人口200余人，建村历史400余年。

梅村头自然村：赖姓村落，户籍人口72人，建村历史约300年。

定光自然村：张姓村落，户籍人口187人，建村历史320余年。

香树前自然村：张姓村落，户籍人口41人，建村历史43年。

定光村原来叫作"定公村"，至于何时叫作"定光村"，已经无从考证。定光村张氏始祖名张新福，明崇祯年间人，因温、罗、张、廖四姓结拜兄弟，感情深厚，于清顺治年间在定光村建太平寨开基。四姓同祠共炉，和睦相处。

五、建筑艺术异彩多姿

在客家传统民居长期发展过程中，各个时期的建筑艺术、建筑风格都形成了独具特色的模式。梅村头村共存有明清至民国时期的保存完整的传统民居20多座，其中有200多年历史的9座，有300多年历史和500多年历史的各1座，另有2座也有100多年历史。

梅村头村古民居造型主要有正方形、长方形以及变异形式，造型粗犷、气势恢宏。多为悬山顶穿斗抬梁土木结构，梁斗有精美雕花，混合式构架，端庄古朴。外院有坪，并建有典型中式大门。

这些民居一般占地120平方米左右，建筑面积100平方米左右，开间10米，进深8～12米。如天宝古民居、兆云古民居、诗蓝古民居、造纸坊、善庆堂、洋进堂、洋进楼、怡庆堂、新学堂、樊镇昌古民居、赖炎志古民居、赖氏公馆、赖赐章古民居、苏维埃旧址、原中心小学、原小学旧址等处。

面积比较大的有：

耕心堂：占地面积600平方米，建筑面积500平方米，开间45米，进深10米，一层8间。经过岁月的洗礼，它依然坚强地矗立着，足以让人感受到历史文化的丰厚底蕴。

赖氏古民居群：总占地面积1200平方米，建筑面积1000平方米。

赖启德民居：占地面积约300平方米，沿中轴线自上而下依次为上厅、天井、下厅，左右各一列横屋。上厅为正厅，左右各一厢房，面阔三间，进深五柱。悬山顶穿斗式木质结构，主要构件有简单木雕。

此外，还分布许多土地公庙、古桥古井和宗祠。

宗族活动中心建于清朝年间，至今200多年。规模较小，占地面积约120平方米，建筑面积100平方米，为村民供奉朝拜之用。

福灵宫建于清康熙年间，占地面积有300平方米，建筑面积150平方米，距今有300多年的历史。各个村落三年一次的"做大福"在此举行，平时供村民进行朝拜。

议事厅占地面积150平方米，建筑面积120平方米，开间10米，进深12米，一层5间。悬山顶穿斗抬梁土木结构，梁斗有精美雕花，混合式构架，端庄古朴。外院有一大坪，外筑石围墙，并建有典型中式大门。

宗祠的造型和结构讲究，有两扇大门，祠堂内用木柱或石柱顶住横梁，顶端雕梁画栋，飞禽走兽栩栩如生；祠堂前小后大，层次分明；外形飞檐翘壁，气势雄伟壮观；祠堂门口大多立一对石狮子，像威武的卫兵，令人心生敬畏。

展宏桥是位于梅村头村水口的石拱桥，全长8米，高5米，桥宽3.5米，由花岗石条干砌而成石拱桥单孔结构，2个桥墩。桥两边砌有护坡堤，桥底砌护底石。它见证了我国古代建造石拱桥的精湛技艺。

连心桥建于20世纪80年代，为村民捐资建造的拱桥，单孔结构，2个桥墩，全长6米，高4米，桥宽5米。桥两边砌有护坡堤，桥底砌护底石。

六、山水风光秀丽迷人

梅村头村处于梅花山腹地，自然风光婀娜多姿，秀丽迷人。

（一）瀑布群

由于雨水充沛，山涧溪流纵横，其中最具特色和最吸引人的就是瀑布。在宗罗地自然村，给人印象最深的就是多层级的瀑布群——从村口树林新砌的石阶步道往上走数十米，一道数丈高的瀑布倾泻而下，水珠颇具飞花溅玉般的气势。这个瀑布有大小十余个梯次，层层叠叠，清澈的水流从数丈高的石壁上奔流而下，非常壮美，非常罕见。像这样的瀑布在这里还有十余处。尤其是入夏以后，尖峰山的瀑布水量大增，在两山之间的峡谷中，分布着大大小小的瀑布，形成一片壮观的瀑布群，吸引众多游客寄情于山水之间，探

流泉飞瀑（吴健衡提供）

访独特的自然风光和人文历史。

（二）红豆杉群

在宗罗地，村尾的山谷里是一片红豆杉群，大大小小的红豆杉有100多株，大的有五六百年的树龄。红豆杉是我国特有的树种，也是国家一级保护植物，在地球上已有250万年的历史。由于在自然条件下红豆杉生长速度缓慢，再生能力差，所以很长时间，世界范围内还没有形成大规模的红豆杉原料林基地。林业专家认为，宗罗地的这片红豆杉林是极其罕见的、全国最大的野生红豆杉群之一。这里景色迷人、绿水长流、鸟语花香。

（三）徒步旅游

梅村头村自然环境优越，吸引了众多野外徒步旅游者，尝试穿越深山丛林。目前规划的旅游路线是：以宗罗地村为起点，经尖峰山瀑布—赖源东寨—黄宗茶场—黄宗村—大明自然村，返回宗罗地村，环穿丛林15千米。沿途自然风光秀丽、空气清新、叠泉飞瀑，美不胜收，让徒步旅游者流连忘返。

（四）深山梯田

几百年以来，梅村头村的先人利用山峦起伏的特殊地形，开发出了层层梯田，形成了独特的梯田风光。

七、资源优势充分利用

自古以来，村民利用当地毛竹肉厚、柔韧度好等资源优势，由能工巧匠将毛竹破篾后编织成谷箩、谷笪、米筛等竹制品挑到市场上售卖。过去还有一些工匠能帮人制作谷砻，用于稻谷脱壳碾米。

历史上，梅村头曾是连城东部重要的物资集散地、中转站和贸易重镇。一脚踏进古街，就能感受到深沉的历史沧桑感。这条古香古色的古街长约百米，南北走向，幽静古朴。古街两边是清一色的两层木质楼房，底层有许多老店，繁华年月曾有杂货铺、裁缝铺、理发店、豆腐店、肉铺、小吃店等商铺。过往商旅和挑夫在这里歇脚、交易，曾繁盛一时。遥想当年那热闹繁华的贸易场景，令人产生无限感慨。

除了毛竹、冬笋等竹产品外，梅村头村最有名的是吉坑的红菇，定光、宗罗地、枧坑的野生黄殿菇。因梅村头村海拔高、雾水多，长出的红菇又甜又香；黄殿菇叶厚脚粗，晒干后炒肉又嫩又香。红菇和黄殿菇都是梅村头村的品牌特产，无不品质上乘，远近闻名，广受消费者青睐，产品供不应求。

此外，主要农副产品还有柿饼。这里有大片的红柿果园，晒柿子是秋天的一大独特风景。新鲜的柿子采摘回来后，先把好的柿子挑出来洗净，用小刀削去柿皮，摆放在谷笪或苇帘上，经过风吹日晒快成柿干后，再堆放在大缸中一捂，就成了披着柿霜的甜柿饼，既香甜可口又易于保存。

八、和谐相处真情实感

梅村头民风淳朴，人与人之间感情真挚，留下了很多感人的故事。

（一）四姓同炉

这是发生在定光村的事。清顺治十三年丙申（1656），张氏从上杭县古田镇小吴地搬迁到定公村开基，与另外三个同村但不同姓氏的温、罗、廖三姓人相处融洽，感情深厚。四姓商定结拜为兄弟，共同开基建造太平寨祖祠，四姓兄弟共祠共炉、团结友爱、和睦相处，并立下誓言：后裔子女互不通婚。知县微服私访至定公村，发现这里民风淳朴，异姓兄弟同心同德，认真遵守先祖誓言，义薄云天，为此特赐"盛世淳风"奖牌一面和"四姓同炉天下少，里仁为美定公村"对联一副，以表彰四姓兄弟的美德。本县新泉有一位张姓名士，便提议将"定公村"更名为"定光村"，寓意将老祖宗的优良家风和传统美德发扬光大，永远传承下去。

（二）四村同拜

这要从枧坑说起。赖氏先祖六五郎公于第八世由姑田上堡迁徙枧坑开基立业，到十一世的时候，分成诚发公和诚贵公两家人。多年后，由于人员外出经商和创业，诚发公的后裔一部分迁往永安湖溪和同村的店头坑村，诚贵公的后裔迁往同村的梅村头，所以留下了四村同宗同祖的美名。

枧坑一直坚持的民俗活动，都是同宗同祖四村人一起举行。一是祭拜十二部公王，村里41户人家，每3户人做一年的福首（也叫"菩萨头"），轮流祀奉十二部公王的香火。3个福首分别在清明前、七月半和十二月二十八日，各用一头猪到福灵宫或者水尾大神坛去祭拜，祈保全村人幸福安康。二是每年七月半的祭祖活动，由各户轮流主持，四村外迁宗亲每户有人前来参加，也借此机会一起讨论未来的发展方向。三是每年的拜早年活动，在大年三十日开门迎接新年以后，四村都会派出本村的代表，敲锣打鼓到每一个神庙去拜早年，最后大家都到福首家祭拜十二部公王，由福首提供酒菜，大家闹通宵，热闹非凡。到大年初一日大约九点后，全村老少又敲锣打鼓到所有的神庙拜一圈，以图求个吉利。

至今，四村村民一直在继承先辈的传统，互帮互助，和睦相处。

九、献身革命英勇无畏

1929年12月，莒溪赤卫队举旗暴动，成立中南区革命委员会。梅村头几个自然村也有不少贫苦农民秘密串联，组织开展抗租抗税斗争。1932年4月，朱德率中央红军攻下漳州城后，从龙岩抵达梅村、梅村头一带休整。朱德还在梅村圩场召集老百姓开大会，会后不久，红军部分指战员又深入梅村和梅村头一带从事革命活动。在红军的支持下，定光、梅村头、枧坑、店头坑等自然村都成立了村苏维埃政府。定光村苏维埃政府的旧址就设在"四姓同炉"宗祠，张连庆当选为苏维埃政府主席。村苏维埃政府成立后，苏区各项工作搞得热火朝天。红军撤离时,许多村民参加了红军。

1932年开始,红九团与文亨周焕文团匪在莒溪深山展开多次的拉锯与较量,许多苏区干部惨遭杀害,还有不少苏区干部家属和亲人也遭匪徒迫害。1934年10月,中央主力红军战略转移后,留在后方坚持游击斗争的红军成立了闽西南特区游击队与闽西南军政委员会,其中第三游击大队就活动于赖源东南部、万安竹贯和梅村头一带。为了支援红军游击队,有的青年主动参加红军,许多群众主动为红军送粮、送菜、送情报。红军游击队还在梅村头开设医疗所,医治伤病员。在抗日战争和解放战争期间,梅村头的游击队顽强斗争,一直坚持到解放。可以想见,正是由于与世隔绝的深山老林的庇护,红军游击队才得以保存。

岁月如梭,往事如烟。大山里勇敢、坚韧、仁爱、质朴的人民创造了过去的辉煌,在建设美丽乡村的进程中,也一定能书写出新的壮丽篇章。

吉祥厦地　文明村居

—— 福建省传统村落莒溪镇厦地村

◎ 罗小林

福建省传统村落

"厦"有广厦、高楼大厦之意，把村庄取名为"厦地"，应该是指该地曾经有一座或多座宅院、府邸存在，属宜居吉祥之地。

事实确也如此，明中叶时期，陈姓自高地陈家垄迁此定居，因其地势比原住地低，故称之为下地。此后池姓搬迁至此，村民池升亮在此开建了上档次的"华厦"住宅，遂改"下"为"厦"。厦地村海拔700余米，属山丘林区，一条清溪穿村而过，水口迂回封闭，水质清冽，空气清新，环境优美。

厦地村宋属河源下里，明、清属河源里，1949年初属朋口区屏山村，1952年9月为朋口区厦庄乡，1955年成立厦地乡，1958年并入莒溪公社为厦庄管理区，1961年划为厦地大队，1984年为莒溪乡厦地村，1993年莒溪撤乡建镇，为莒溪镇厦地村。现下辖厦地、下坪、磜下、上曾屋、下曾屋、凹头、池屋坑等7个自然村。7个自然村或坐落于溪边，或于山坑，地形呈长条状，供水基本是山泉。村委会驻地设在厦地自然村。

厦地村位于连城县东南部，距县城60千米。与风景秀丽、森林资源十分丰富的梅花山自然保护区相邻，东邻梅村头，西接厦庄，南连陈地，北靠高地桐耕僚。它是古代通往龙岩、永安的通道。村落面积5平方千米，现有203户665人，耕地面积748亩，林地面积29000余亩。农业主种大冬稻，林副产品有土纸、竹、木、笋。矿藏有锰、稀土矿。2020年，厦地村入选福建省传统村落。

村落沿东西朝向的河两岸选址布局，南北面高山抗风阻洪，体现客家人门前临水屋后靠山、南北坐向的理念。民居掩映在古树绿竹之中，溪水穿村而过，犹如玉带环绕，村口有茂密的树林、庵、庙，形成天然屏障，不愧为宜居宝地。

1949年前，厦地村主要靠砍伐天然杉原木从九龙江放排到广东经营，手工造纸也很发达，运到广东销往东南亚、朝鲜（韩国）和日本，由于品质上乘，是宫廷誊写公文奏章的上品，因此被誉为"奏本京庄纸"，也是书画、印刷用纸的上选。由于诚信经营，货俏于市，厦地经济颇为活跃。

古民居（池开明提供）

由于经济上的富足，厦地村留下多处古建遗产。村民淳朴善良，村容村貌一直没有大的变化，保存相对完整。厦地村的古老建筑属于客家民居建筑风格，主要形式有：青砖加杉木混搭，纯杉木建造，黄心土夯墙粉白，覆以琉璃瓦或土质黛瓦，建筑规划布局严谨，或依山或傍水，功能合理，建筑艺术精湛。

古民居通常以木梁承重，梁柱之间配以精雕细刻的梁头柱脚，雀替垂花，极显民居豪华之气。其建筑雕刻内容有岁寒三友、福寿佳文、人文典故等，还有特有的金雕灯笼形等，含义深刻，尽显屋主的文化内涵和巨大财富。

最有代表性的是距今150多年历史的善庆堂，屋内雕梁画栋，地面用三合土铺设，周边用石条做框，大门面有门神像，门口左右设石狮一对，大门外雕刻着对联。更为独特的是大厅内的4根石柱，高约5米，直径约0.6米，每柱重约数吨，刻字鎏金，甚是壮观，使房屋整体更加气势雄浑。1953年，该建筑被用作厦地乡人民政府办公地。其周边的民居也多以青砖黛瓦或纯杉木建造，构造精致，大部分保存比较完整，整个村庄古色古香，和谐美观。在这交通闭塞的深山，能够建造这样的豪宅，确实令人惊叹。

善庆堂取名用意颇深，出自《易传·文言传·坤文言》"积善之家，必有余庆"，有劝人向善之意；大门两边雕刻的对联"凤壁高梧成瑞气，龙腾北海耀文明"，表达了对家族的志向和期望，展示了对自然的崇拜和赞美。愿龙凤呈祥，繁荣相伴；要顺应自然，向往文明。在那个年代，在这样一个小山村，把"文明"一词写入醒目的对联，作为现实选择和未来期待，足见其远见卓识。

厦地村人也确实在这样努力着和实践着。对族人，有家规家训引导，以池氏为例，其家训中就有"谦为人，诚处事，常思源，勤为本，俭持家，尚耕读，正为身，循方圆，守仁义，隆祀典，敦孝友，崇节俭，正行术"等条文，作为对族人的规范和诫勉。这些条文制成碑刻，立于宗祠中，便于敬宗祭祖时温习对照。对村民，有村规民约，不仅要求邻里团结、平安和谐，还关注整洁卫生、村容村貌，希望人与人和睦相处，人与自然和谐共处。

陈夏文民居位于下坪自然村5号，坐西朝东，清末建筑。整座房子只有一进，沿中轴线自上而下依次为上厅、天井、下厅，左右各一大屋间，各一

261

横屋。上厅为正厅，面阔三间，进深三柱，硬山顶，抬梁穿斗式砖木结构。

　　池氏宗祠位于曾屋自然村，原为土木结构，因年久失修，已成危房。经有识之士提议，于2018年筹组重建宗祠理事会，发起重建小念九郎公宗祠之倡议，2022年新祠落成。现在的宗祠，占地面积约170平方米，建筑面积约80平米。依山就势，构思精巧，自然得体，古色古香，青砖砌墙，黛瓦覆顶，玉柱擎梁，斗角飞檐，气势磅礴，蔚为壮观。

池氏宗祠（池开明提供）

　　跨越厦地河的石拱桥，用石块砌成，掩映于苍翠的密林中，上面浓荫蔽日，下面是清澈的溪水。桥身上生长着的青苔，以及桥面上堆积的腐殖质，说明石拱桥可能已经存在了很长时间。作为一种古老的建筑形式，它代表着人们世代相传的智慧和技艺，也是当地文化遗产的一部分。它连接着溪流两岸的居民，使人们能够方便地交流、互动和合作。

沿河老街自东向西延伸，沿街的民居一层被用作商铺。街道宽度约为1米，足够通行马车或座轿，也作为居民行走的巷道。这样的设计使得古村的交通布局独特而古朴。老街作为主要的商业街道，吸引了各地商贾，促进了经济的繁荣，也为居民提供了便利。而作为巷道则与各个民居小道相连接，为居民通行提供了便利，是居民之间互相往来、交流的重要通道，见证了古村居民世代相传的生活方式和价值观，也是古村独特魅力的一部分。

厦地的美景很多，如"十三坊"共拥的善靖寺、石壁下观音庵、青潭口十二部公王、厦地兴龙宫、曾屋永丰殿等，皆可一观。譬如兴龙宫，位于厦地村水尾，面积不大，但很有气势。正面的木柱、木壁、木门、木窗一律通红，屋顶是重檐歇山顶，以多层斗拱高高撑起。两层屋檐中间有一条横木，上面绘上八仙图案，顶盖红色琉璃瓦，屋脊上有两条似欲凌空而起的龙。整体建筑庄严肃穆。

各个自然村村口水尾的树林，皆古木参天，遮天蔽日，溪流潺潺，颇值玩味。特别是距村500米左右的寨甲里，有一处得天独厚的九层瀑布群，叫"九瀑联珠"。从海拔950米下泻到海拔720米的河流，凭借230米的高差，在2300米的流程中，溅玉飞珠，流泉叠瀑，形成九级瀑布。最高的瀑布高约60米，宽展30余米，最长的有三层相连瀑布，落差近百米，是连城县境内独有的最壮观的天然瀑布群：有喷射状、飞纱状、悬帘状，千姿百态。飞泻而落的各种瀑布又形成各种类型的深潭：屙尿潭、棺材潭、泡缸潭……途中还有奇山、险石、秀水、怪树，佳境天成，堪称人间胜景。在夏季，瀑布的水雾弥漫，给人一种清凉的感觉，成为人们避暑的好去处。

厦地村有非常浓厚的革命传统，在第二次国内革命战争时期，厦地群众积极支援闽西地下党组织和红军游击队，为革命做出贡献。当年朱德、谭震林等曾驻足厦地。红九军团的领导黄治平（参谋长）、张清辉（一营政委）、李德安（排长）等到厦地创建红色政权。由于村民群众有强烈的革命愿望和顽强的革命意志，所辖的隘上又是莒溪内山通往连城、龙岩、永安的必经之

九层瀑布（池开明提供）

路，所以自土地革命时期就有不少红军队伍到此开辟革命根据地和游击据点，厦地人民在共产党的领导下，在工农红军的支持下，勇敢投身革命，开辟游击根据地，创建红色政权，付出巨大的牺牲，做出重要的贡献。

厦地村民俗文化内容丰富，文化遗产底蕴深厚，特别是民俗节庆活动历久不衰。如每年的过春节、迎新春（立春）、闹元宵、二月二、中秋、十月半、冬至等，各村各自或联合祭祖，拜神、打醮、请木偶戏班等习俗有长期的传统，是村民百姓生活娱乐的重要内容。

此外，村民自传自学的木匠、竹编等工艺也是历代相传，经久不衰，是村民积极向上生活美好的一道风景线。20亩红菇基地和200亩铁皮菇基地已建成，冬笋、春笋年产量11万余斤，这些土特产的生产和经营促进了经济繁荣，为村庄文明建设提供了重要保障。

梅花山里　秀才名村

—— 福建省传统村落曲溪乡罗胜村

◎ 吴尧生

一、村落概况

罗胜，又叫锣声地、锣鸣寨，坐落在梅花山腹地的将军山麓。这里是闽江源头第一村，也是连城县革命基点村，更是名声在外的"梅花山里秀才村"，是个具有900多年文化积淀的美丽的古村落。

罗胜东邻白石，西倚黄胜，南靠冯地、大东溪，北连曲溪、军山，下辖罗胜、岭背畲、直坑口亭、南坂山4个自然村。除南坂山距离罗胜5000米外，岭背畲和直坑口亭均距罗胜仅1000米。罗胜是一个高山上的小盆地，海拔1200米，四周群山环抱。总面积22.5平方千米，森林覆盖率高达98%以上，有耕地1400亩，林地25600亩。

罗胜的吴姓渤海堂始祖自南宋初从江苏无锡辗转迁徙至此定居，为纪念先祖地（今江苏无锡梅里），古称吴山。村周边的山峰东高西低，苍翠欲滴的竹海延绵起伏，一条清溪自东向西逶迤而来，清冽的溪水潺潺流淌，四季如歌。登上村西北角的观景台，蓝天白云仿佛触手可及；鸟瞰整个村子就像飘荡在茫茫竹海中的一叶扁舟，因此也被誉为"竹尖上的客家部落"。

罗胜姓吴不姓罗。除南坂山有四五户蒋姓和华姓村民外，行政村所在地罗胜居住的都是吴姓村民，两百多户农家或依山而筑，梯级错落，或沿溪两岸，傍水而居。虽然斗转星移，人世沧桑，但是古风犹在，古迹尚存。不仅

高山翠湖（吴尧生摄）

有锣声庙、云峰庵、清廉坊、大安桥等设计考究、结构精美、古色古香的古建筑点缀着绿水青山，也有那远近闻名的"杉木王"，以其刚劲挺拔的雄姿吸引游人。此外，罗胜村尾还有三道天然的水口，依次是：由大安桥、水车和古树林组成的第一道屏障，由"象鼻把水口"瀑布、"山里人家"农家乐和民主公王庙组成的第二道屏障，由"鲤鱼尾"、杵窟岈天然形成的石门和磐安庙组成的第三道屏障。

罗胜地理优越，属海洋性季风气候，空气清新、气候温和、雾多雨沛，冬无严寒，夏无酷暑，年平均气温17℃，是天然氧吧、避暑养生胜地。它不仅是千年"杉木王"的故乡，也是盛产"寿星"的长寿之乡。据不完全统计，从中华人民共和国成立以来，有80岁以上的耄耋老人139人，其中有4个百岁老人：吴继芳104岁、郭美兰104岁、林群莲103岁、江意珍100岁（还健在，目前身体硬朗，会种菜、洗衣、做饭，生活能自理）。

罗胜风光旖旎，景色迷人，其主要自然和人文景点有将军山、杉木王、林中杉木"七仙女"、高山翠湖、双石璧、"象鼻把水口"瀑布、官亭、大安桥、圣旨碑、云峰庵、大夫第、吴氏宗祠、吴山书院以及明清时期保留下来的古石碑、古驿道等，是近年兴起的"美丽乡村游"的首选之地。福州、闽南、粤东等地到此的游人逐年增加。目前，罗胜村的农家乐旅馆已具备日接待游客200人的条件。

值得一提的是，罗胜村还具有光荣的革命传统，早在第二次国内革命战争时期，闽西党组织负责人张鼎丞就曾到罗胜开展农村基本情况调查、传播革命火种，尔后罗胜村就成立了农民协会，积极开展抗租减息斗争。尤其是在三年游击战争时期，红九团和游击队常常活跃在万安、赖源、曲溪、姑田、小陶、宁洋一带山区与敌周旋，罗胜村民吴石孜、吴坤垣、吴金荣、吴胜华、吴学佬、吴运通等人，常常冒着生命危险，积极支持红军、游击队，为他们送粮、送物、送情报，并在红军的秘密联络点——将军山下深山里的蓝厂坑纸寮里，掩护红军游击队的伤病员，为其养伤治病，为革命做出了重大贡献。当年，罗胜有4人参加红军，有3人为国捐躯，其中在册烈士1人。

罗胜的三个文明建设成绩突出，获得了许多殊荣：2009年被连城县委、县政府授予第十届"连城县文明村"称号。2012年、2015年连续被龙岩市委、市政府授予第十一、十二届"龙岩市文明村"称号。2012年被福建省环境保护厅授予"福建省生态村"称号。2014年被连城县政府评为"连城县美丽乡村"。2016年被龙岩市政府评为"龙岩市美丽乡村"。2018年以来连续被福建省委、省政府授予第十三届、第十四届"福建省文明村"称号。2021年跻身福建省第四批省级传统村落之列。

二、历史沿革

历史上，罗胜先后从属汀州府连城县表席里、姑田里（团、图）管辖。1934年，民国政府改"里""图"为"区""保"，为罗胜保驻地，属第三区

（区署驻地姑田）罗胜乡。中华人民共和国初期成立大同区（区署驻地姑田），亦曾以罗胜为"罗胜维新村""罗胜乡""罗胜管理区"等跨村政权的驻地。1958年成立曲溪人民公社，成为其属地，改为罗胜大队（罗胜、冯地合一个大队，1961年冯地划出成立冯地大队）。1984年撤销公社设立乡镇，改称"罗胜村"至今。

这里居住的吴姓村民，历代习惯称吴山吴氏。吴氏延陵、渤海两支的始祖自北宋绍圣年间和南宋绍兴年间先后经宁化、清流辗转迁徙到罗胜开基形成村落。从此繁衍外迁的吴氏裔孙除分布在本县的曲溪、赖源、文亨、姑田、朋口等地外，本省的新罗、永定、上杭、永安、明溪、建瓯、安溪、泉州，江西的于都、兴国和台湾地区的苗栗等地也有其分支，裔孙已达一万五千余人。

三、语言习俗

吴山吴氏的日常用语，属客家民系语言，由于新迁地是交通闭塞、与外界接触不多的地方，在保持始迁地的中原古音方面，有着得天独厚的条件。据考，吴氏未迁莲东之先，即有一定量的畲族先民在那里过着刀耕火种的生活。至今罗胜及其附近仍有诸如蓝家路、桃畲、岭背畲、冯地畲、湖伯畲之旧地名。可以想象在吴氏先人与当时的畲族先民相互融合中，语音语调多少会有所变化。

以孝让家风为传家宝的吴山吴氏，一般人都具有豁达、大度、自尊、诚实、自强的性格，因此罗胜一贯以热情、礼让、好客而著称。清雍正十三年（1735）邑侯李公（名"飞"，庐陵举人）在罗胜省方观俗时，曾以"仁里"之碑旌表吴山。这在注重封建伦理的古代社会，无疑是吴山吴氏的殊荣。

四、宗教信仰

罗胜村有云峰庵、夫人庵、大安桥、妈祖庙、民主公王庙、龙庭祖殿等宗教活动场所。村民没有统一的宗教信仰，普遍信奉佛教、道教，也有极少数基督教徒。绝大多数村民都是多神崇拜者，敬天地，也敬祖宗，相信多神。

五、文化传承

罗胜历史悠久，文化厚重。透过云峰庵、夫人庙、圣旨碑、大安桥、仁里碑、式谷祠、大夫第、吴氏宗祠和官亭等结构精美、古色古香的古建筑和古石刻，可以触摸到这个古村落变迁的脉络。

罗胜人杰地灵。居住在这里的吴氏裔孙遵守祖规家训，900多年来建书院、置学田，设奖学金，延聘名师，崇文重教，俊彦代出，因此学风日盛、人文蔚起。早在明清时期就有吴猷、吴琨、吴栋材、吴璠、吴观乐、吴朝珍、吴增声和吴振裘等一批先贤（举人、贡生、庠生、监生等82人），今又有各行各业新锐崭露头角。

罗胜的吴山小学创办于清宣统元年（1909），罗胜属全县较早办校推行新学的村庄之一，素以"文墨之乡"著称乡梓。中华人民共和国成立后，罗胜的文化教育事业发展很快，20世纪70年代中期罗胜小学曾办过一届初中班，连年都有人名登金榜，培养造就了一批批人才。据统计，全村现有博士3人，硕士15人；有200多人取得大专以上文凭（其中高中级技术职称者50多人），占总人口的五分之一强，成为全县农村人口人均文化程度较高的村庄之一，是名副其实的"秀才村"。

此外，罗胜村延续了数百年的非遗民俗活动——"二月二游大龙""金秋庙会""春秋祭祖"以及断断续续办了半个多世纪的"罗胜民间汉剧团"都是很好的文化传承载体。近年来，为了更好地传承文化、扩大宣传，罗胜村又先后与厦门大学艺术学院和龙岩市散文学会联手，在罗胜创建写生创作基地和散文创作基地。并于2015年和2016年先后举办了罗胜客家酿酒文化节和"罗胜览胜"采风暨吴尧生散文研讨会。先后出版了《吴山乡百代简史》《罗胜笔会文学作品专刊》《900年的古村落——罗胜》《罗胜村志》等，对宣传罗胜、提高罗胜的知名度，起到了很好的作用。

六、经济发展

罗胜村民历代以耕田、管山为主。这里适中的温度、充沛的雨量，极宜各种经济林木和毛竹生长。在清康乾年间，就曾以销售手工造纸、漂料、杉原木滋养过千余人的大家族。连城旧志称罗胜为富裕之乡。20世纪80年代以前，罗胜的主要农副产品有谷子、笋干、香菇、草药、土纸、毛竹和木材，现在的主要农副产品是鲜笋、毛竹、高山雏菊和"十三家老酒"。

伴随着改革开放的春风，多种经营全面发展，促进了村里的商品流通和经济发展。村民们经营百货、干鲜、饮食、裁缝、理发、医药，以及民宿农家乐等，应有尽有。村民已逐步迈上了小康之路，2022年，村民人均收入达13000多元。

七、村落建设

据传早在清康乾盛世，罗胜曾有一千六七人口（后因瘟疫和外迁人口锐减），地方经济有过空前的繁荣。村中那些飞檐翘角、雕龙画栋、结构古雅的古建筑及部分古墓葬都是明证。现在村中遗留的普通古建筑，一般都是五间图、八间图的明清客家民居。而渤海堂、双茂堂、吴山书院、吴氏宗祠及大夫第（已毁）等殷实之家的府第和宗祠、书院这类的古建筑，则是九厅十八井的明清客家民居格局。如著名的吴山书院，又名式谷祠，坐落在罗胜村内，占地面积530多平方米，坐南朝北，始建于明景泰年间，清嘉庆年间重修。其有上厅、下厅、回廊，中有歇山式花厅一座，二十四屋柱承接斗拱屋架，四合院式平房。全祠屋顶为卷棚式结构，檐棚装饰有许多精美的图案。天花板上饰有双凤朝阳，周围以牡丹衬托，檐下有挡风雨篷。内大门上方为斗拱牌楼。上下厅两边还有两厢房和两横屋（在其右侧横屋的二层有一个藏书阁，可惜已坍塌）。建筑主体外面还有院子、围墙和大门及石狮子。整座建筑飞檐翘角、雕梁画栋、气势恢宏，是具有典型明代建筑特色的古书院。它是罗胜文化的摇篮，从此走出的贡生、举人、秀才、博士、硕士、大学生有200多人；也是传播革命火种的地方，1928年夏，张鼎丞到罗胜开展农村调查期间，曾在吴山书院为穷苦农民兄弟传播革命思想。

吴氏宗祠上厅（吴尧生摄）

中华人民共和国成立后，随着交通运输的现代化，特别是1985年后村子洋至罗胜、东寨至南坂山、罗胜至岭背畲、罗胜至白石、白石至赖源公路的开拓，罗胜迎来第二次经济繁荣的新时期。村有人口由20世纪50年代初的430余人增加至现在的1000余众，增加了1.3倍。村容村貌焕然一新，现在罗胜公路两旁店铺鳞次栉比，村属公益建设投资亦多，如高压照明、饮水工程、改厕工程、农民公园、观景台建设及吴山书院、双茂堂和渤海堂修缮等项目。现在的罗胜不仅高楼林立、交通便利，全村除五保户外，99.5%的村民都住上了新楼房或农家别墅，电脑、小车也已进入普通农家，生活质量得到很大改善。昔日的"仁里"村，如今已是名声在外的美丽乡村和避暑胜地。

八、名人轶事

伯一郎公（1158—？），号小大郎，乃罗胜渤海吴山吴氏宋始祖十五郎公之曾孙。昆季四人中居长，自幼聪慧好学，家境殷实且具菩萨慈心。曾于曲溪同关寺捐资建庙宇、塑佛像，且为保僧人生计，还将寺周之房屋、池塘、良田、山场一并捐作寺产。自兹以后，该寺香火鼎盛，世人皆仰公之厚德。时至今日，其后昆绵延三十余代，裔孙繁衍逾万。

吴猷，明永乐十五年丁酉科（1417）举人。

吴琨，字良玉（1426—1514），明成化十九年癸卯科（1483）廷试拔贡。随授七品京官，分拔南京龙江府任左衙经历，旋升直隶保定府安州通判。据传，吴琨在安州监郡十余年，政绩斐然。弘治九年（1496），孝宗皇帝欲起任他为御史，他以年迈为由辞官归里。吴琨官居六品，宦海多年仍能保持劳苦大众的操守，一身正气，两袖清风，其高风亮节实属难能可贵。

吴栋材，清嘉庆十八年癸酉科（1813）举人。

吴丁环，吴山田背人氏，罗胜武术高手，约生活在乾隆、嘉庆年间。据传吴丁环自幼即跟随拳师和族中长辈习武，及长，身材魁梧，膂力过人，他无心功名，酷爱武术。十七八岁便离家游历江湖，遍访名师，精心揣摩，勤学苦练，终于精通棍、棒、剑、戟、钯头、钩刀等十八般武艺。丁环性格豪爽、耿直，且古道热肠，疾恶如仇，爱打抱不平。晚年以授徒为生，长寿而终，其高足多有以武功博取功名者。至今，在罗胜一带还流传着他在汀州擂台惩恶扬善、为民除害的故事。

吴朝珍，清咸丰九年己未科（1859）举人，尔后署理仙游县正堂，颇有政声。

古村称胜 水流三江

——福建省传统村落曲溪乡黄胜村

◎ 吴尧生

一、村落概况

曲溪乡黄胜村,又叫黄胜地,发祥于南宋。华姓始祖二十郎公(京一郎公六世孙),自南宋淳祐十年(1250)从姑田华垄迁至黄胜自然村开基形成村落,迄今已近800年。它是县级文明村,2021年入选福建省第四批省级传统村落。

黄胜坐落在梅花山腹地,东临罗胜,西靠湖峰,南枕蒲溪,北连李屋。这个方圆20多平方千米的行政村,村庄占地面积200亩,有120多户560多人,行政村驻地在黄胜,下辖黄胜、丁应、村子洋和同关瑶4个自然村。除村子洋距黄胜5000米外,丁应、同关瑶都分别距离黄胜八九千米。村庄位于丘陵地带,海拔由丁应、黄胜、村子洋、同关瑶依次呈梯级降落,从1200多米降至500米,四周群山环抱,层峦叠翠。一条小溪从三州顶发源,逶迤而来,流经黄胜、九棚溪、同关瑶、曲溪、姑田、永安,注入闽江。有林地33000亩、耕地14000多亩。其森林覆盖率96%以上,有古杉林、铁杉、柳杉和国家一级保护树种红豆杉等,森林茂密、空气清新,适合避暑养生,令人流连忘返。生活在这里的人们怡然快活、益寿延年。据不完全统计,从中华人民共和国成立以来,村里80岁以上的耄耋老人就有六七十人,出过2位百岁老人(华贤相102岁,华盛文100岁)。

山间的房屋依山赋形，因地制宜，民居散落在山冈、沟壑中，一眼望不到边。有一字形排开的平房，有四合院，也有吊脚楼。房屋建筑有土木结构、石木结构、砖木结构和钢筋混凝土结构，不一而足。幢幢古厝新居梯级错落，一条条蜿蜒的盘山石径曲径通幽。当你走近它时，定会为这里依山而建的民居和古朴的石砌古道而大加赞叹。漫步在村中的石砌古道上，当你以为走到村庄尽头时，只要你多走几步，或穿过树林，或拐个弯，或下个坡，往往就会收获豁然开朗、别有洞天的惊喜。"三步一台阶，五步一沟坎，对面叫一声，相见得半天。"这首流传至今的民谣，就是这里的房屋从山顶至山脚，从山冈到山坳依山形地貌而建、错落有致的真实写照。

黄胜风光旖旎，景色迷人，其主要的自然和人文景点有水流三州顶，宋代古瓷窑，百年杉木群、午时花塘、黄胜石拱桥、九棚溪、同关瑶古窑址、同关瑶古廊桥、杉木林、崇德堂、长荣堂、华东寨以及明清时期保留下来的古石碑、古驿道等（一条是连城经李屋、黄胜、蒲溪、梅村、万安、白沙、新罗，另一条是姑田经黄胜、蒲溪、梅村、万安、白沙、新罗）。这里森林茂密、环境幽雅，令人神往，令人陶醉，不愧为近年兴起的"美丽乡村游"的好去处。

尤值得一提的是"水流三州顶"奇特景观。在海拔1200米的山顶小盆地，泉水从三个岔口分三支沿山脊蜿蜒注入闽江、汀江、九龙江，"三江之源"由此得名。据《连城县志》载："一水流三江——史称水流三州顶（福州、漳州、汀州），是福建境内闽江、九龙江、汀江三大水系的共源点。"距离"水流三州顶"不远处的山坳里有一座天然的午时花塘，水源经年不断，茂盛的席草和午时花布满湖塘四周，每年的八九月份，午时花盛开，那秀美、那清香……着实令人陶醉。古代的黄胜山高林密，华南虎频繁出入。传说有一老虎窜进村庄追狗，狗从门边的小洞钻了过去，老虎追势凶猛，见狗一下钻了进去，来不及躲避，一下猛钻，结果脖子套在了狗洞的石臼上……这里的自然景观和古老传说都充满着神奇的色彩。

此外，黄胜还是个具有光荣革命传统的村庄：辛亥革命爆发后，该村一

村边山林（吴尧生摄）

名叫华述高的有志青年考上了黄埔军校，毕业后因脚腐烂回家休养医治，在家乡帮助治理戒毒、戒赌，并向村民传播一些新生事物和救国救民的道理。第二次国内革命战争时期，当时仅一百多人口的黄胜有众多青壮年踊跃参加红军，其中有名有姓的烈士有华述聪、华述扬、华先壬。第四次反"围剿"期间，红军有几个失散人员走到黄胜，黄胜村民华先英收留了他们，安排食宿，第二天早早便带路送他们到牛头石往连城方向寻找大部队。现在百岁高龄的华盛文，也是一个身经战火洗礼的抗美援朝老兵。

本邑诗人陈必兴游览黄胜后，被其美景陶醉，曾填词《一剪梅·曲溪黄胜村》赞曰：

一水分流三碧江。

铁柳杉林，窑址荒凉。

木楼吊角叠山旁。

竹曳葱茏，烟锁村庄。

锦匾楹联画栋梁。

耸立桅杆，崇德祠堂。

传承耕读韵流芳。

霞唤莺啼，月朗歌扬。

二、历史沿革

从南宋至民国初，黄胜从属连城县姑田里（团、图）。1934年改"里""图"为"区""保"，为黄胜保驻地，属第三区（区署驻地姑田）赖源乡管辖。中华人民共和国成立之初，黄胜是大同区（区署驻地姑田）罗胜乡辖地，1958年成立曲溪人民公社，改为黄胜大队。1984年撤销公社设立乡镇，改称"黄胜村"至今。

这里居住的华姓和吴姓村民，其始祖华二十郎公于南宋淳祐十年（1250）、吴兴满公于清康熙二十九年（1690）先后从姑田和罗胜迁徙到黄胜、丁应开基形成村落，从此繁衍外迁到村子洋、同关瑶。

三、语言习俗

黄胜的日常用语与罗胜大同小异，同属客家民系语言，保留有中原古音。黄胜人世世代代注重以孝让家风为传家宝，一般人都具有豁达、大度、自尊、诚实、自强的客家人基因，因此黄胜一贯以热情好客而著称。

四、宗教信仰

黄胜村有新福庵、赐福庵、同关瑶菩萨庵、五谷真仙神台、十二部公王庙、丁应廊桥和同关瑶水口廊桥等宗教活动场所。村民没有统一的宗教信仰，普遍信奉佛教、道教，也有极少数基督教徒。绝大多数村民都是多神崇拜者，敬天地，也敬祖宗，相信多神。

五、文化传承

黄胜历史悠久，透过新福庵、赐福庵、五谷真仙神台、十二部公王庙、同关瑶的古廊桥以及崇德祠、长荣堂、四德堂、永兴堂、隆兴堂、苍林堂、武陵堂等结构精美、古色古香的古建筑和古石刻，可以看出这个古村落变迁的历史沧桑。

居住在这里的华氏、吴氏后裔，很好地传承了中原先祖推崇圣贤的好传统，遵守耕读传家的祖规家训，建书院、置学田，设奖学金，延聘名师，崇文重教，人文蔚起，俊彦代出（崇德祠和苍林堂都曾办过私塾）。早在明清时期就有华光铃、华大珊、华述襄等一批先贤（举人、贡生、庠生、监生共20多人），今全村有硕士1人、大学毕业生40多人。

黄胜的历代先贤不仅为黄胜，也为连城留下了许多宝贵的文化遗产。如清代的华昌斗曾出任泉州司马，其后人还保存着他"州司马"的匾额，至今仍为村人所称道。过去黄胜的古宅、宗祠曾有三四十块匾额和十多对石桅杆，可惜都毁于"文革"。此外，黄胜村延续了数百年的非遗民俗活动——"金秋庙会""春秋祭祖"都是很好的文化传承载体，展现客家人的信俗文化和孝道文化。

六、经济发展

黄胜适中的温度、充足的阳光和雨量，极宜各种经济林木和毛竹生长。故黄胜人自古以来就善于耕山管山，勤俭持家。早在南宋，生活在这里的先民就曾利用同关瑶的黄土、高岭土、钠长石烧制陶瓷器。同关瑶自然村的上窑、里窑、外窑就有烧制陶瓷器的土窑36座。传说有座窑神奇地烧出了一个似龙床的瓷床，呈奉给皇帝，皇帝见了甚喜，下旨烧制龙床上贡。结果烧了多次未果，烧窑人害怕被砍头，便畏罪潜逃。如今，古窑遗址还依稀可见。

在清康乾嘉年间，这里曾以销售手工造纸、漂料、杉原木滋养过千余人的大家族。这里的纸业生产到19世纪鼎盛时期有十几槽之多，盛产的连史（玉扣）纸，历史悠久，品质优良，畅销海内外。

青山掩映（吴尧生摄）

至清乾隆年间，黄胜人口曾高达1400多人，富庶的生活吸引了众多的经商老板和小贩。传说有一个小货郎担着商品到黄胜村游售，走村串户，弯来绕去，走了两天还没走出村庄。

20世纪80年代以前，黄胜的主要农副产品有谷子、笋干、香菇、草药、土纸、毛竹和木材，现在的主要农副产品是毛竹、鲜笋、鳗鱼、高山雏菊和蜂蜜等。伴随着改革开放的春风，多种经营全面发展，促进了商品流通和经济发展。村民们经营百货、干鲜、种养业、民宿农家乐的应有尽有。

近年来，村"两委"因地制宜大力发展地方产业，全力打造文明村，把这个距县城38千米的古村落建设成人们向往的美丽乡村和休闲度假村。村民已逐步迈上了小康之路，2022年，村民人均收入达12000多元。黄胜，这个神奇美丽的古村落就像个养在深闺人初识的村姑，更加美丽动人了。

七、村落建设

现在村中遗留的普通古建筑，一般都是五间图、八间图的明清客家民居。而苍林堂、武陵堂、长荣堂、四德堂、永兴堂、隆兴堂等殷实之家的府第和崇德祠这类古建筑，则是九井十三厅的明清客家民居格局。这些古建筑往往都是飞檐翘角、气势恢宏，具有典型明清建筑特色。

崇德祠是黄胜的古宗祠，建于乾隆十六年（1751），祠内雕龙画凤的柱梁，构造精美的神龛，满堂的牌匾以及门前的30多杆桅杆，无不彰显着黄胜华氏

崇德祠（吴尧生摄）

家族昔日的辉煌。可惜许多文物皆毁于"文革"。村里除了崇德祠外，还有许多古祠、古庙、古墓和古廊桥等古建筑。这些古朴斑驳的古建筑，无不诠释着黄胜的历史沧桑。

中华人民共和国成立后，随着交通运输的现代化，特别是20世纪70年代末曲溪至东溪段东梅桥的林区公路，尤其是村子洋至赖源、蒲溪东梅桥至新罗区白沙的公路贯通后，黄胜迎来经济发展的新时期。村有人口由中华人民共和国成立初的不足200人增加至560余众，增加了近1.8倍。村容村貌焕然一新，现在黄胜各村公路平坦，交通便利，全村98%以上的村民都住上了新楼房或农家别墅，电脑、小车也已进入普通农家，生活质量得到很大改善。此外，村属公益建设投资亦多，除早期建设的水电站、公路、小学、村办公楼、电视转播和程控电话外，近20年又增加实施了高压照明、饮水工程、改厕工程、幸福院建设及崇德祠、长荣堂、石拱桥和村道硬化等建设、修缮项目。

将军故里　秀丽乡村

——福建省传统村落朋口镇鱼潭村

◎ 官京红

　　鱼潭村地处连城县朋口镇西南部，是中国人民解放军空军后勤部首任部长、政委，开国少将杨尚儒的故乡。鱼潭村距朋口镇人民政府所在地13千米，东靠新泉镇，南邻池溪村、桂花村，西接黄岗村、张屋田村，北与文地村、李庄村和良增村接壤，紧邻拥有百亩野生杜鹃花的金龙村，村庄与朋口高速互通口距离约30分钟车程。管辖禾顶、下隔、蔡屋垄、建湖、东桃坑和鱼潭6个自然村，鱼潭自然村为村委会所在地，自然村通过650县道与乡道对外联系。鱼潭村具有自然生态环境优越、红色文化底蕴深厚、村落格局保存良好、传统建筑风貌保存完好、乡土气息浓厚等村庄特色，具有一定典型性。近年来，鱼潭人民致力于建设美丽乡村，促进乡村的振兴发展，取得优异成绩。2020年度被推荐为福建省乡村振兴实绩突出村，2021年入选福建省第四批省级传统村落。

一、村落布局

　　鱼潭村拥有良好的自然生态环境，四周青山环抱，地貌多姿，一条公路从村头至村尾呈东西走向，视野开阔，入目尽是绿意。公路两侧有成片的农田、古朴的民居，生态环境极为优越。鱼潭村有两条较大的溪流，一条叫赤竹溪，位于村庄北部，由西往东流淌；一条位于村域南部，由东往西，在村落东南侧形成较为壮观的瀑布景观。居民点整体空间沿道路与农田呈带状分布，选址上背山面田，整体布局讲究耕作的便利性，形成以"山—水—田"为主要元素的传统村落布局。

二、历史沿革

（一）地名由来和姓氏迁徙

相传鱼潭最早的开基祖姓蒋，来时一家三口，夫妻俩带一小男孩，房屋搭建在柑藜墩。当时，蒋屋右下方有一小水潭（现在三组居民水井）清澈见底，水质甘甜可口，供一家人饮用。小男孩在小水潭放养了小鲤鱼，经常守在那里，十分高兴。夫妻俩初来乍到，也不知道此地方叫什么地名，看到孩子那高兴的样子，丈夫灵机一动："就叫小鱼潭吧。"妻子和小男孩也异口同声说："好，就叫小鱼潭。"后来，小鱼潭不断有人迁入居住。

至2022年，鱼潭行政村有姓氏10个，鱼潭姓杨、官、池、项、李、王、宋七姓，建湖姓陈，禾顶姓傅，下隔姓池，东桃坑姓李，蔡屋垄姓陈和姓谢。杨姓十五世杨廷让于清康熙二十九年（1690）从杨家入鱼潭，已传至第二十八世，有368人。官姓八世官湖于明嘉靖三十二年（1553）从庙前迁入鱼潭，已传至第二十六世，有293人。池姓十一世池惟彩于清康熙三年（1664）从莒溪镇厦庄迁入鱼潭下隔，已传至第二十五世，有182人。项姓十三世项应础于清康熙五十四年（1715）从温坊（文坊）迁入鱼潭，已传至第二十五世，有89人。李姓二十一世李学该于清嘉庆元年（1796）从杨家坊（新泉乐江）迁入东桃坑，三代后有一部分迁入鱼潭，已传至第二十七世，有23人。宋姓宋增珍于1969年知识青年上山下乡运动从莆田迁入鱼潭落户，有9人。傅姓十世傅常本于明朝年间从朋口迁入禾顶，已传至第二十九世，有146人。陈姓七世陈王政从隔川迁入新泉车田于明弘治十二年（1499）迁入建湖，已传至第二十七世，有194人；另一支陈姓十七世陈兆粮于清乾隆九年（1744）从新泉车田迁入蔡屋垄，已传至第二十八世，有26人。谢姓十五世谢家焕于清光绪六年（1880）从朋口王城迁入蔡屋垄，已传至第二十一世，有52人。

（二）建制沿革

1949年前，小鱼潭属新泉区儒川乡管辖，后划归朋口区，为金文乡（金文乡辖竹溪、李坊、文地、金龙、鱼潭、王城等村）下辖的一个村。1958年5月，县政府曾在小鱼潭设立鱼潭乡（当时有小鱼潭不小、大鱼潭不大的说法。大鱼潭属新泉管辖，人口比小鱼潭少，因此有人建议把小鱼潭的小字去掉）。1958年10月朋口成立人民公社，鱼潭成为朋口公社的一个大队。1984年朋口公社撤社建乡，鱼潭大队改为鱼潭村民委员会（行政村）。

（三）人口

截至2022年底，全村共314户1382人，其中鱼潭自然村886人；村北侧的禾顶有146人；村东北侧的下隔有49人；村东侧的蔡屋垄有78人；村西南侧的建湖有194人；村南侧的东桃坑有29人。

三、物产资源

（一）社会经济

以第一产业为主导产业，主要是种植业、林业和养殖业，有水稻种植、毛竹种植及水库养殖。主要收入来源于水稻种植、地瓜种植、毛竹种植、水库养殖、烤烟及外出务工。种有水稻1216亩、毛竹2180亩，水库养殖105亩。主要农产品有洋葱、通菜、芦笋、红薯、橙子、角瓜、茄子、芥菜、西兰花。传统手工艺品有土箕、谷箩、火笼、尚箩。

（二）自然资源

村庄自然资源丰富，沃野良田、青山古厝，整体呈现出自然、乡土的村庄风貌。从村头至村尾，视野极为开阔，入目尽是绿意。村庄生态环境良好，森林覆盖率高，耕地面积广阔。全村土地总面积14.95平方千米，用地面积1495公顷，耕地面积1258亩，山林面积21000亩，生态公益林2138亩。

地形复杂、地貌多姿、山岭蜿蜒，部分地势较低呈谷状，村庄建设用地分布其中。

当地属中亚热带海洋性季风气候，冬季多为偏北风，夏季多为偏南风。冬短夏长，四季分明，气候温暖湿润。

四、建筑艺术

村落聚居形态保存良好，传统建筑成片成群相对集中，建筑整体风貌保存较为完整，充分展现村落的历史韵味。民居为传统的闽西居住建筑形式，保留较多客家横堂四合院形式的传统民居。建筑风格以木结构和土木结构为主，或是坡屋顶、土木或砖木墙体的天井式传统建筑组群，或是带有独立的院落空间的建筑单体。在古朴的建筑群中，留存着几处红色标语和苏维埃旧

鱼潭民居（官京红提供）

址，见证着古村的红色历史。村口建有庙宇一座，砖混斗拱结构，庙内雕梁画栋，庙外飞檐斗拱，是村民开展民俗活动的主要场所。

五、名人轶事

村庄文化底蕴深厚，是红色革命基点村，开国少将杨尚儒将军的丰功伟绩使村落的红色文化气息更加浓厚。

杨尚儒同志1903年生于连城县朋口镇鱼潭村。少年时曾在村孔庙学堂读了三四年私塾。1929年10月参加池溪农民暴动，1930年1月参加中国工农红军第四军，同年3月加入中国共产党。

土地革命战争时期，任红四军第三纵队七支队十九大队司务长，第十二师三十六团连政治委员，红一军团第二师五团营长、团参谋长，红一军团第四师十一团团长，参加过湖南的文家市战斗、围攻长沙战斗、中央苏区第一至五次反"围剿"斗争、举世闻名的二万五千里长征。到达陕北后，参加了直罗镇、东征和山城堡战役。

抗日战争时期，任八路军一一五师三四三旅六八六团营长，晋西独立支队第一团团长、代支队长，八路军一一五师教导第四旅副旅长兼八路军山东军区湖西军分区副司令等职。电影《铁道游击队》原型中主要人物为杨尚儒同志的部属。参加过平型关战役、汾离公路三战三捷等战斗和延安中央党校学习。1943年9月在天宝山突围战中与妻子孔超、警卫员孙爱国等7人在弹尽粮绝时刻，毅然壮烈跳下天宝山悬崖，后被当地乡亲救助脱险。1944年当选为党的七大代表，1945年4月参加中国共产党第七次全国代表大会。

解放战争时期，任东北民主联军第七纵队十九旅副旅长，东北民主联军第一纵队三师副师长、纵队后勤部部长，东北野战军第一纵队参谋长，东北野战军后勤部第二分部部长兼政治委员，参加过解放东北、平津及华中南等战役。

中华人民共和国成立后，任空军后勤部第一任部长兼政治委员。在抗美

杨尚儒将军故居（官京红提供）

援朝战争中，任中国人民志愿军空军后勤部部长兼政委。回国以后，任解放军空军后勤部政治委员。1955年10月被授予少将军衔，荣获二级八一勋章、一级独立自由勋章、一级解放勋章。他还是中国人民政治协商会议第三、四、五届全国委员会委员。1962年以正兵团级离职休养，1986年1月2日在北京病逝。

杨尚儒同志1951年奉命入朝作战，1951年3月任中国人民志愿军空军后勤部部长，1951年9月兼任志愿军机场修建委员会第二副主任，参加了朝鲜五个机场的修建保护和空中封锁战役——"绞杀战"。杨尚儒同志临危受命，到职后勇挑重担，顾大局，识大体，始终以政治带动业务，坚持突出业务和实事求是原则，深入场站调查研究，向地勤人员提出"一切为空战的胜利""一切为飞行服务"的思想，提出以"发扬陆军光荣传统"为口号，誓为抗美援朝、保家卫国而贡献出自己的一切，出色地完成了勘察、修建机场的艰巨任务，有力地支援了朝鲜人民保卫祖国的战争。

杨尚儒同志是中国共产党的优秀党员，中国人民解放军的优秀指挥员。在长期的革命生涯中，身经百战，出生入死，曾六次负伤，经受了艰苦环境和对敌斗争的严峻考验，把自己的毕生精力奉献给壮丽的共产主义事业，为中国人民的解放事业立下了不可磨灭的功绩，为社会主义革命和建设，为开拓和建设空军后勤工作做出了重要贡献。他密切联系群众，善于接受新事物，能将政治工作渗透到技术中去，为空军建设提供了重要的经验和精神财富。

杨尚儒同志有坚强的党性，一生勤奋学习，追求真理，服从真理，在"文革"中坚决同林彪、江青"四人帮"反革命集团做斗争。他襟怀坦白，光明磊落，忠实积极，克己奉公，顾全大局，衷心拥护、坚决执行党的十一届三中全会以来的路线、方针、政策，关心国家大事。他具有严格的纪律性，坚决执行上级的命令和指示，模范执行党的方针政策，坚决完成组织交给的各项任务。他一生谦虚谨慎，平易近人，作风民主，尊重领导，关心下级，被誉为是具有长者风度的领导。他工作深入细致，生活艰苦朴素，始终保持和发扬革命战争年代的革命精神。

杨尚儒同志的一生是革命的一生，战斗的一生，全心全意为人民服务的一生。

六、民俗风情

村庄保存有传统的农耕活动，如春耕、秋收的耕作方式；保留有乡土的农具，再现了乡土的生活场景，乡村生活气息浓厚。村里的传统民俗活动有办游龙灯（正月十五日举行）、打醮（正月二十三日、十月二十二日有庙会打醮）等。每逢民俗活动时，鱼潭人都会精心准备一道美食——黄粄，更是让客人赞不绝口。

鱼潭人的黄粄非常独特。先用一种植物烧成柴灰，过滤后和水搅拌后再沉淀出水，将大米放入水中浸泡后，打成米浆，倒入柴火上的大铁锅反复搅拌后慢慢变成粄。将米蒸熟后，还需要经过千百次的锤打，才能成就黄粄黏糯鲜香、韧性十足的口感。凡吃过黄粄的人无不为黄粄的香、嫩、爽而赞叹不已。黄粄的食法很多，可以蒸、煮、煎、炒，每种不同的吃法都会给味蕾带来不同的味觉体验，但不变的是那股传统的味道。

安隆庵（官京红提供）

七、自然风光

（一）森林公园

森林公园坐落在鱼潭村水尾。水尾森林密布，树种繁多，古树参天，据林业专家初步估测称树龄在400～800年间。奇树异景有彩虹树、生命树、飞石树等。

（二）赤竹溪漂流

赤竹溪漂流，起点赤竹溪，终点在原庄，中间过狐狸潭，全程约4300米，上下落差82米。清波碧水，水质优良，水量丰富，四季宜人。河水旱不枯，冬不凉，夏不涨，四季长泻。其中狐狸凹漂流河段约1000米，最窄处仅几米，落差最大的滩高达6米，河段坡陡、水急。漂流河段的沿岸，有造型逼真、形象生动的奇特地貌的自然景观。

（三）庙门寨九龙瀑布

九龙瀑布位于鱼潭村村尾2千米处，地点叫庙门寨，主溪瀑布总高度79米，周边还分布有8条小瀑布，俗称"九龙瀑布"。瀑布下游有大约8亩的水库，周边森林密布，是旅游、休闲、垂钓、避暑的好去处。

儒风萧萧　人文荟萃

—— 福建省传统村落庙前镇庙前村

◎ 江初祥

一、村落概况

　　庙前村是庙前镇驻地，地势南高北低，南以319国道为界与庙上村相邻，北以庙前溪为界与吕坊村、水北村隔溪相望。境内仅两座低矮的山峦，一是园墩山，二是横山，高不及10米，相邻近的山，东有露水岭，北有旗山，西有笔架。有一溪涧自将军山流出，由南而北，经杨梅涧流入庙前溪，是为与坪头村的分界。庙前溪与水北溪夹一沙洲，形似一叶小岛，名狐狸石。村落面积4.12平方千米，人口4270余人，自东而西有庙前街、官屋、寨下等3个自然村。寨下是庙前村最大且最年轻的村落。这里原是一片沼泽之地，处处土墩，杂草丛生，人畜不能至。迨至清乾嘉年间，江姓大峻、大周子孙，历尽艰辛，克服困难，开辟水渠，导水入溪，将大量的松木、土石填入沼泽之中，开辟了这一大片土地，农商并举，发展经济，建立起一个村落。

　　庙前村是连城早期革命活动的中心。1928年11月，建立起中共临时县委，1929年5月21日，毛泽东、朱德率红四军入连时，就住在庙前孔清祠，尔后建立连城县临时革命委员会。许多宗祠和民居都驻扎过红军，留下不少革命标语，是县级革命基点村。

　　庙前村的经济以农为主，农商并举。现有耕地面积1400多亩，山林面积3400亩。水利资源丰富。

庙前村2021年被评为福建省传统村落。

二、历史脉络

庙前在宋元时期因萧姓居于此，故称萧坊。明朝之初，有官员自莒溪沿驿道而来，穿过朝天岩岬林荫小道，眼前豁然开朗，突现一派平川，便名此地为朗村。其范围包括现今之吕坊村、水北村、庙前村，庙上村，乃至坪头的一部分。庙前的地名形成在明朝成化年后，成化年间，县令关铨建关帝庙于鼓楼前，后来在关帝庙前开设圩场，每逢二、七圩期，四周村民到此赶集，都说：到庙前赴圩。于是，庙前的地名便流传于民间，指称的范围不断扩大，乃至于整个村落。其实，庙前的地名很长时间未被官方采用，自明清乃至民国，官方一直采用朗村的地名，地方志也不见有庙前地名的记载。民国时期，实行保甲制，庙前村为朗西保（含坪头一部分）。中华人民共和国成立后，废除朗村地名，改称庙前至今。

庙前村现有村民主要是江、官（上官）两姓，其次是张姓，从开村的历史来看，最早入迁的是官（上官）姓，于元末上官姓自上杭步云笙竹村迁入，居官屋。江姓于明宣德四年（1429）自江坊迁来，居杉树下。张姓于清嘉庆三年（1798）自新泉迁入，居杏春堂。可见庙前开村的历史不早于元朝末年，此前地域所属为萧坊。

连城建县以前，萧坊隶属于长汀县古田乡表正里。建县之后隶属于莲城县表正里。元至正六年（1346），莲城县改"莲"为"连"。明初，表正里与席湖团合并为表席里，则庙前以朗村之名隶属于连城表席里直至清朝末年。民国时期，再以朗村地名，隶属于县第六区。1949年10月改名为庙前，为乡的建制，隶属于连城县人民政府新泉区。1958年，为庙前大队，隶属于新泉公社。1972年改属庙前公社。1984年，改为庙前村委员会，隶属于庙前镇人民政府。

三、传统建筑

传统建筑，包括古民居、古宗祠、古商店、古寺庙等。

古民居建筑有锡光堂、又新堂、峻德堂、继志堂（江姓）、继序堂、善居堂（上官姓）、杏春堂（张姓）等，共计41幢。主要分布于寨下，建筑年代大都在清中期。厅门坐向多半坐东向西，大门朝南或朝北。门楼飞檐翘角，有大理石门匾。一般为两直横屋，左右对称。屋后有弧形的围龙。因年久失修，大都有不同程度的损坏，保存完好的有又新堂、锡光堂、善居堂、积庆堂等八九幢。

以又新堂为例。又新堂建于乾隆年间，坐落于庙前中小西侧，坐东向西，大门朝北，为三进三开间，两直横屋砖木结构，占地面积1000平方米，建筑面积750平方米。八字形青砖门楼，三层顶迭落，屋顶飞檐翘角。大门上有门匾，文曰"卿云舒彩"。门头以红砖透雕的柳条为饰。门联以粉红色灰浆打

孔清祠前大门（江达摄）

底，文字清晰可辨，内容切合实际，想必是当地文人的创作。进入大门可见三合土地面，打扫得干干净净，门窗、木壁完好无损。

古宗祠建筑有孔清祠、南松公祠（上官姓）、溢堂公祠、朴园公祠、敬堂公祠（江姓）等9座，基本保持完好。工艺水平高的，当推上官氏孔清祠，门楼是木质斗拱构件，多层交叉，富丽堂皇。传说是请工艺水平最高的师傅来建造的，可惜于"文革"期间拆毁。现今只有溢堂公祠，其斗拱构件保护良好，叠层檐雕花清晰，厅堂内门窗也保持完好无损。

古商店的建筑，追溯到明成化、弘治年间，在关帝庙前开设集市贸易圩场，便开始有人在附近建造商店，但仅有几间，建筑也较为简陋。随着集市贸易的发展，商店多了起来。至清乾嘉年间，江姓人开发了寨下，经济大发展，几十年间接连建起了20余间商店，庙上村的耀香也建了10余间，于是便形成了街道。

商店的建筑较为简单，一般为砖木结构，两层。上下建大板的固定木梯，上层住人与堆放商品，下层经商。商店开间五六米至八九米，没有定规。店门是灵活的，上下横梁，中间开槽，可上下木板。木板板板相连，便成封闭式的店门。上板即关门，下板为开门。店内靠墙建一曲尺形柜台，便是店主经营之所。店与店之间是相连的，或共墙，或隔墙，连成一排。排与排相对，中间便是街道，有五六米宽。有人统计过，至民国时期，有仁兴、荣兴、聚昌、宝昌、鸿昌、济昌、福春、悦泰等50余间，长约300米。改革开放以来新商店迅速发展，旧街商店有些被拆除了，有些被改造，现今保留的仅10余间。

境内庙宇建筑有关帝庙和天后宫。关帝庙坐落于庙前街西端，建筑年代在明成化末年，仅一间正殿，门上方书"关帝庙"。进殿可见一尊关公的泥塑像，红脸长髯，身披绿衣，手执书卷，右侧下为周仓，手持长柄大刀。"文革"期间被拆毁，现仅遗留故址一角。

天后宫原坐落于庙前老街北端，相距不过100米。初建于明天顺年间，规模不大，仅一正殿称"天妃庙"。清乾隆末年，有海坑商人在外经商致富，倡议重建，得四方民众响应。扩大规模，占地面积至2000多平方米，有上、下两殿，正殿是木雕妈祖圣像，左右各一偏殿，左为五谷真仙，右为镇水伯公。下殿门外有一雨坪，雨坪外建一戏台，并更名为"天后宫"。1929年5月21日，毛泽东、朱德首次率红四军入连，住在庙前孔清祠；当日下午，朱德曾在天后宫戏台前召开群众大会，动员民众参加革命，参加红军。1935年，因不慎失火烧毁了下殿，戏台也烧毁了。1958年，连正殿也拆了，拆下青砖用于建炼铁炉，原址被开垦为良田。1979年有人倡议重建天后宫，地址改在狐狸石西端，占地面积300平方米，建起了一正殿，重塑天上圣母神像。2013年，又有人倡议扩建，占地面积扩至3000平方米，集资百万，建成宫殿式建筑，富丽堂皇。殿前建一戏台，以纪念当年朱德演讲，前100米矗立一尊妈祖石雕像。

四、传统文化

传统建筑是传统文化的载体，庙前村的古民居、古宗祠的堂号、门匾、楹联蕴含着丰富的传统文化的内涵。堂号，集中反映人们的美好愿望与追求，渊源有自，言简意赅。如又新堂，"又新"出自《大学》："苟日新，日日新，又日新。"说明要不断地去污自新，方能进步，语义深刻。又如，峻德堂，"峻德"出自《尧典》"克明峻德"，是崇拜高尚的道德修养。继志堂，"继志"一词，出自《礼记·学记》："善歌者，使人继其声；善教者，使人继其志。其言也约而达，微而臧，罕譬而喻，可谓继志矣。"九如堂，"九如"出自《诗经·大雅·天保》，这是一首颂扬帝王的诗歌，为祝帝王福寿康宁，连用了九个比喻：如山如阜，如冈如陵，如川之方至，如月之恒，如日之升，如南山之寿，如松柏之茂。其含义隽永。门匾，反映人们的美好追求。古人建房很讲究，《易经》谈道，星宿带动天气，山川带动地气，天气为阳，地气为阴，阴阳交泰，天气氤氲，万物滋长。因此，门匾内容多与星辰山川相联系。如锡光堂的门匾"光焕枢垣"，枢，是天枢，北斗星第一星，垣，也是星宿名，北天有三垣，即紫微垣、太微垣、天市垣,"光焕枢垣"意为枢垣焕发出来的光芒照耀着此华居。上官"怂堂"老屋北门的门匾是"瑶光炳辉",瑶光,即摇光,北斗第七星,"瑶光炳辉"即摇光辉映着此华居。裕德堂的门匾是"影映六星",六星即为"三台"。《晋书·天文志》:"三台六星,两两而居……""影映六星"即"三台"映照着此华居。表达人们美好追求的,如燕贻堂的门匾"文笔鸣凤","鸣凤"一词,典出《诗经·大雅·卷阿》"凤凰鸣矣,于彼高冈",比喻才华出众、文采斐然。文章写得好,可获取功名,是对后代子孙的期望。树德堂的门匾是"瑞启拾貂","拾"是轻步而登的意思,貂,指代作官,"瑞启拾貂"是期盼后代有人能为官作宦。

楹联的内容则更为丰富多彩,各因切于不同的情境而不同。如南松公祠,这是上官姓的祖祠,用于祭祖。其一堂联采用《礼记·祭义二十四》的内容。上联:僾然见,忾然闻,梴角闲楹,如通馨欵;下联:属乎恭,洞乎敬,秋霜春露,祇荐馨香。僾然,恍惚的样子;忾然,叹息的样子;属乎,专心的样子;洞乎,恭敬的样子。联文的意思是入祠祭祀必尽诚恳专心,有恭敬之意,如见祖先之容,如闻祖先之声。于吉公祠内有楹联,上联:系出岷山千峰秀;下联:基开寨下百世昌。这是颂扬先祖的功德,庙前江姓源自岷山,而发自寨下,联文阐明开发寨下的重大意义。在大峻、大周房族的民居里,常见两副楹联,反映寨下人艰苦奋斗、开拓进取的精神。其一是:做苦事费苦心,苦境终归乐境;好闲游理闲事,闲人何异废人。其二是:惜衣惜食,不仅惜财还惜福;求名求利,须知求己胜求人。

有些楹联看似平常,细品之却颇具深意。又新堂的门联:笔岫耸青霄花萦甲第;桃林辉翠旭秀簇公门。笔岫,庙前笔架山,桃林,指门前屋后一片桃树。"笔岫""霄花"暗藏江淹梦笔生花的故事。庙前江姓人,应赓续江淹文脉,不是很有意思吗?

五、红色文化

庙前村是连南，也是连城最早的革命活动中心。正当蒋介石背叛革命，大肆屠杀共产党人，革命处于低潮时期，共产党组织却在闽西山区、在连南、在庙前悄然兴起。1927年春，厦门地区党组织指派官鳌回连城开展工作，因与庙前的特殊关系，官鳌便偕其兄官觐玖一起到庙前宣传革命，发展党员，建立支部，并迅速地扩展到丰图、吕坊、良坑等村。1928年11月21日，在闽西特委宣传部部长邓子恢主持下，在孔清祠成立中共连城临时县委。1929年5月21日，毛泽东、朱德率红四军首次入连，就住在庙前孔清祠。尔后，1929年6月23日，在庙前继志堂成立连城县临时革命委员会，11月建立起庙前乡苏维埃政府，地址也在继志堂。庙前成了连南革命活动的中心。

锡光堂（江振珩提供）

自1929年5月21日及此后的几年，红军在庙前留下了许多印迹，也成了今天的红色史迹。主要有：

孔清祠：1929年5月21日，毛泽东、朱德、陈毅住宿的旧址，又是中共连城临时县委旧址。

继志堂：连城县临时革命委员会、庙前乡苏维埃政府旧址。红军入住的旧址。

红四军入住或活动过的旧址，还有：

锡光堂：朱德、康克清曾在此召开扩红会议并住于此。

又新堂：刘安恭入住旧址。

善居堂：华兴堂、燕贻堂、思乐堂等：红军战士入住的旧址。

天后宫：朱德扩红演讲的遗址。

存顺堂：红军临时医院旧址。

积庆堂：红军临时指挥所旧址。

履瑞堂：毛泽东召开农民座谈会旧址。

旗山下：红军墓。

旗山顶：红军战壕遗址。

寨下：红军泉遗址。

留下红色标语最为集中的两处：一是孔清祠，二是继志堂。继志堂大门右侧用石灰粉书写大幅标语："打倒帝国主义，没收洋人财产。"左边墙上是："扩大红军。"孔清祠、继志堂内墙上的标语有："消灭蒋桂冯阎奉五派新军阀！""打倒团匪周焕文！""打倒陈国辉！打倒金汉鼎！打倒江中鳌！""庙前农民起来打倒土豪分田地！""杀死大反动派土豪劣绅！推翻国民党政府，建立工农兵代表会议政府！""没收土豪的田分配贫农，没收洋人财产！""打倒国民党，打倒帝国主义，打倒改组派！""国民党的三民主义——民族主义，投降英日美帝国主义；民权主义，不准民众开会；民生主义，加租加息加税！""防止苏政府工作人员官僚化！"

六、历史名人

官觐玖（1897—1969）：原籍庙前村，迁上杭古田大源村。1927年，在厦门参加革命，同年加入中国共产党。1928年受组织派遣回上杭开展工作，仅一个月，即组织起农军，建立苏维埃政权，并加入了傅柏翠农军，参加了有名的蛟洋暴动和永定暴动。事后，受闽西特委指派，利用官姓的特殊关系到庙前同俞炳荣一道发展党员，先后在庙前、吕坊、丰图、良坑等地建立了7个党支部。1928年11月21日，在闽西特委宣传部部长邓子恢主持下，在庙前孔清祠成立中共连城临时县委，官觐玖任书记。他积极配合闽西特委策应1929年5月21日红四军入连的各项工作。1929年6月16日，又同李云贵一道领导连南十三乡暴动。7月，参加中共闽西一大，被选为闽西特委委员。不久，中共连城县委在新泉正式成立，官觐玖当选为书记，并建立连南游击总队，任总队长。1929年12月，参加红军新泉整训，连南游击总队升格为连城赤卫总队，任总队长。1930年4月，扩编为赤卫独立第四团，任团长。不久又扩编为闽西红军第九军，即离开部队转地方工作。1938年，因身患重病回到大源村，直到中华人民共和国成立。

官福田：生卒年不详，庙前村人。十六岁时跟随父亲官庆潭往广东经商。不及两年，父去世。产业由诸兄经营，很不景气，诸兄先后回到家乡。唯福田念及先父创业之艰，坚持下来，集小股贩梅村锡版纸运澳门，获利颇丰，而所得利多汇家乡，奉养母亲及兄长。时有江西客商存烟叶百担于香港，委托福田代售，议定价若干可全部售出。不久，价飞涨，福田把售出之款悉数汇予客商。客商感激至极，而福田因以信义昭著，所业纸行生意日隆，终成巨富。为感念先父，筑祠于善居堂右，即为孔清祠。福田事迹载于《连城县志》（民国版）。

江尚宾（1852—1905）：六岁入私塾，发愤攻读，刻苦自励。十一岁读完四书五经，能背诵《论语》，经史子集多所涉猎。喜读唐诗，粗通声律。光绪十一年乙酉科（1885）乡试举人。中举后从事家乡教育，常与丰图邓光瀛来往，到丰图书院讲学。光绪二十一年（1895）与邓光瀛一道赴京会试，适逢康有为发动"公车上书"，尚宾和光瀛一起参与签名。

江尚弼（1856—1902）：六岁入学，自幼聪颖，过目成诵。十二岁读完四书五经，十四岁时，慈父见背，家境陷入困顿，在叔伯的支持下，继续学业。光绪三年（1877）年二十，入邑庠。光绪八年（1882）乡试中式十八名举人。时年二十五岁，也参加会试，虽未中式，但主考官郑孝胥对其为人与文章颇为赏识，许以知县或侍读之职，但尚弼目睹官场腐败，婉言拒绝毅然回乡，从事教育。

江举谦（1919—1999）：1937年毕业于潮州金山中学（高中），曾任庙前小学教员、校长，朋口小学训导主任。1945年，毕业于厦门大学中文系。先后于连城师范任教员，连城高级职业学校任教务主任，连南中学任校长。1947年赴台，先后于台中高级女子中学、高雄女子中学、新竹中学任教员、教导主任。1955年应聘为东海大学中文系讲师，1959年晋升为副教授，1965年任教授兼中文系主任，1976年兼任文学研究所所长，1977年兼任文学院院长。1980年入选《世界名人录》。主要著作有《诗经韵谱》《说文解字综合研究》《六书原理》《诗国风籀略》。另有论文百篇，诗词130多首。

七、红龙缠柱

红龙缠柱是庙前村独具特色的一项民俗文化活动，融合武术、舞蹈、声乐于一体，曾多次受省市的奖励。2017年曾参加福建省全民健身运动会舞龙项目福建选拔赛，获得传统套路一等奖。

红龙缠柱鲜明的独特性表现在龙体的制作和表演的程式上。

龙体的制作必须适应于表演动作的快捷与猛烈，既要光亮剔透，又要小巧玲珑。龙头与龙珠都必须用韧性极强、透明度极好的"竹皮"纸。龙腰可用烛光，而龙头与龙珠则不可，要用"油鞭"。"油鞭"的制作是一种创造，

庙前红龙缠柱表演（江达摄）

它用草纸拧成索，用植物油煮沸炸过，阴干后使用。这种"油鞭"，点燃后无论怎样舞动都不易熄灭，即便熄灭了，轻轻一吹又着了。

　　表演的程式分基本套路和红龙缠柱两个阶段。基本套路是常式，有单珠、双珠，乃至四珠。龙珠以"四勾跋"为基本舞步，动作有进珠、攘珠、勾珠、滚珠，忽上忽下，忽进忽退。龙头以"六九拳"为舞步，其动作是扑腾、跳跃、左旋右转，追逐龙珠。龙头与龙珠是一对矛盾，龙头张开血盆大口，必欲吞噬龙珠，而龙珠则灵活滚动，或逃或藏，有时还戏弄龙头。红龙缠柱，则在基本套路的基础上加上缠柱的表演，以单珠引导，按一定的线路，缠绕屋柱而上下。相配套的锣鼓，采用急鼓，节奏紧张。

庙前村的红龙缠柱民俗文化活动，自明万历年间江姓六世祖开创以来，已历300多年，是在不断改进中完善的。每年正月"出龙"，是以房族为单位的，寨下的峻德堂、履瑞堂、树德堂是历来有名的龙队。因现代民居建筑已无厅堂和屋柱，红龙缠柱已失去生存的条件，但基本套路还是有生命力的。舞台上，街道上，只要有一块平坦的场地就可以表演。或许将来还可能利用现代化的电光设备取代"油鞭"。

八、一棵老樟

讲庙前历史，不能不讲到一棵老樟。这棵老樟坐落于庙前老街的土墩上，土墩表面用溪中大石铺砌成斜面。老樟的南面有一土地公王，称"白马公王"，时常有人来进香。

老樟高数丈，树冠十余丈，枝繁叶茂，生机益然。夏天人们在此乘凉，圩天有人在此摆摊设点，出售传统的竹木器具。老樟究竟有多老呢？没有科学的测定，只能依据传闻来推断。老樟的北面原有一座古坟，是吕坊村范姓的开基祖。据方志记载，范姓是宋末元初入迁吕坊的，古坟的墓碑上有一"宋"字，可见坟主是宋人，生于宋，殁于元。相传古樟和古坟是并存的，由此推断古樟至少有600年。

古樟见证了庙前历史的发展，可以说是庙前的地标。它承载着远离故土的乡亲的许多乡愁。

古村高地　山灵水秀

—— 福建省传统村落莒溪镇高地村

◎　刘德谁

　　这是一个四面小山环绕的高山谷地，说他高还真是高，地处高山丘陵地带，平均海拔高度1020米，小坪自然村海拔高度为1080米，是屏山各村落中海拔最高的。

　　这是一个宋朝遗存的古老村庄，据载，唐僖宗时邱（丘）氏避黄巢之乱，南遁于宁化石壁，继迁于连城北门繁衍定居。丘三郎公念连邑地窄人稠，生理艰辛，难以生活，遂移徙莒溪社陂潭尾。后行见上村地名高地，多生苦竹，树木茂盛，细思昔日周武王姬发（其王妃邑姜为丘氏始祖姜太公吕尚之女）定都镐京后，世世繁荣，而高与"镐"只差一金字旁，于是迁居高地，希望和周武王一样子孙绵延，万世荣昌。邱（丘）氏定居高地，迄今已逾千年。2021年，高地村入选福建省传统村落。

　　高地村距莒溪镇人民政府所在地7.8千米，因这里地势较高（海拔1100多米），所以叫高地。高地是个东西长、南北窄的高山谷地，西高东低，一条小溪自西向东绕村而过，经小坪流往厦地，一条古道自西往东穿村而过，自古以来就是莒溪、朋口等地通往龙岩万安、梅村主要道路之一，过去这里每天过往的客商、挑夫、行人络绎不绝。随着乡村公路四通八达，昔日的乡村古道现已人迹罕见。高地的东南面与厦地、曾屋自然村相邻，南面与池屋、厦庄自然村相邻。中华人民共和国成立前，高地村属朋口区三民乡（莒溪）屏中保。中华人民共和国成立后，属朋口区屏山乡，1952年4月属朋口区厦庄乡，1961年属莒溪公社高地大队，1984年成立高地村。共有高地、小坪2个自然村，5个村民小组，100户465人，姓氏为邱姓。耕地面积900亩，人均耕地2亩，山地面积22865亩，生态公益林4130亩，主要林木为阔叶林。现常住人口近100人，其中60岁及以上60人，占60%；青壮年劳动力20人，占20%；16岁及以下20人，占20%。外出流动人口365人，占全村人口78%，主要流向厦门、龙岩、福州，从事行业主要为经商和务工。

高地村人才济济，知名人士层出不穷。1949年前就有过代理县长，叫邱美镗（1890—1933），1933年代理连城县县长，是位正直、开明的进步人士。1933年7月国民党十九路军七十八师（师长区寿年）进驻连城，"围剿"中央红军。当时新泉、莒溪、朋口及长汀的中复村都有部分红军和赤卫队。邱美镗是莒溪人，于是区寿年做邱的工作，叫他到红军中策反，被邱婉言拒绝，结果邱惨遭杀害。1949年后政府追认他为烈士。此事在《莒溪镇志》里明确记载。

中华人民共和国成立后，高地人遵从耕读传家、崇文重教的传统，历来重视人才的培养。400多口人的村庄，目前有副厅级1人、正处级1人、正副科6人；还有高学历的人才，如邱楠生、邱发强。邱楠生，1968年7月生，教授、博士生导师，安徽理工大学毕业，1994年，获中国科学院地质与地球物理研究所构造地质学博士学位，北京市优秀教师，国家杰出青年科学基金获得者。邱发强，博士，正高级工程师，厦门市拔尖人才、厦门市青年创新A类人才，从事房屋结构及桥梁隧道方面的科技研究，厦门大学、福州大学、华侨大学、厦门理工学院、龙岩学院的专业硕士校外导师。

外出创业者开始崭露头角，邱保春、邱永春两兄弟，他们的"欧珞威"针织品还打到国外市场。邱保春还是匈牙利明溪商会会长，邱永春董事长是明溪商会会长。邱志宏是福建健强体育用品有限公司董事长，专门生产体育用品。邱振中在新罗区从事房地产业。

留在本村的村民除了种植粮食作物外，还多种经营，砍伐出售毛竹，挖春笋、冬笋，每年笋的产量就20万斤。有的种反季节蔬菜，有的开发旅游，等等。目前具有中专学历的村书记邱炳辉，不仅负责村里的各项工作，还在李屋坑承包50多亩的蔬菜基地，成了家乡致富的带头人。

高地村文脉绵长，现存古民居为客家传统建筑，融入客家人"聚族而居""展示功名""耕读传家"的文化内涵和奋斗理念。民居因地制宜，宏伟壮观，装饰华丽，布局匀称，结构精巧，坚固安全，讲究坐向，南北通透，邪气无存，集休闲与防御于一体。其建筑细部讲究厅、井、墙、柱、匾的有机统一。厅（或叫堂）是民居的重点与中心，堂上通常挂一匾，堂中物品摆放讲究，天井既有通风采光功效，又有聚集祥瑞之意，墙体一般以青砖为材，饰以砖雕泥塑或彩画雕瓦，既美观又坚固。古民居通常以木梁承重，故柱梁一般为百年大树，梁柱之间配以精雕细刻的梁头柱脚，雀替牖窗，极显民居豪华之气。

坐落于村中心黄楮坪的邱氏家庙，是后人为纪念开基祖三郎公而建的，有三百多年的历史。它是"文革"期间高地村唯一幸免于难，保存得较完整的古建筑物（仅门口的一副石桅杆和两块牌匾被毁而已）。祠内分上下两厅和左右两厢房，中有天井，上厅为三开，中间是正厅，厅正中的神龛上供奉着高地邱氏历代先祖的神位牌，左右两间是保管室。祖祠的大门上方是斗拱牌楼，飞檐翘角，气势宏伟；牌楼上镶嵌着九块镂空雕花板，上面刻着各种名花和凤凰；牌楼左右两边柱子上挂着一副黑底贴金隶书对联，上书"渭水源流远，河南泽世长"，古朴大方，柱顶上有龙头等各种雕刻装饰，古色古香。此联道出了邱氏的源流脉络，警示邱氏子孙慎终追远，勿忘祖恩。富丽堂皇大门板上描绘着一对全身的彩色武士门神，庄严威武，大门左右檐廊围有木栅栏，大门左右两边各设置双扇花格活动门，使用时可以卸下来，供人随时出入。

此祠经历代多次修缮才得以完整保存至今。有记载的较大规模重修，一

邱氏家庙（刘德谁提供）

次是清道光五年（1825），第二次是1992年。第二次修缮不仅把已坏了的屋角板、桁条、梁、柱等全部换上新的，而且把所有木结构部分都漆上油漆，连地板也铺上水泥，使祖祠焕然一新。此次修缮除本村的邱氏裔孙积极捐资、献工献料外，外迁他乡的三郎公后裔亦积极捐资相助。2015年春，又将牌楼和门外的壁板梁柱全部重新油漆一遍，红光闪耀，金碧辉煌。

永隆宫全部用木料建成，飞檐翘角，外观通体红色，虽然翻修几次，仍然古色古香。门外挂一楹联："保唐王赤胆忠心，佑百姓大显神威。"这副联文是为唐朝的宰相魏征而写的，也是让邱氏子孙做刚正不阿、忠心为民的人。

几副耸立于村里的石桅杆，在"文革"时期被摧毁，现遗存几座基石，彰显先人的功名，告诫后人耕读传家这一根本。

村规民约、祖训家风，或刻在古老的石碑上，或书写在村头巷尾的公益牌上，体现了村民要遵守的社会公德、职业道德、家庭美德和个人品德。

石桅杆基石（刘德谁提供）

古村举办各种民俗活动，都是全村参与，在既定的时间里，一律按民俗要求备齐所需。村民信仰多元，公王、佛教、道教都有，包容又开放，譬如麻公三圣、民主公王、观世音、定光、伏虎菩萨、玲瑚公王、五谷真仙、金古猴王等。春节活动特多，初一日拜祖先，按字辈大小顺序进行；初六日"作福"，全村男女老少祈福；初三至初五日舞龙，有新龙会、老龙会、永昌会和万顺会四条龙出动，当地称为"打四门"。还有农历二月二纪念闽王生日醮、五月保苗醮、十月半醮，大家聚集在一起，谒拜祖宗，祭拜神灵，慰问老者，交流经验，共商未来。

高地村山明水秀，民间流传着"高地高半天，六月是神仙"的民谚，说的就是高地村具有得天独厚的山水风光。当地人说有"三奇"，一奇：高地出米石，相传每日自行出米少许，正可供养一人；二奇：篱笆成杉林，高地有一排古杉，原是先人随意扦插，圈成篱笆使用，不承想成今日杉林；三奇：全村无一台电扇，只因高地天高气爽，绿树成荫，即便是炎炎夏日，都清爽怡人。

柳杉（刘德谁提供）

还有人把这里的风光归为八景：古杉邀月、云海蜃景、竹林听雨、梅林浴雪、高地消暑、古祠宗风、红豆神杉、出米神石。

红豆杉是高地村一道亮丽的风景线。作为国家一级保护植物，红豆杉在这里得到很好的保护，没有人去随意砍伐。因此，这里的红豆杉高大挺拔，又很密集，极具观赏性，等到秋日到来，一颗颗状如红豆的果实挂满树梢，热情似火，喜气洋洋。

高地村红旗不倒。第二次国内革命战争时期，谭震林、张鼎丞等老一辈无产阶级革命家曾经在高地战斗过。广大人民群众积极参加革命斗争，谱写了许多壮丽的诗篇。

1931年十一月初六日，红军某部进入高地村一带，围剿反动民团。在邱尚聪（上杭人、岩连宁游击指导员）指挥下，一举消灭反动民团周焕文的主力。随后成立苏维埃政府，邱麻香任村苏维埃主席。然后成立赤卫队，队长邱斯贤，成员20余人，打土豪，分田地，斗劣绅。

1932年4月下旬，中央红军打下漳州后，返回江西，途经屏山，其中一支部队进驻高地，向群众宣传革命道理，深入发动群众。在红军的宣传下，以邱继仙为首的六名青年自愿参加红军。

中央红军北上抗日后，高地村又遭受反动民团的几次洗劫报复。邱尚聪、游荣长等按照"分散隐蔽，坚持斗争，积蓄力量，等待时机"的指示，带领一部分队员与谭震林的队伍一起在连岩一带打游击。国共合作时，一部分同志又跟着谭震林参加了新四军。

1949年4月29日，高地村通信员邱美宏受中共地下组织的委托，在詹屋村召开屏山人民代表大会，宣布屏山解放，成立屏山乡人民政府。

从红军进入连城到解放，高地人民为中国革命战争和解放事业做出很大的贡献，如邱麻香、邱木林、邱炳生、邱斯贤、邱斯荣、邱维仙、邱美镗等七位同志先后被国民党反动派杀害。他们抛头颅、洒热血，英勇战斗、坚强不屈的革命精神永远值得人民敬仰。

现在，高地村已做好了保护利用规划，以三境、九趣为特色元素，以一街二园四区为核心支撑，着力营造"竹文化＋红豆杉＋趣撒野"的发展态势，营造新田园主义生活。相信在有远见卓识的村民打造下，高地村这个传统古村落必将焕发出新活力，迈向更加美好的明天。

后 记

文化标识 精神家园

◎ 林百坤

　　《连城客家古村文化》一书，介绍了连城的16个中国传统村落和18个福建省传统村落。书中努力呈现了传统村落的建筑风格、文化传承、自然环境和邻里互助等特点。希望通过文字和图片，能够将这些美好的景象和故事传递给读者，让人感受到传统村落的独特魅力，引人亲自去探索和体验这些美丽的地方。

　　这里有中国特色的农事节气，反映了中国古代农民对自然变化的观察和对农事活动的安排。根据气候特点把一年划分为24个时段，每个时段的耕作安排，有序又富有节奏。透过这些农事活动，我们分明看到了一种顺应自然的秩序，看到一种不徐不疾的生活节奏，从中感受到闲适平和，品味出自然和谐。

　　这里有天人合一的生态伦理，书中描述的村落选址、水尾保护等内容，揭示了人类与自然环境的和谐共生和相互依存关系。强调人类对自然的责任和义务，要求人类在利用自然资源和进行经济活动时要坚持生态平衡和可持续发展的原则，提醒人们要意识到自然与人类的紧密联系，呼吁人们采取行动，保护生态环境，实现可持续发展，以确保人类和自然的共同繁荣。

　　这里有各具特色的民居古建。宏伟富丽的高堂华屋，展现了客家人的建筑技艺和审美追求；依山就势的简朴民居，强调了客家人简约、朴实和不事张扬的生活方式；祠居合一的建筑形式，体现出客家人家族的凝聚力和对祖先的敬仰。而那些大小不一的廊桥，不仅给村民提供了通行的便利和观景的平台，其独特的建筑风格更体现出美学价值；随处可见的庵庙，供奉着不同教派的神灵，满足了人们多元信仰的需求。

这里有自然朴实的乡村景观，广阔的田野、秀丽的山水、古老的村庄和传统的建筑，向人们展示出乡村的传统风貌。这些原始而真实的乡村风景，不仅提供了宁静和放松的环境，还保护了生态系统，传承了乡村的历史和传统文化，吸引着人们来体验乡村生活和欣赏大自然的美丽。

这里有耕读传家的祖传家训，爱国守法、敬祖睦宗、崇尚正义、崇文重教等内容，承载了道德的教化、规范、评价等功能。它是先人生活经验的积累，是对人生经验的高度概括，寄托了祖先的情感和期待，显示出家族的凝聚力，成为家族的核心价值观和行为准则。它们不仅指导着家族成员的行为，也塑造了家族的文化和传统。其中体现出来的道德要求、规矩意识和处世法则等，已经深深植入中华文化的深处，成为中华民族的宝贵精神财富。

这里有邻里守望的乡风民俗，互相帮助、互动交流，共同解决生活中的问题，共同举办传统文化活动。通过邻里之间相互关心、互助合作的传统乡风和民俗风俗，不断增进感情和凝聚力。这种乡风民俗有助于塑造和谐的环境，也有助于传承乡村的传统文化和价值观，让人们感受到乡村的温暖和亲切，促进了乡村的发展和进步。

……

这些传统村落呈现出的风貌，是农耕文明时代的连城人辉煌成果的集中体现，是连城人的聪明智慧和创造才能的集中反映，承载着一代代连城人的记忆和乡愁。它不仅在诉说着深厚的人文和久远的历史，也正在发挥着当今时代推动乡村振兴的重要作用。编辑出版《连城客家古村文化》，整理传统村落的固态建筑形态、当地人生产生活方式、风俗习惯、精神信仰等物质与非物质文化，体现传统村落的文化价值，不仅是对乡村优秀传统文化的展示，更是对传统村落保护和乡村振兴工作的呼应，进而对传统村落保护利用工作起到促进作用。

在编写过程中，我们要感谢传统村落的居民，他们为我们敞开大门，分享故事和经验，正是他们的真诚，让我们更加深入地了解传统村落的真实面貌。还要感谢那些在编写过程中提供帮助和支持的人们，感谢连城县住建局、感谢罗土卿等一批连城客家研究的先行者，他们的热情和专业知识使得这本书得以顺利完成。

最后，由于我们的知识和理解有限，虽然尽力了，但书中仍有不足之处，期待方家指正。